复旦卓越·21世纪酒店管理系列

餐饮服务实训教程

主 编 张淑云

TWENTY-FIRST CENTURY
HOTEL MANAGEMENT SERIES

復旦大學 出版社
www.fudanpress.com.cn

前言

随着旅游业的高速发展,餐饮服务成为接待业的一个重要内容,真正完美的服务毫无疑问地会受到消费者的青睐,而服务人员是服务能否成功的关键,直接决定客人的满意度。《餐饮服务实训教程》就此提供了实用而全面的指导,针对业界一线员工职业标准的关键需求提出解决方案,使服务人员通过学习可以掌握满足各类客人需求的服务方式和专业技能。

《餐饮服务实训教程》适用于本科及高职高专旅游管理专业的职业核心课程。

餐饮服务是旅游管理专业教育教学的重点。因为餐饮企业服务质量的高低是由服务来体现的,同时,餐饮服务也是餐饮管理的主要对象,可以肯定地说,不深谙餐饮服务之道,就难以做好餐饮企业餐饮服务的管理工作。

以《餐厅服务员国家职业标准》为基础,通过职业能力的动态发展调研,进行准确地综合职业能力分析,使实训教程与职业岗位需求相对接,制定课程标准和体系。按照情境学习理论的观点,只有在实际情境中学习才可能获得真正的职业能力,并获得理论认知水平的发展,因此本教材立足于学生实际职业能力的培养,精心选择有代表性的典型工作任务,编写思路采用了项目化内容结构,分为中餐和西餐两大部分,按照模块学习,让学习者经历典型而完整的工作过程,通过完成完整的服务规程和工作任务来学习知识、获得技能、形成能力、内化理论。在完成具体任务的过程中掌握相关理论知识,全面形成餐饮行业职业岗位需要的综合职业能力。

本教材的编写人员南北结合,校企结合。编写工作主要由呼伦贝尔学院副教授、酒店管理高级培训师张淑云完成,她从事餐饮服务的教学及培训工作二十余年,一直致力于高教教学改革的摸索和尝试,多次担任国家职业技能鉴定饭店服务员工种考评员,具有丰富的一线教学经验,曾经使用过中专、职高、本科及在职培训各种教材,总是觉得有种种不足,所以在教学中经常使用自己编写的讲义,教学效果较好,尤其在饭店培训工作中,受到好评,所以特别想把自己多年的教学培训经验写出来,她完成了上篇的项目一、项目二,下篇的项目四及全书的编排校正等工作。呼伦贝尔天骄宾馆有限公司人力资源部经理、国家职业资格餐饮服务员客房服务员高级考评员、中国饭店业职业经理人宁英超完成了上篇的项目三,下篇的项目五、项目六、项目七的编写。无锡艾迪花园酒店副总经理餐饮总监钱小芳提供了餐饮部的详细的操作流程。呼伦贝尔学院教授王楠博士协助张淑云完成了编排和校对的工作。

  此外,编者还参考了许多专家学者的研究成果和有关书籍,在此,一并表示衷心的感谢和敬意。

  受编者水平所限,不足之处在所难免,敬请读者指正。

编 者

2013 年 7 月 5 日

上篇　中餐服务

项目一　餐饮服务人员的素质要求 ·· 3
　模块一　形体规范 ·· 4
　模块二　语言规范 ··· 12
　模块三　员工纪律 ··· 16

项目二　餐饮服务的基本技能 ··· 26
　模块一　端托技能 ··· 27
　模块二　餐巾折花技能 ··· 36
　模块三　摆台技能 ··· 43
　模块四　斟酒 ··· 55
　模块五　上菜与分菜 ·· 63
　模块六　其他服务 ··· 68

项目三　中餐服务 ·· 77
　模块一　中餐菜单 ··· 78
　模块二　零点服务 ··· 95
　模块三　宴会服务 ··· 113

下篇　西餐服务

项目四　西餐服务基本技能 ·· 135
　模块一　西餐的主要菜式及服务方式 ······································· 136
　模块二　准备用具 ··· 146
　模块三　西餐服务技巧 ··· 154

模块四　摆台服务 …………………………………………………… 160
　　模块五　餐前准备 …………………………………………………… 168

项目五　西餐零餐服务程序 ………………………………………………… 175
　　模块一　接待服务 …………………………………………………… 176
　　模块二　推荐食品酒水 ……………………………………………… 183
　　模块三　就餐服务 …………………………………………………… 192
　　模块四　结账服务 …………………………………………………… 204
　　模块五　餐后服务 …………………………………………………… 206

项目六　西餐宴会服务程序 ………………………………………………… 210
　　模块一　宴会单 ……………………………………………………… 211
　　模块二　宴会前的准备工作 ………………………………………… 216
　　模块三　宴会的服务工作 …………………………………………… 220
　　模块四　餐后服务 …………………………………………………… 228
　　模块五　冷餐会服务 ………………………………………………… 230

项目七　酒水服务 …………………………………………………………… 239
　　模块一　西餐餐酒 …………………………………………………… 240
　　模块二　酒水服务 …………………………………………………… 246
　　模块三　咖啡服务 …………………………………………………… 264

餐饮服务实训教程

上篇

中餐服务

项目一 餐饮服务人员的素质要求

【导入语】

餐饮服务是由餐饮部服务人员提供给宾客的,餐饮服务人员在对客服务中运用服饰、表情、动作和语言,完成服务操作程序,表现地区和民族餐饮文化,满足顾客餐饮消费需求和情感需要。服务操作既是技术,也是艺术,具有实用性,更富有欣赏性,确切地说应该称为服务技艺。

服务技艺包括两部分:一是通过员工的形体语言来体现的。包括服饰、体态、表情、动作、姿势等。二是员工对客服务中掌握的服务程序、服务标准和服务技巧。训练有素的员工,他们的仪态仪表、表情语言、举止动作既是个人的风采和修养的体现,又是饭店的品位和文化的象征。因此,优秀的餐饮服务人员必然具有高超的服务技艺。

项目目标与要求

最终目标:

了解餐饮服务的概念与特点,知晓餐饮企业服务人员的素质要求。达到餐厅服务人员的仪容仪表、动作姿态和服务语言的规范要求,自觉遵守服务工作纪律。

促成目标:

1. 能掌握餐饮服务的概念与特点;
2. 知晓餐饮企业服务人员的素质要求;
3. 达到餐厅服务人员仪容仪表服务姿态的规范要求;
4. 达到餐厅服务人员服务用语的规范要求;
5. 树立服务意识,养成良好的纪律观念。

项目载体

范　例	站姿、走姿、坐姿、蹲姿、鞠躬、指引、服务用语
学生学习载体	站姿、走姿、坐姿、蹲姿、鞠躬、指引、服务用语等练习

项目服务流程图

仪容仪表—形体动作—(站姿、走姿、坐姿、蹲姿、问候、鞠躬、指引手势)—服务用语—员工纪律

 项目学习任务书

项目模块(8学时)	学 习 任 务	备 注
形体规范(学时4)	仪容仪表规范	
	形体动作规范	
语言规范(学时2)	掌握服务用语的恰当选择与规范使用	
员工纪律(学时2)	餐厅工作纪律和服务要求	

模块一　形体规范

 学习目标

最终目标：
理解形体语言的作用，掌握形体语言的规范要求。
促成目标：
1. 掌握仪容仪表规范要求；
2. 掌握形体动作的规范要求。

 学习任务

1. 仪容仪表的规范。
2. 形体动作的规范。

任务1：仪容仪表规范

【知识导入】

　　服务员的职责是确保客人的就餐经历愉悦，这一点只有具备良好品质的服务员

才能做到。一名专业的服务员不仅具有令人愉快的性格、谨慎而积极的工作态度（如诚实、高效、守时）、丰富的产品知识（如饭菜的原料和烹饪方法）等，更重要的是掌握娴熟的服务技艺，并通过形体语言和服务语言正确地表达出来。

形体语言是一种非语言的交际手段，形体语言的基本特征是共通性、传承性、心理性、符号性，它包括人的表情、体貌、体态、动作、姿势等。

一、员工的表情和态度规范

表情是人的面部所流露的情感。在给人的印象中，表情非常重要。员工的表情和态度体现对客人的尊重和友好，服务态度表现热情、诚恳、亲切、耐心，使身在异乡的客人产生回家的亲切感，消除陌生感，给客人精神上的享受，从而使饭店产生感情上的吸引力。

在为客人服务时，要注意以下几点：

要面带微笑，和颜悦色，对客人热情友好，给客人以亲切感；不能面孔冷漠，表情呆板。

说话有礼貌，使用敬语，回答问题或与他人交谈，声音适中，诚恳自然；注意倾听，要聚精会神，不要无精打采或漫不经心，给人以受尊重之感。

要坦诚待客，不卑不亢，沉着稳重，跟客人说话时应面向客人，两眼注视对方，给人以真诚感；不要诚惶诚恐，唯唯诺诺，慌手慌脚，给人以虚伪感和不信任感。

对客服务杜绝谈论自己的私事，不能变相向客人索取小费。

要神色坦然，轻松、自信，给人以镇定、宽慰感；不要双眉紧锁，满面愁云，不要带有厌烦、僵硬、愤怒的表情，服务中要避免冷面孔；也不要扭捏作态、做鬼脸、吐舌、眨眼，对客人不耐烦甚至与客人争执。

二、员工的仪容仪表规范

员工仪容仪表能给客人尊重和美的享受，同时也表现地区和民族特色，标示饭店的品牌特性和企业文化，体现员工礼仪修养和文明气质。员工的仪容仪表规范由于国家、地区、民族的不同会有差异，各个饭店也会有自己的规定，在这里介绍中国餐饮服务员的一般要求。

发型

男员工：整齐的短发，须在衣领上。只允许染黑发。不得留鬓角和胡须。

女员工：餐饮员工一律发不过肩，梳理整齐，长发要挽起来，梳理整齐，一律前不挡眼、侧不遮脸，不留怪发型，只允许染黑发，不得戴夸张的头饰等。

首饰

餐饮员工不得佩带戒指、项链、手镯、手链等饰物，其他员工可佩带一枚婚戒或极小的一副耳钉，不得佩带抢眼、带有装饰性的项链、手镯、手链等。

化妆

工作期间，女员工须始终保持淡妆。须选用与工服以及肤色相配的化妆品。腮红须涂抹均匀自然。口红保持良好，形状颜色自然明快。不得进行过分复杂和夸张的化妆。

个人卫生

勤洗澡,保持指甲短、修剪整齐、干净,不得涂指甲油。男员工每天修面、保持干净。

着装

员工在岗期间要按规定着装,佩戴工号牌。工作服洗烫整洁,衬衣、领带或领花等搭配整齐,纽扣齐全、系好。要爱惜工服,要避免沾上无法清除的污渍(如墨水、圆珠笔痕等)

鞋袜

男员工:黑色皮鞋,要保持光亮,搭配黑色袜子。

女员工:黑色皮鞋或布鞋,皮鞋要擦亮。鞋跟高限1—1.5寸(1寸=3.33 cm),穿肉色丝袜,着裙装要穿长筒袜,袜口在裙摆的上方,避免三截腿,穿旗袍要配连裤袜。

员工上下班不得穿拖鞋、背心、非制服式短裤等服装进入酒店。

员工非当班时不得着便装回工作岗位。

任务2:姿态和动作规范

【知识导入】

员工的姿态和动作是指员工在生活和工作中的姿态和举止,体现员工的礼仪礼节、交际技巧。

其具体要求如下:

一、站姿

站立要端正,挺胸收腹,眼睛平视,嘴微闭,面带笑容,双臂自然下垂或在体前交叉,以保持随时向客人提供服务的状态。双手不叉腰、不插袋、不抱胸。女子站立时,脚呈V字形,双膝和脚后跟要靠紧,男子站立时双脚与肩同宽,身体不可东倒西歪。站累时,脚可以向后站半步或移动一下位置,但上体仍应保持正直。不可把脚向前或向后伸开太多,甚至叉很大,也不可倚壁而立。

餐饮服务人员在工作中的四种基本站姿是:

男士站姿一。身体立直,挺胸抬头,下颌微收,双目平视,面带微笑,两膝并严,脚跟靠紧,脚掌分开呈V字形,提髋立腰,吸腹收臀,双手置于身体两侧自然下垂。

男士站姿二:身体立直,挺胸抬头,下颌微收,双目平视,两腿分开,两脚平行,比肩宽略窄些,双手在身后交叉,贴在臀部。

女士站姿一:身体立直,挺胸抬头,下颌微收,双目平视,两膝并严,脚跟靠紧,脚掌分开呈V字形,提髋立腰,吸腹收臀,双手在腹前交叉,左手搭在右手上,贴在腹部。

女士站姿二:身体立直,挺胸抬头,下颌微收,双目平视,两膝并严,提髋立腰,吸腹收臀,两脚尖向外略展开,右脚(左脚)在前,将右脚跟(左脚跟)靠于左脚(右脚)内侧,双手在腹前交叉,身体重心在两脚上。

附:站姿规范见表1-1。

表 1-1　站 姿 规 范

规 范 的 站 姿	站 姿 不 宜
身体：直线原则	弓腰、驼背、倚靠
双臂：垂放	抱胸
双肩：平齐	端起、下垂、歪斜
下颚：与颈部垂直	仰起、低垂
双手：搭握	手插裤袋摆弄物品
双腿：打直、并拢	交叉、踩踏

二、坐姿

坐姿的基本要领是：入座时要轻缓，动作协调从容，走到座位前，转身后退，平稳坐下。女士穿裙装入座时，应将裙角向前收拢一下再坐，一般应从座位的左边入座和站立，不要坐在椅子上再挪动椅子的位置。落座后，上体自然坐直，两腿自然弯曲，双膝并拢，双脚平落地上，臀部坐在椅子的中央，腰部靠好，两手放在膝上，胸微挺，腰伸直；目平视，嘴微闭，面带笑容。起立时，右脚向后收半步，而后站起。

餐饮服务人员在工作中的基本坐姿是：

男士坐姿：上体挺直，下颌微收，双目平视，两腿分开，不超肩宽，两脚平行，小腿与地面呈垂直状，两手分别放在双膝上。

女士坐姿一：上体挺直，下颌微收，双目平视，两腿并拢，两脚同时向左放或向右放，两手叠放置于左腿或右腿上。

女士坐姿二：上体挺直，下颌微收，双目平视，两腿并拢，两脚脚跟靠紧，脚尖略开，两手叠放，置于左腿或右腿上。

注意坐时不要把椅子坐满（服务人员应坐椅子 2/3），但不可坐在边沿上。就座时切不可有以下几种姿势：

坐在椅子上前俯后仰，摇腿跷脚；将脚搁在桌子或沙发扶手上，或架在茶几上；在客人面前双手抱在胸前，跷二郎腿或半躺半坐；趴在工作台上。

附：坐姿规范（表 1-2）。

表 1-2　坐 姿 规 范

规 范 的 坐 姿	坐 姿 不 宜
上身：稍前倾	后仰、左歪、右靠
双手：女士交叠放于大腿；男士双手抚膝	摆弄、乱放
双腿：女士并拢；男士双膝与肩同宽	抖动、交叉、跷起
双脚：稳定，内敛	抖动、伸长
落座：安静	拖动坐椅，发出声响

三、走姿

正确的走姿要以端正的站姿为基础,其基本要领是:上体正直;不低头;眼平视;面带笑容。两臂自然前后摆动,肩部放松。重心可以稍向前,这有利于挺胸、收腹、身体重心在脚掌前部上。如果小腹用一点点力使身体略微上提,走起路来就会显得很有活力和神采奕奕。

走姿的美好与否,还取决于步位和步幅等因素。步位,即脚落在地面时的位置。特别是女性服务人员两脚交替走在一条直线上,称"一字步"以显优美。男性服务人员在行进时,两脚交替前进在两平行线上,两脚尖稍外展。步幅,即跨步时两脚间的距离。标准步幅是前脚跟与后脚尖间的距离为一脚长,但因性别不同,步幅也会不同,男士步幅应稍大些。此外,走步时速度要均匀,在一定的场合,一般应当保持相对稳定的速度,在正常情况下,服务人员每分钟走 60 至 100 步左右。由于性别的原因和审美的要求不同,男女的步态应有所不同,男士的步态应雄健有力、豪迈洒脱,显示出英武的阳刚之美;女士的步态应轻捷、蕴蓄、优雅、飘逸,展示出柔和、娇巧的阴柔之美。行走应轻而稳。注意昂首挺胸收腹,肩要平、身要直。女子走一字步男子行走时双脚跟走两条线,但两线尽可能靠近,步履可稍大,在地上的横向距离 3 cm 左右。走路时男士不要扭腰,女士不要摇晃臀部,行走时不可摇头晃脑、吹口哨、吃零食,不要左顾右盼,手插口袋或打响指。不与他人拉手、搂腰搭背,不奔跑、跳跃。因工作需要必须超越客人时,要礼貌致歉,说声对不起。同时注意:尽量靠右行,不走中间;与宾客相遇时,要点头示礼致意;宾客同行至门前时,应主动开门让他们先行,不能自己抢先而行;宾客上下电梯时应主动开门,让他们先上或先下;引导客人时,让客人、上级在自己的右侧;上楼时客人在前,下楼时客人在后;3 人同时行进,中间为上宾。在人行道上让女士走在内侧,以使她们有安全感;客人迎面走来或上下楼梯时,要主动为客人让路。

附:走姿规范(表 1-3)。

表 1-3 走 姿 规 范

规 范 的 行 姿	走 姿 不 宜
步幅:等于脚长	过小、过大
步位:直线原则	内、外八字
步韵:轻松、稳健大方	拖拉迟缓、匆忙慌张
上身:挺拔呈直线	含胸驼背
双臂:以身体为中心自然摆动	过分甩动、呆板不动

服务人员走姿举例:

陪同引导

在客人左前方 1 m 左右,或外侧。客人不熟悉时,不要让其先行;行进速度与客人保持一致;如转向或遇到障碍等,及时采取正确的体姿关照提醒对方。

上下楼梯

走指定楼梯通道,并尽量减少在楼梯上的停留。原则是"右上右下"礼让顾客。上楼时客人熟悉环境,客人先行,否则服务人员先行;服务人员着裙装时,请客人先行。下楼时服务人员走在前面,站于外侧。

进出电梯

使用专用电梯。规矩:先出后进,侧身而行,尽量站在里面。照顾好服务对象。有电梯员的,服务人员"后进后出"。无电梯员的,服务人员"先进后出"。

出入房门

先敲门并通报;要注意用手开门,面向客人,请客人先进;特别是小房间,有熟人时,最好反手开、关房门;与客人同行时,要"后入后出"为客人开门。

变向行走

后退时,先后退至少两三步,再转身。与同行者交谈或与他人狭路相遇时,应上身正面转向对方侧行。

与客人对面相遇

遇到客人,员工应向客人行礼,并注意放慢步伐,离客人 2 m 左右,点头问候。对重要客人应行礼鞠躬,停步并躬身 15—30°。如正在工作中,则边工作,边致礼。

错误的走姿

横冲直撞、抢道先行、阻挡道路、奔跑蹦跳、制造噪声。

四、蹲姿

有两种标准蹲姿是常用的:

一种是高低式蹲姿,基本特征是双膝一高一低。下蹲时两腿紧靠,左脚掌基本全着地,小腿基本垂直于地面,右脚脚跟提起,脚掌着地,臀部向下。

第二种是交叉式蹲姿,下蹲前右脚置于左脚的左前侧,使右腿从前面与左腿交叉。下蹲时,右小腿垂直于地面,右脚全脚着地。蹲下后左脚脚跟抬起,脚掌着地,两脚前后靠紧,合力支撑身体;臀部向下,上身稍前倾。女子较适用这种蹲姿。

五、规范恰当的手势

餐饮服务人员常用的手势及具体的做法有:

(一) 引导手势

引导,即为客人指示行进方向,也就是指路。引导客人时,首先轻声对客人说"您请",然后采取"直臂式"指路,具体做法是:将左手或右手提至齐胸高度,手指并拢,掌心向上,以肘关节为轴,上臂带动前臂,手臂自上而下从身前抬起,朝欲指示的方向伸出前臂,手和前臂成一直线,整个手臂略弯曲,肘关节基本伸直。在指示方向时,上体微前倾,面带微笑,身体倾向来宾,眼睛看着所指目标方向,并兼顾来宾是否看清或意会到目标。注意指示方向,不可用一个手指来指示方向,在任何情况下,用拇指指

着自己或用食指指点他人是不礼貌的行为。

（二）"请"的手势

"请"手势是餐饮服务人员运用得最多的手势之一。"请"根据场景的不同,有着不同的语义："请进"、"这边请"、"里面请"、"请跟我来"、"请坐"等。

在表示"请"时常用"横摆式"。其手势的规范要求为：五指伸直并拢,掌心斜向上方,手掌与地面成45°,腕关节伸直,手与前臂成直线,整个手臂略弯曲,弯度以140°为宜。做动作时,应以肘关节为轴,上臂带动前臂,由体侧自下而上将手臂抬起,到腰部并与身体正面成45°时停止。头部和上身微向伸出手的一侧倾斜,另一手下垂或背在背后,面向客人,面带微笑,目视来宾,表示出对宾客的尊重、欢迎。至于用哪只手做,这要根据情况来定,哪只手做起来方便即用哪只手。做手势时,必须面对客人,不得背对客人。

另外,也可采用曲臂"前摆式"的"请"手势。其做法是：五指伸直并拢,掌心向上,手臂由体侧向体前摆动,摆到手与身体相距20 cm处停住,身体略微前倾,头略往手势所指方向倒,面向客人,面带微笑,目视来宾。

当面对较多来宾表示"请"时,可采用双臂横摆式,如果是站在来宾的侧面,可将两只手臂向一侧摆动。

无论是哪一种,其基本手势是相同的,仅手臂所抬的高度有所不同而已。可表示"请进",其手臂抬起较高;而"请坐"手势,其手臂抬起较低。

（三）介绍的手势

介绍他人的手势,要求为：掌心向上,四指伸直并拢,拇指张开,手腕与前臂成一直线,以肘关节为轴,整个手臂略弯曲,手掌基本上抬至肩的高度,并指向被介绍的一方,面带微笑,目视被介绍的一方,同时兼顾客人。

介绍自己的手势,要求为：右手五指伸直并拢,用手掌轻按自己的左胸。介绍时,应目视对方或大家,表情要亲切坦然。

介绍时,切忌伸出食指来指点别人或用大拇指指着自己,因为这是一种傲慢、教训他人的不礼貌的行为。介绍他人时要热情、客观、掌握分寸。介绍有先后之别,一般将身份低、年轻者先介绍给身份高者和年长者；将男性先介绍给女性；将客人先介绍给主人。介绍时,一般双方要起立,长者、身份高者和女性可例外。需要介绍的人较多时,介绍的顺序是：先贵宾,后一般客人；先长者,后年轻者；先女士,后男士；先客人,后主人；先职务高者,后职务低者。被介绍者一般应起立或欠身致意。

（四）握手的手势

握手是由交际双方在见面或告辞时互伸右手彼此相握传递信息、感情的无声语言,它是服务员一种重要的手势语言。

1. 握手姿势

握手有单手握和双手握。单手握是最普通的握手方式,握手时,距离对方约一步,伸出右手,四指并拢,拇指张开,手指微微内曲,肘关节微曲抬至腰部,上身微前倾,目视对方与之右手相握。并可适当上下抖动以示亲热。握手一定用右手,这是约定俗成的礼仪。双手握是为了表示对对方加倍的亲切和尊重时运用,即自己同时伸出双手,握住对方右手。但是,这种握手方式只适用于年轻者对年长者,身份低者对身份高者或同性朋友之间。男子对女子一般不用这种礼节。

2. 伸手次序

在握手时,讲究由谁先伸出手,主要精神是为了尊重对方的尊严、感情、爱好、意见等。一般说来,伸手次序应是重要者先伸手,次要者后伸手。通常年长(尊)者、女士、职位高者、上级、老师先伸手,然后年轻者、男士、职位低者、下级、学生及时与之呼应。来访时主人先伸手,以表示热烈欢迎。告辞时等客人先伸手后,主人再伸手与之相握,才合乎礼仪,否则有逐客之嫌。朋友和平辈之间谁先伸手不作计较,一般谁伸手快,谁更为有力。若一个人要与许多人握手,最有礼貌的顺序是:先长者、后晚辈;先上级、后下级;先主人、后客人;先女士、后男士。

3. 握手力度和时间

握手要注意力度。不可用力过猛或有气无力,在一般情况下,握手不必用力,握一下即可。男士与女士握手不能握得太紧,如果是战友重逢或与嘉宾相见时,可稍加用力。西方男士往往只握一下女士的手指部分,但老朋友可以例外。

握手时间的长短可根据握手双方的亲密程度灵活掌握。初次见面者,一般应控制在3秒钟左右。男士与女士握手除了用力要轻,时间也要短些,长久地用力握住女士的手是失礼的行为。即使握同性的手时间也不宜过长,以免对方欲罢不能。老朋友或关系亲近的人则可以边握手边问候,甚至双手长时间地握在一起。

4. 握手禁忌

贸然伸手。遇到上级、长者、贵宾、女士时,自己先伸出手是失礼的。

抓指尖式。握手时仅轻轻触一下对方指尖,给人以勉强冰冷的感觉。过于软弱无力,时间过短,左顾右盼,心不在焉者,给人一种冷漠不情愿的感觉。

交叉握手。多人同时握手切忌交叉,要等别人握完后再伸手。有的国家视交叉握手为凶兆的象征,交叉成"十",意为十字架,认为必定会招来不幸。

忌戴手套。男士握手前应脱下手套、摘掉帽子。军人不脱帽先行军礼,然后再握手。在社交场合女士戴薄纱手套或网眼手套亦可不脱,但在商务活动中讲男女平等,女士亦摘手套。

综合应用

(一)基础知识部分

结合案例讨论:餐饮服务人员应具备哪些方面的素质?

(二)操作技能部分

基本站姿训练、鞠躬训练、蹲姿训练、手势训练、走姿训练。

模块二　语　言　规　范

 学习目标

最终目标：
掌握规范的基本服务用语。
促成目标：
1. 正确选择服务用语；
2. 服务中正确使用文明礼貌用语。

 学习任务

1. 服务用语。
2. 文明礼貌用语。
3. 常用的英语礼貌用语。

任务1：基本服务用语规范

【知识导入】

　　员工在工作中要做到谈吐文雅，语调轻柔，语气亲切，与宾客对话时，首先要面带微笑地倾听，并通过关注的目光进行感情交流，或通过点头和简短的提问、插话表示你对宾客谈话的注意和兴趣。为了表示对宾客的尊重，一般应站立说话。

　　要讲究语言艺术，"请"字开头，"谢谢"结尾，"您好"不离口，并根据不同的接待对象，用好尊敬语、问候语、称呼语等。

一、选择词语

　　在表达同一种意思时，由于选择词语的不同，往往会让宾客有不同的感受，产生不同的效果。例如："请往那边走"，使宾客听起来觉得有礼貌；而"往那边走"，去掉"请"字则语气生硬，变成命令式了。

　　因此，要注意选用客气的词语，如：
　　用"用饭"代替"要饭"；
　　用"几位"代替"几个人"；
　　用"贵姓"代替"你姓什么"；

用"有异味"代替"发霉"、"发臭";

用"让您破费了"代替"罚款";

用"王总,好久没见您了"代替"王先生,好久没见你了"等。

二、基本的文明礼貌服务用语

直接称谓语。如:先生/×××先生;小姐、夫人、女士、太太/××……

间接称谓语。如:那位先生/那位女士;您的先生/您的夫人

欢迎语。如:欢迎您入住我们宾馆;欢迎您来这里进餐;希望您能在这里生活愉快。

问候语。如:您好!早安/午安/晚安;多日不见,您好吗?

祝贺语。如:祝您节日愉快!祝您生日快乐!祝您一切都好!祝您一帆风顺!

告别语。如:再见!晚安!(晚上休息前)祝您一路平安/祝您旅途愉快!欢迎您再来。

征询语。如:您有什么事情?我能为您做些什么?需要我帮您吗?这会打扰您吗?您喜欢……吗?您需要……吗?您能够……吗?如果您不介意的话,我可以……吗?请您讲慢点。

应答语。如:不必客气。没关系。这是我应该做的。照顾不周的地方,请多多指正。我明白了。好的。是的。非常感谢。谢谢您的好意。感谢您的提醒。

道歉语。如:实在对不起/请原谅/失礼了。打扰您了。完全是我们的过错,对不起。感谢您的指正。我们立即采取措施,使您满意。请不要介意。

接听电话语。如:您好,这是某某餐厅…… 我的名字是…… 对不起,您拨错了电话号码。请拨电话号码……不要客气。需要我留言吗?

婉言推托语。如:很遗憾,不能帮您的忙。承您的好意,但是……

电话总机。如:您好,这里是…… 您要找几号房间/您找哪一位?请问名字是怎样拼写的。对不起,请讲慢一点。请再说一遍。请稍等一下,我们正在查找。我给您接到……现在占线。请等一下,不要挂断。您能听清楚吗?××先生/女士外出了。他/她在会客,我把电话接到…… 您是××先生/女士吗?你的(长途)电话接通了。您外出时,有××先生/女士来电话找,请您回电话,号码是……刚才电话断了,很对不起。

宿舍管理员礼貌用语。如:先生/女士,请问您找哪一位?请问您贵姓?请问您的单位?您带证件了吗?请您在这登记。这是必要的手续,请不要介意。您请坐,稍等一下。××先生/女士在吗?楼下有××先生/女士找您。对不起,××先生/女士不在。请您联系好再来。需要我留言吗?再见。

附1:问候客人的程序与标准(表1-4)。

附2:处理客人投诉的工作程序与标准(表1-5)。

表1-4 问候客人的工作程序与标准

序号	程序	标准
1	问候客人	① 使用酒店礼貌用语问候客人,须遵循先宾后主、女士优先原则。 ② 如果知道客人的姓名或职务,须称呼客人的姓加职务,如王经理等
2	再次问候	如果第一次问候客人时,客人忙于谈话而没有应答,须在客人就座后,再问候一次

表1-5 处理客人投诉的工作程序与标准

序号	程序	标准
1	认真倾听客人的问题并记录	① 须请客人把问题讲清楚。 ② 不准打断客人的谈话。 ③ 不准让客人觉得你对此事漠不关心
2	有礼貌不争执	① 不准找任何借口。 ② 须诚恳地向客人道歉,并正面回答客人的问题,给予客人适当的解释
3	尽量满足客人要求	① 了解客人投诉的原因及客人的需求。 ② 根据客人的需要,及时纠正。 ③ 纠正前须征求客人的意见,不准强迫客人接受
4	向客人再道歉	① 客人离去前须再一次向客人道歉。 ② 把问题和处理意见记录下来
5	反馈信息	① 调查、分析客人投诉的原因。 ② 若是饭菜质量问题,须向餐厅经理汇报,并与厨师长研究采取纠正和预防措施,避免类似问题重复出现。 ③ 若投诉由服务员引起的,则要由餐厅经理根据客人投诉找出原因,采取纠正和预防措施,避免同类问题再次发生

任务2:服务人员英语礼貌用语30句

【知识导入】

(1)早晨好。中午好。晚上好。

Good morning/afternoon/evening.

(2)欢迎您光临××大酒店。

Welcome to ××Grand Hotel.

(3)旅游愉快吗?

Did you have a nice trip?

(4)我是接待员(行李员、电梯员、话务员、收账员、电工、清洁工、洗衣工、厨师、餐厅服务员、调酒员、美容师)。

I am receptionist.

(porter/lift operator/operator/cashier/electrician/cleaning person/laundry worker/cook/waiter, waitress/bartender/beautician).

(5) 需要我帮忙吗?
What can I do for you?

(6) 还需要些什么?
What else can I do for you?

(7) 请稍等一会儿。
Just a moment, please.

(8) 很高兴为您服务。
I am always at your service.

(9) 希望您在这里住得愉快。
I hope you will enjoy your stay with us here.

(10) 对不起,给您添麻烦了。
I am very sorry to have caused you so much inconvenience.

(11) 如果您需要什么帮助,请及时告诉我。
Just let me know if there is anything I can do for you.

(12) 这边请。
This way, please.

(13) 请走这边。
This way, please./ Would you care to step this way, please?

(14) 不客气。
You are welcome. /Not at all. /It's my pleasure.

(15) 为宾客服务是我们的荣幸。
It's our pleasure to serve our guests well.

(16) 您先请。
After you, please.

(17) 对不起,我马上就过来。
Excuse me, I'll be with you in a minute.

(18) 能告诉我您的姓名吗?
May I have you name?

(19) 对不起,让您久等了。
I'm sorry to have you kept waiting.

(20) 您能填一下这张表吗?
Would you please fill in this form?

(21) 您如何付账,是现金还是信用卡?
How are you going to pay, in cash or by credit card?

(22) 对不起,我能进来吗?
Excuse me, may I come in?

(23) 一直往前走。
Go straight ahead.

(24) 您可以坐这部电梯到客房。
You may go to your room by this elevator.

(25) 我马上为您查一下。
Let me check for you.

(26) 请坐。
Have a seat, please.

(27) 我来为您指路。
I'll show you the way.

(28) 祝您旅途愉快。
Have a good trip.

(29) 祝您生意兴隆。
I wish you a good business.

(30) 欢迎您再来。
You are welcome to stay with us again.

综合应用

(一) 基础知识部分
餐饮服务人员基本礼貌用语和规范的服务用语。

(二) 操作技能部分
情景模拟:迎宾、就餐服务、送客等情景下,餐饮服务人员基本礼貌用语和服务用语的正确使用。

模块三　员工纪律

 学习目标

最终目标:
理解服务人员的纪律要求。

促成目标：

1. 明确餐饮服务员岗位职责；
2. 了解餐饮服务员纪律的重要性。

学习任务

1. 餐饮服务员的岗位职责。
2. 餐饮服务员的纪律要求。

任务1：餐饮服务人员岗位职责

【知识导入】

一、餐厅服务部岗位职责

（一）餐厅领班岗位职责

（1）协助餐厅主管做好日常管理工作，认真执行各种制度和工作标准，按时保质保量完成上级分配的工作任务。

（2）带领、督促员工做好接待工作，发挥带头作用，搞好现场培训。

（3）第一时间处理客人投诉或立即报告楼面主管，收集客人对菜品和服务的意见并及时反馈到楼面主管。

（4）掌握每天客人进餐情况，要求服务员准确、周到地进行服务。

（5）做好每天卫生工作计划，保障餐厅整洁。

（6）带领员工做好开餐前的准备工作，检查餐台摆设，定位情况，收餐后检查餐柜内餐具的摆放情况。

（7）对分管区物品的领用和保管，定期进行检查和清点。

（8）负责检查分管区的设施、设备，检查厅、门、电开关、空调开关，音响情况，做好安全和节电工作，若发现损坏要及时报修。

（9）与其他领班互相协作，做好本职工作。

（10）完成上级领导安排的其他工作。

（二）值台服务员岗位职责

（1）遵守考勤制度、卫生制度、工作纪律等各项规章制度。接受领班的例行检查和工作安排。

（2）服从领班和大堂经理的安排，坚持先服从先行动，后投诉的原则。

（3）上班时着工装、戴工牌、整理好仪容、仪表，准备好服务用品。

（4）区域卫生必须每天打扫干净，坚持每天的工作从清洁开始到清洁结束。

（5）餐台餐具必须整洁、整齐、无缺口、裂痕。

(6) 做好餐前准备工作,按不同的要求、规格和档次布置餐台,将各种服务用具及调味品在开餐前 15 分钟备齐。

(7) 认真值台,操作规范。

席间服务注意以下几点:

1) 微笑,使顾客倍感亲切。

2) 做到四勤:勤巡视、勤换烟缸、勤换骨碟,勤整理台面,勤斟饮料,勤问顾客需要什么。

3) 做到三轻:说话轻、走路轻、拿放东西轻;

4) 思想高度集中,随时关注顾客的眼神、表情、手势、言谈、心理等。

(8) 记好账目,做到服务快速、规范。

(9) 迎送宾客并对顾客的到来表示感谢。

(10) 翻台迅速,操作规范。

(11) 调味品每天收撤,用具当天撤洗。

(12) 检查台面餐具是否符合卫生标准。

(13) 备餐柜摆放整洁,无私人物品。

(14) 值班时间不得擅自离开工作岗位。

(15) 所有员工下班之前必须整理完自己台面。

(16) 认真听取领班的统一指挥和安排。

附:中餐零点服务的工作程序与标准(表 1-6)。

表 1-6 中餐零点服务的工作程序与标准

序号	程序	标准
1	确定客人预定并引领客人到位	① 客人来到餐厅后,领位员须热情礼貌地问候客人,如有外宾须用英语问候。 ② 领位员确定客人预订后,引领客人到位;在引领客人时须与客人保持 1 m 左右的距离。 ③ 领位员须帮助客人搬开椅子,待客人站定在座椅前时,将座椅轻轻送回原位,协助客人就座
2	餐前服务	① 主动向客人介绍茶叶品种,询问客人并确定茶叶的品种后,为宾客斟倒茶水;提供香巾服务。 ② 站立客人右侧为客人铺口布,并按先宾后主、女士优先的原则。 ③ 站立客人右侧为客人撤去筷套,并翻开茶杯。 ④ 领位员在客人右侧打开菜单第一页,将菜单送到客人手中。 ⑤ 服务员推介本餐厅各种酒水。(也可配备酒水车在客人桌前展示) ⑥ 领位员须及时为客人提供挂衣或衣服套服务
3	订饮料单及饮料服务	① 推荐并为客人订饮料或酒水,客人的订单内容须重述、确认。 ② 为客人服务时,服务员须左手托托盘,右手拿饮料或酒水,从客人右侧将饮料或酒水倒进放在客人筷子正上方的杯具中,并按先宾后主、女士优先的原则

(续表)

序号	程　序	标　准
4	为客人点食品单	① 点菜员向客人介绍食品单、特色菜单内容及特色菜,帮助客人选择食品。 ② 客人点完食品单后,需重述、确认点单内容。 ③ 将食品单分送到厨房,收银台以及服务台
5	客人用餐过程中的服务	① 为客人服务菜品时,服务员须从客人右侧将菜品放在餐桌上,为客人报出菜品名称,并请客人品尝。 ② 随时观察客人台面为客人适时添加饮料或酒水。 ③ 及时为客人更换餐具,并适时撤去空盘、空碗。 ④ 及时为客人更换烟灰缸(烟灰缸内烟蒂不准超过2个) ⑤ 如客人用餐过程中去洗手间,服务员须为客人搬开座椅,待客人返回时,再协助客人搬开座椅,帮助客人入座。 ⑥ 上水果之前为客人服务第二道香巾
6	为客人清洁桌面	当客人用完餐后,服务员须站在客人的右侧,用托盘从客人右侧撤走所有餐具,只留下酒杯和饮料杯;撤餐具前须征得客人同意
7	甜食服务	① 当客人用完正餐后,服务员须主动介绍、推荐甜食、水果,并重述、确认客人甜食、水果订单。 ② 将客人订的甜食、水果订单及时送进厨房,并在10分钟内为客人提供甜食服务
8	征询客人意见	上水果后,餐厅经理、领班须在不打扰客人谈话的前提下,主动走到客人右侧,礼貌地询问主人对本餐厅的服务和菜品质量是否满意。如客人表示满意,经理、领班须真诚地感谢客人;如客人提出了一些建议,经理、领班须认真记录,并真诚地感谢客人,同时告知客人餐厅将考虑客人的建议
9	结账并感谢客人	① 当客人要求结账时,服务员须检查账单,将账单夹在结账夹内,从主人右侧把账单递给主人,请客人结账。 ② 客人结账时服务员须真诚地感谢客人。 ③ 客人离开餐厅后,服务员须将客人送出餐厅,感谢客人并表示欢迎客人再次光临

二、餐厅传菜部岗位职责

（一）传菜部领班岗位职责

（1）负责做好开餐前的一切准备工作,组织餐前短会。

（2）协助楼面与厨房的工作,及时传递有关信息。

（3）做好每天卫生工作计划,并带头监督执行。

（4）根据营业情况合理调配人力。

（5）开餐前确定和安排当餐的特殊传菜任务,以及重要客人或宴会的传菜注意事项。

（6）传菜过程中严把菜品质量关,不达标菜品退回厨房,按菜划单,合理调配上菜速度。

（7）对下属员工服务技能技巧进行操作指导。

(8) 妥善保存出菜单,以备财务核查。
(9) 协助厨房做好开餐前的跟料准备工作。
(10) 营业结束,收回各种用具,与下一班做好交接工作。
(11) 负责餐厅口布、台布的收发、保管。
(12) 完成上级领导安排的其他工作。

（二）传菜员岗位职责

(1) 遵守酒店的规章制度,服从主管和领班的安排调动,主动做好各项工作。
(2) 着装整洁大方,服务操作准确快捷,服务用语规范礼貌。
(3) 负责将菜单上的菜肴,按上菜次序准确无误地送到值台服务员的手里并报上菜名。
(4) 上菜前要记准宾客的台号、人数、上菜时要快、轻、稳,端出的菜要不变形。
(5) 开餐前负责准备好调、配料及走菜工具,并主动帮厨师做好出菜前的准备工作。
(6) 协助服务员将备餐柜上的脏餐具、空菜盘等撤回洗碗间,并按要求摆放。
(7) 保养走菜用具,掌握特色菜所用的器具的摆放方法。
(8) 保管出菜单,上交财务人员。
(9) 负责划分区域的卫生保洁。

附1：零点餐厅传菜员的工作程序与标准（表1-7）。

表1-7 零点餐厅传菜员传菜的工作程序与标准

序号	程　序	标　　准
1	餐前准备	准备充足、洁净、无破损的托盘、菜盖、餐具、器皿等。
2	接到菜单	① 传菜员接到菜单后,检查订单：台号或厅房、人数、时间、点菜员姓名等。 ② 检查菜单上客人的特殊要求,如有,须马上通知厨师长,并将结果告诉服务员。 ③ 有特殊菜需准备相应餐具,如鱼翅,准备香菜、红醋、豆芽等
3	传送冷菜	通知冷菜间制作冷菜,并保证冷菜在5分钟内送进餐厅
4	传送热菜	须先传高档菜（主菜先出,鱼必须前三道出）,如：鱼翅、鲍鱼、大虾等,后传鱼、鸡、鸭、肉类,最后传蔬菜、面食类；如客人有特殊要求,即按照客人要求传菜,若不是叫单,第一道热菜须在15分钟内出
5	传送热汤	服务员适时观察客人的餐桌,待到客人将要用完热菜时,须及时通知传菜员,将热汤送进餐厅
6	传送甜食	接到服务员通知后,通知厨房制作,不准超过15分钟送进餐厅
7	要求	① 传菜过程中必须严格按照传菜操作程序进行。 ② 所有菜必须加盖
8	餐厅营业结束后的收尾工作	① 将托盘及餐具等送洗碗间清洗、消毒。 ② 及时清理、更换传菜台上的口布、台布等

附2：表1-8列出了宴会厅传菜员的工作程序与标准。

表1-8 宴会厅传菜员传菜的工作程序与标准

序号	程 序	标 准
1	餐前准备工作	① 在传菜台准备好充足洁净、无破损的长托盘和圆托盘。 ② 准备好洁净、无破损的餐具
2	传送冷菜	① 根据预订单和菜单，须明确客人的人数、台号及日期。 ② 检查预订单上客人的特殊要求，如有，须马上通知厨房，并将结果告知服务员
3	传送热汤	客人就座后，传菜员须将客人的人数、起菜时间及时地通知厨房，后将热汤送进餐厅，由服务员分餐。
4	传送热菜	① 传送热菜时，须先传高档菜，如：鱼翅、鲍鱼、大虾等，后传鸡、鸭、肉类，最后传送蔬菜、鱼、面食类；如客人有特殊要求，须按客人的要求传菜。 ② 传送小吃时，须注意送进宴会厅的小吃与热菜之间的搭配，做到搭配与菜单一致
5	传送甜食	接到服务员通知后，请厨师立即制作，不准超过10分钟送进餐厅
6	餐厅营业结束后的收尾工作	① 将托盘及餐具送洗碗间清洗、消毒。 ② 及时清理并更换传菜车、传菜台上的口布、台布等

三、餐厅迎宾员岗位职责

迎宾是餐厅的门面，负责做好迎送宾客，安排宾客就座等工作，其岗位职责为：

（1）遵守酒店的规章制度，服从领导安排，对餐厅经理、对酒店负责。

（2）工装整洁，面带微笑、彬彬有礼、服从指挥。

（3）负责做好开餐前的迎宾准备工作，负责登记宾客的预订（包括电话预订和当面预订）记录，并负责落实。

（4）熟悉当天订餐情况，熟悉当天就餐情况，能准确、及时、礼貌地把客人领到所订的座位上。

（5）在工作时间内，须按标准站立在餐厅门口等候迎送客人。

（6）倾听宾客的意见，并立即向餐厅经理汇报。

（7）负责将所有餐厅就餐的客人安排就座。

（8）餐厅客满时，负责安排好候餐的宾客，尽量减少客人候餐矛盾。

（9）掌握就餐人数、桌数所剩就餐桌等业务情况，并做好书面记录。

（10）熟悉餐厅的基本情况，能准确地叫出常来宾客的姓氏（如：小姐、先生）并编写客情表。

（11）熟悉一般的服务技能，参与每天餐前准备工作和餐后整理工作。

（12）与顾客、上级、同事保持良好的关系。

（13）引领客人入座时，距离不能太近，与客人保持1 m左右距离。

(14) 负责将客人满意地送出餐厅,做到迎时"欢迎光临",送时"欢迎下次再来"。

附:领位员的工作程序与标准(表 1-9)。

表 1-9 引领客人入座的工作程序与标准

序号	程 序	标 准
1	问候客人	当客人来到餐厅时,领位员须热情礼貌地问候客人
2	确定客人的预定	领位员首先须确定客人是否预订,如果客人尚未预订,立即为客人做预订
3	引领客人入位	① 领位员走在客人的左前方,左手为客人指示方向,并四指并拢、手心向上,严禁用一个手指为客人指示方向。 ② 领位员引领客人进餐厅时,须与客人保持 1 m 左右的距离。 ③ 领位员将客人引领到预订的餐桌前,须征询客人的意见
4	协助客人存放衣物	① 提示客人自己保管好贵重物品。 ② 用衣套把客人挂在靠背上的衣物罩住
5	领位员与服务员交接	领位员须告知服务员就餐人数、主人的姓名及桌号,以便服务员能够称呼主人的名字

四、餐厅酒吧服务员岗位职责

(1) 负责当日盘点,作好日报表并开出领货单,请经理签字确认,负责开餐前吧台的一切准备工作。

(2) 负责去酒水房领足吧台所需的酒水。

(3) 接受酒水订单,为餐厅宾客准备预订酒水。

(4) 负责妥善保管宾客存放在吧台的烟酒。

(5) 负责擦拭吧台所有玻璃器皿和服务用具。

(6) 保养吧台内设备,如有损坏及时报修。

(7) 提醒服务员积极向宾客推销酒水,如发现过期的酒水应该及时报告经理或库房,停止销售。

(8) 保存所有酒水的订单,并交财务部以备核查。

(9) 掌握各种酒品的服务知识,不断创新品种(如特制饮料、酒水等)搞好推销。

附:酒吧服务员仪容检查的程序与标准(表 1-10)。

表 1-10 酒吧服务员仪表仪容检查的各种程序与标准

序号	程 序	标 准
1	制服、工作鞋	① 制服须完好、洁净、整齐,无褶皱、无破损,且纽扣须完好、无脱落现象;衬衫、衬衫领口和袖口须完好、洁净、无破损,纽扣须完好、无脱落现象。 ② 名牌须佩戴在左胸前,且名牌须端正、完好、字迹清晰;严禁不佩戴名牌上岗。 ③ 工作时须穿着酒店配发的皮鞋,皮鞋须光亮、完好、无破损。 ④ 袜子须完好,无跳丝、无破损

(续表)

序号	程　序	标　准
2	头发、指甲	① 头发须干净、整齐，不留怪异发型。 ② 男员工不留长发，女员工长发须盘起，严禁染怪异彩发。 ③ 保持手和指甲洁净；严禁留长指甲、涂染指甲油
3	修饰	① 女员工须化淡妆和使用淡色口红。 ② 除婚戒外，员工不准佩戴其他首饰

任务2：员工纪律

【知识导入】

一、理解员工纪律的重要性

对于饭店组织而言，纪律是品牌形象的基础，是其能否生存的基本前提，没有纪律就没有效率与合作，服务规程无法有效落实，组织系统无法正常运行，组织目标就无法实现。对于员工来讲，是否遵守纪律反映了员工素质的高低，也是员工实现个人职业生涯规划目标的关键。要正确地认识纪律的重要性，严于律己，爱岗敬业、团结协作，做有理想、有道德、守纪律的优秀员工。

二、员工纪律的基本要求

（1）上下班走员工出入口。随身携带的物品，须主动接受警卫人员及上级的检查。按规定打卡并签到、签离。

（2）保管好《员工手册》、工作证、餐卡等各种证件。员工调离酒店，必须按转单项目要求，将工作证等交回有关部门。不得将工服等物品带离酒店。

（3）员工均应按规定着工服，保持工服整洁、仪表端庄。

（4）员工必须严守酒店保密制度，不得向外界提供有关人事、经营管理、财务、设备等信息、文件资料；如有查询，由有关部门负责接待。

（5）员工必须按规定时间在员工食堂就餐，未经允许不得将食物带出食堂。

（6）员工一般不得在酒店内打（接）私人电话，如有特殊情况，需经主管领导批准，到指定地点打电话。

（7）员工休假或下班后不得在酒店逗留（员工宿舍及员工活动室除外）。

（8）员工不得在酒店内留宿，工作时间不得串岗。

（9）员工不得使用客用卫生间及客用电梯。

（10）当班时间员工不得擅离工作岗位或做与工作无关的事情。

（11）不得使用污言秽语，不允许在酒店内打架斗殴。

（12）员工不得擅自更换衣柜，不得私自换锁、撬锁。

（13）不得在非吸烟区域吸烟。

（14）不得代他人或委托他人打卡。

（15）不得偷拿酒店及他人的钱财物品。

（16）不得向客人索取小费和物品。

（17）不得在墙壁等地乱涂乱画等。

附1：为老年人或残疾人服务的工作程序与标准（表1-11）。

表1-11　对老年和残疾客人服务的工作程序与标准

序号	程　序	标　准
1	帮助客人就座	① 及时安排他们坐在离门口较近的座位或沙发上。 ② 对于走路不方便的客人须给予必要的帮助，如帮助推车、拿物品等。 ③ 就座时，须帮助客人搬椅子等
2	提供特别服务	① 服务须周到、耐心，不准催促客人。 ② 服务时须给予客人特殊的照顾，随时了解他们的特殊需求。 ③ 如客人在拿取食物、切割食物时有困难，须尽量帮助客人。 ④ 客人站起来时，须及时地给予帮助

附2：为儿童服务的工作程序与标准（表1-12）。

表1-12　为儿童服务的工作程序与标准

序号	程　序	标　准
1	安排座椅	① 当客人带儿童用餐时，服务员须主动、及时地为客人提供儿童用餐的必需服务品，以减少客人的麻烦。 ② 领位员须主动询问客人是否需要特制的儿童椅，得到认可后，及时通知服务员安排。 ③ 服务员备好儿童椅后，请客人将儿童抱到椅子上，并放好儿童椅上的小桌，以防止儿童滑落
2	摆放餐具	按照其年龄大小摆放餐具：5岁以下儿童，只摆放一个餐盘、一个汤碗、一个汤匙；5岁以上儿童须按标准摆台
3	推荐适合儿童的食品和饮品	① 客人订饮料时，须主动向客人推荐适合儿童口味的软饮料，并为其准备吸管。 ② 客人订食品单时，须主动向客人推荐一些适合儿童口味的菜肴或小点心
4	为儿童提供特殊服务	① 为客人分汤时，为儿童多准备一小汤碗，放在儿童家长右侧。 ② 餐厅经理、领班可适当为来就餐的儿童准备一些小点心、小礼品、纸和彩笔，在小孩影响客人就餐时，送给儿童玩耍，以稳定儿童的情绪。 ③ 当客人准备离开餐厅时，服务员须在征得客人同意后，将儿童从儿童椅上抱下交给儿童的家长

综合应用

（一）基础知识部分

餐饮服务人员语言规范和纪律要求。

（二）操作技能部分

餐饮服务人员服务意识和服务姿态训练。

项目二 餐饮服务的基本技能

【导入语】

餐饮服务是一项技术性很强的工作，餐厅工作人员必须掌握各种服务技能，如端托、摆台、餐巾折花、斟酒、上菜、分菜等。学习并熟练掌握各种服务操作技能，是做好餐饮服务工作的必要条件，同时也可以展现中国餐饮礼仪，弘扬中华饮食文化。

项目目标与要求

最终目标：

了解端托、摆台、餐巾折花、斟酒、上菜、分菜等工作的操作要求。掌握托盘、摆台、餐巾折花、斟酒、上菜、分菜等工作的服务操作程序和要领，最终做到熟练掌握各种服务操作技能，达到标准化、规范化的基本要求。

促成目标：

1. 了解端托、摆台、餐巾折花、斟酒、上菜、分菜等工作的操作要求；
2. 理解端托、摆台、餐巾折花、斟酒、上菜、分菜等工作的服务程序和标准；
3. 掌握托盘、摆台、餐巾折花、斟酒、上菜、分菜等工作的操作要领和规范要求；
4. 达到操作过程娴熟、快速；动作姿势优雅、大方；手法卫生、规范；
5. 养成良好的操作习惯。

项目载体

范　例	托盘、摆台、餐巾折花、斟酒、上菜、分菜
学生学习载体	托盘、餐巾、餐具、酒具等

项目服务流程图

操作程序和标准—操作规范要领—动作姿势—操作练习—注意事项

项目学习任务书

项目模块(24学时)	学 习 任 务	要 求
托端 (学时4)	1. 轻托：托5 kg以下的物品，训练站立、行走、避让、下蹲等	熟练、优雅、娴熟
	2. 重托：托5 kg以上的物品，训练起托、行走、避让等	托平、走稳
餐巾折花 (学时6)	餐巾折花操作的训练。包括盘花和杯花两大类	正确选择，一次折成
中餐摆台 (学时6)	中餐摆台的基本要求，操作规程与要领	手法规范，操作熟练
中餐斟酒 (学时4)	中餐斟酒的操作规范、程序、要求和操作要领等	姿势动作规范，各种酒的斟酒量及操作程序正确
上菜与分菜 (学时2)	1. 中餐上菜的顺序、方法与操作规范和程序。 2. 中餐分菜的方法及几种特殊菜的操作规范和程序	熟练掌握上菜与分菜的基本技能
其他服务 (学时2)	中餐服务中接听电话、落餐巾、香巾服务、香烟服务、换烟灰缸、撤换餐具、食品打包等服务规范，收拾台面、清场等操作要领	熟练掌握这些服务项目的操作规程与要领

模块一 端托技能

 学习目标

最终目标：
掌握端托的操作程序与操作要领，正确熟练地使用托盘。
促成目标：
达到熟练端托，运用自如的操作要求。

 学习任务

1. 轻托：托5 kg以下的物品，训练站立、行走、避让、下蹲等。
2. 重托：托5 kg以上的物品，训练站立、行走、避让等。

项目二 餐饮服务的基本技能

任务1：托盘基本知识

【知识导入】

托盘是餐厅服务中餐前摆台、为顾客端送酒水、菜点等各种物品、餐后收台整理时，常用工具之一，使用托盘比手推车灵活、方便，比徒手端托卫生、安全；可以减少搬运次数，提高工作效率，减轻劳动强度；在摆台、斟酒、上菜等操作过程中使用托盘是规范化服务和文明操作的基本要求。为了提高服务质量和服务效率，正确使用托盘是每一位服务员所必须掌握的基本技能，也是营造餐厅文明环境的基本要素之一。

一、托盘概述

（一）端托的要求

端托操作的要求是讲究卫生、稳重安全、托平走稳、汤汁不洒、菜形不变。餐饮服务人员要做到"送物不离盘"，要养成使用托盘的习惯。为此，餐厅服务员必须了解托盘的种类、规格及使用知识，熟练掌握托盘这一项基本功。

（二）托盘的种类

1. 按制作材料分

（1）木质托盘：这种托盘用木做坯，外表用油漆进行彩绘；采用不同的木料和工艺，可以有不同的品质。一般较为笨重，除了在一些特色餐厅使用外，一般餐厅较少使用。

（2）金属托盘：分为铜质托盘、铝质托盘、不锈钢托盘、银质托盘、金质托盘等。金、银托盘一般均采用铜质金属做胎，外镀金或银，较为高档，只能在特色餐厅或豪华餐厅使用，或者在一些VIP接待中使用。其他金属类托盘使用较为广泛，特别是不锈钢托盘在中档餐厅中使用普遍。

（3）塑料托盘：这类托盘均采用防滑工艺处理，价格低廉、耐磨、便宜。现在多数饭店使用这种托盘。

（4）胶木托盘：是使用最为广泛的托盘，轻便、防滑、防腐、耐用、便宜等，相比于塑料托盘更坚固、结实和美观。

2. 按规格的大小分

托盘有大号(45 cm, 55 cm)、中号(40 cm, 35 cm)、小号(30 cm)等三类。席间服务常用的托盘直径40 cm较为适宜(以上为圆形托盘规格，均为直径长度)。

另一种是长方形托盘，其规格是长51 cm、宽38 cm的为大号方形托盘；中号方形托盘的长为45 cm、宽35 cm；小号方形托盘的长35 cm、宽22 cm等不同型号。

3. 按形状分

圆形、长方形、正方形、特殊形四类。其中圆形托盘、长方形托盘是最常用的托盘，方形在一些西餐厅、快餐厅比较常用。

二、托盘的用途

（一）大方托盘、中方托盘

传菜、托送酒水和搬运盘碟、展示菜品等较重的物品。可以采用双手胸前托、重托与轻托三种方法托盘。

（二）中圆托盘

一般用于摆台、酒水服务、撤换餐碟和换烟缸等。

（三）小圆托盘、小方形托盘

运送饮料和餐桌上的小器皿、湿巾、账单、收款，递送信件或高档酒品等。

（四）异型托盘

主要用于特殊的鸡尾酒会或其他庆典活动，西餐中的咖啡厅、酒吧等应用比较多，而中餐较少使用。

三、托盘的使用方法

按所托物品轻重，有轻托和重托两种方式。物品重量在 5 kg 以内的，适宜采用轻托方式，物品重量在 5 kg 以上，则采用重托方式。

（一）轻托

因托盘被平托于左胸前又称"平托"或"胸前托"，因托盘中所托物品较轻，一般在 5 kg 以下，故称轻托。主要用大小适宜的托盘，端送体积较小，重量较轻的物品，一般用来为客人斟酒、派菜、撤换餐具和摆台等，由于轻托在客人面前进行操作，其熟练、准确、优雅显得更为重要。

（二）重托

因为重托被托举于左肩之上，因而又称为"肩上托"。因为盘中所托物品较重，一般重量在 5 kg 以上，故称重托。重托主要用大型托盘，托运大型菜点、酒水和盘碟时使用的一种托盘运送物品的方法。

值得注意的是，有的酒店在运送一些沉重物品时，不用重托的方式，而将托盘放在胸前，使用双手进行端托。这种方式，尽管比较安全，但是对于菜点的卫生、文明服务等会有严重的影响，往往体现服务员的端托技术不过关。

任务2：端托基本操作程序与要求

【知识导入】

一、托盘的基本操作程序与要求

无论是轻托还是重托，都有理盘、装盘、起托、端托行走、落台与卸盘五大基本步骤。每个步骤基本要求如下：

（一）理盘

理盘是指清洁、整理端托所用的托盘，以达到托盘清洁卫生、防滑和美观的效果。

（1）根据所托的物品选择适用的托盘，或者根据不同的使用要求选择不同的托盘。

（2）整理托盘时应注意托盘的平整。因为有些托盘使用一段时间后，就会出现变形，如金属类的托盘边沿变形，有的托盘底变形，这样的托盘不但影响美观，对端托操作也易造成不安全隐患。有些塑料托盘使用一段时间后容易出现变色或斑痕，再继续使用一来不雅观；二来容易引起客人对食品的卫生安全产生疑虑。塑料托盘极易出现老化现象，托盘老化后变色、变脆，强度下降，这类托盘应停止使用。

（3）准备好各种所需物品。即托盘、防滑物品、专用抹布等，各种所需托运的酒水、碗碟、筷子、菜点等要做到齐全、干净、符合要求，做好装盘前的准备。

（4）清洗托盘。用清洁干燥的抹布，将托盘内部、边缘和底部擦拭干净。尤其重托所托物品经常与汤汁、菜品、碗碟接触，油腻比较大，托盘的清洗要特别注意。

（5）对于没有防滑处理的托盘，在托盘内应铺垫潮湿干净的餐巾，或消过毒的专用托盘垫布。垫布的大小要与托盘相适应，垫布的形状可根据托盘形状而定，但无论是方形或圆形垫布，其外露部分一定要均等、美观，使整理铺垫后的托盘既整洁美观又方便适用，又可以避免托盘内的物品滑动。

（二）装盘

装盘就是根据物品的形状、大小及取出的先后顺序，进行合理的装盘码放。装盘是端托的关键环节，往往决定着端托的安全、操作方便程度、美观与否等，还影响着落台与卸盘。

1. 轻托的装盘

（1）除餐碟、汤碗外，一般均要求单件平摆。

（2）根据所用托盘的形状码放。用圆形托盘时，码放的物品应呈圆形；用长方形托盘时，码放的物品应横竖成行。

（3）无论使用哪种托盘，均应将物品按重量的大小和高低由托盘的中心部位向四周依次放置，摆放均匀，以保持重心平衡。

（4）所有物品均按照先取先用的，在上、在前；后取后用的，在下、在后的原则摆放。

（5）如端托的物品重量和高度不等时，应将较重的、较高的物品放于托盘的中心部位，摆放分布得当，这样装盘既安全、稳妥，又便于端托服务。

（6）装盘时，还要使物与物之间留有适当的间隔，以免端托行走时发生碰撞而产生声响，或造成端托不稳，或卸盘时不便。

（7）托运酒水时，商标朝外，显示给客人。

2. 重托的装盘

（1）要把托盘内的物品分类码放，并使物品的重量在托盘内分布均匀。

（2）注意把较高或较重的物品，摆于托盘的中心位置。

（3）装盘时，还要使物与物之间留有适当的间隔，以免端托行走时发生碰撞而产生声响或造成端托不稳。

（4）重托所托物品忌讳将所有物品不分大小、形状、体积无层次地混装在一个盘里，这样容易滑动、碰、撞、倒、掉、洒，甚至翻盘。

(三) 起托

一般要求是：起托时，餐厅服务员站于距操作台30 cm处，双脚分开，左脚向前迈出一步，双腿屈膝，腰与臂呈垂直下坐势，上身略向左前倾，站稳，伸出左手掌心向上，指尖向前与操作台面垂直，伸出右手拉拿托盘的边沿，将托盘移向左手掌及小臂处，待托实后，双脚并拢，并收回右手，同时身体回复直立状。

1. 轻托起托与端托要领

（1）左手掌伸平，掌心向上，五指分开，指实而掌心虚，指尖向前与操作台垂直。

（2）右手将装好物品的盘从台上拉出三分之二，放置于左手掌，左手接着放在托盘中间用掌心和五指指尖用力托起托盘后，将托盘的一部分（如长方盘的一角）搁在小臂上，借助小臂的力量将托盘托平。

（3）左手的大臂垂直于地面，小臂与身体呈90°平伸于胸前左侧。

（4）左手手掌自然形成凹形，掌心不与盘底接触，大拇指指端到手掌的掌根部位和其余四指托住盘底，将托盘底托实，把重心掌握住。

（5）右手协助左手将盘平稳托起，使盘托到身体左侧前方，盘略高于腰部，托盘托平稳后，右手自然下垂或放于背后。

（6）如遇客人多时，右臂可做保护托盘的姿势，便于一旦出现意外，能及时躲闪避让。

2. 重托起托与端托要领

（1）双手将托盘移至服务台的边沿处，使托盘的1/3悬空，右手将托盘扶稳。

（2）左手伸入托盘底部，五指分开，掌心向上伸平，用掌心和五指托住托盘底部的中心。

（3）上身前倾，双脚分开，呈外八字形，双腿屈膝下蹲，腰部略向左前方弯曲，左手臂呈轻托起托状。

（4）起托后，在左手确定好端托重心后，右手协助左手向上用力将托盘慢慢托起。在托起的同时手腕和托盘向左后方（逆时针方向）旋转180°，使托盘在左旋转过程中送至左肩外上方，左手指尖向后，距肩 2 cm 左右。

（5）左手托实、托稳后，右手扶住托盘的前内角或自然下垂摆动。

（6）托盘一旦托起上肩，手臂要始终保持均匀用力，如果用力不匀，容易造成所托物品撒、掉、滑动等现象。

（7）重托托盘托举上肩后，左臂靠近身体，可以稍微借助上身的力量，左手指指尖必须伸向后方，否则手臂承重力不够，容易造成端托失败。

目前，为了安全省力，餐饮企业一般不采用重托托盘，多用小型手推车递送重物。

(四) 行走

正常端托行进时，要做到头正肩平，上身挺直，双脚横向距离要小，步伐均匀，托盘保持平稳；动作轻快、敏捷、自然，脚步轻捷，做到快在稳中求；面部表情轻松自如，目视前方，顾及左右，精力集中，面带微笑。

轻托端托行走时头要正,肩平,挺胸收腹,目光注视前方。盘内物品无相互碰撞之音,汤汁无剧烈晃动、无外溢。托盘不要靠在胸前,注意行走时保持身体各部位的协调性,右臂随着步子自然左右小幅度地摆动,绝不可以上下或前后摆动。

重托右手或扶助托盘前角,或自然摆动,并随时预防他人的碰撞。要做到托盘前不靠嘴、后不靠发、底不搁肩。

端托行进中,选用正确的步伐是端托服务的关键,步伐应根据所托物品的需要而定。

1. 常步

常规步伐,指步距均匀,快慢得当,形如日常走路的端托步伐。端托一般物品时,可选用常规步伐行走,这是端托服务中最常使用的步伐。

2. 快步

疾步,指端送火候菜肴或急需物品时,应选用较快的步伐。快步的步距大,步速较快,但不同于跑步,而是要求在稳中求快。也就是说,在保证菜形不变、汤汁不洒、安全平稳的前提下,以最快的行走速度将物品托送到位。

3. 碎步

小快步或小步,指端托服务中小步幅的中速行走,步距小,步速快。采用这种步伐行走,可保持上身平稳及减少手臂的过大摆动,从而保持所托物品的平稳。这种步伐适用于端送汤汁多的菜肴及重托物品。

4. 垫步

又称辅助步,如端送物品到餐台前欲将所托物品放于餐台上时,应采用垫步。这种步伐,能使身体呈略向前倾的姿势,以便平稳地将物品放下。当需要侧身通过或通过狭窄通道时,也采用这种步伐,一脚走一步,另一只脚跟一步,一步紧跟一步。

5. 巧步

技巧步,指超出常规行走的灵活多变、或快或慢、方向适当、步法多样的步伐。在端托行走时,如突然遇到走来的宾客、或意外、或障碍时,就要用巧步,以避免发生冲撞、意外事故的发生。这种步伐还可用来防止运动中的盘面由于突然停止而使酒水、汤汁由于惯性溢出,在由快步向其他步伐转变的过程中使用。

6. 舞步

有的餐厅为了实现服务的艺术化,给宾客以美的享受,在服务人员端托技能特别娴熟的情况下,在大型宴会上,上菜端托行走如同集体舞一般,其端托行进步伐是符合韵律的舞步,上身保持平稳,右手、手臂前后有规律地摇摆,步伐轻盈、欢快。

7. 跑楼梯步

上楼梯时,前脚掌着地,身体略向前倾,重心前移,用较大的步距,一步一个台阶,一步紧跟一步,上升速度要快而均匀,巧妙利用惯性,省时省力;下楼梯时,身体略向后倾,重心后移,一步跨一个台阶,一步紧跟一步,下楼速度要慢、稳而均匀,注意脚下的滑动或落空。

（五）落台与卸盘

1. 落台

轻托如需将整个托盘及物品放到工作台上。则应用右手扶住托盘后,左脚向前一步或半步,屈膝成半蹲状使盘面与台面处在同一平面,用右手小心地轻推托盘至台面;放稳后,开始按照从外到内的顺序,取用盘内物品。

重托则按起托的相反程序落台即可。也可以身体下蹲,眼睛视面与台面平行时,再用左肩及左手掌将盘顺时针旋转至台面边缘,然后向前推进。重托落托时,要做到一慢、二稳、三平。

2. 卸盘

一般用于轻托。托盘行走至目的地后或服务过程中,站稳,用右手取用盘内物品,应按照前后、左右交替取用。取用时应注意随盘内物品变化而用左手手指的力量、与托盘的接触面和重心的调节来调整托盘重心。服务中的卸盘时,要求托盘位于宾客的右侧身后10—20 cm处,右脚上前半步着地,左脚脚尖垫地,身体略前倾,保持托盘水平、稳定,防止托盘倾斜,碰到宾客。

二、徒手端托的基本操作程序与要求

（一）徒手端托

餐厅席间服务中,往往需要服务人员用手直接将客人所需物品或食品端送至客人面前。使用金、银器皿将菜肴直接送至餐台上时,往往采用徒手端托的方法进行服务。由于金、银器皿和所端物品较贵重,在端托时应采用双手捧托的方法。在端托菜肴食品盛器时,当盛器与托盘尺寸相同或大于托盘的情况下,也应采用徒手端托的方法进行端托服务。使用托盘端托不容易卸盘的物品、菜点,也使用徒手端托。

（二）端盘

端盘是指用手端盘碟碗等,主要适用于中小型饭馆,用在上饭、上菜、上汤和摆台的时候。端盘时,要求服务人员上身要垂直,两臂自然放松,一般均用左手单手端盘,右手腾出做其他工作。端盘可分下列几种方法：

1. 单手端一个盘（或碗）的方法

食指、中指、无名指勾托盘（碗）底边棱,拇指跷起稳压盘边。

2. 单手端两盘的方法

先用食指勾托盘底,拇指跷起稳压盘边,端起第一盘,然后再用无名指托住另一个,中指护在其边、食指压住使其平稳。

3. 单手端托三盘的方法

左手食指和拇指自然平伸,将第一盘的边沿插入左手虎口（盘子的重心落在虎口以外）,盘底边棱横搭在食指上,拇指压住第二盘的盘边,并将第二盘边沿紧靠掌心,最后,用中指托住第三盘,将第二盘的边沿下部及食指根部压住第三盘的盘边。这样,即可使三只盘子均稳固牢靠。

4. 单手端四只以上的盘碗

需在端三盘的基础上,依赖腕力和手臂,将第四只以上的盘碗交错搭靠,沿手臂逐渐重叠上去。需要注意的是,重叠时只可盘底搭盘边,切忌盘底角碰在饭菜上,污染了食品。这种端托方式只有在表演性的餐厅或宴会中采用,平时很少采用,需要很长久、艰苦地训练,方可达到。

5. 双手端盘

所端之物应在稍右前或稍左前方,在衣服的第三颗与第四颗纽扣之间的位置,食指、中指、无名指勾托盘(碗)底边棱,拇指跷起稳压盘边;上身要垂直,两臂自然放松,这样既不会影响视线,也可以保证基本的清洁卫生。

三、端托的注意事项

(一) 端托姿势

端托姿势的正确与否直接影响服务人员服务动作美观的效果、端托安全和清洁卫生等。端托姿势主要体现在起托及端托走姿上。端托时,做到站稳,端平,托举到位,高矮适中,快慢得当,动作协调、优美。

(二) 端托卫生

端托时要注意卫生。轻托时,所托物品要避开自己的鼻口部位,也不可将所托物品置于胸下,端托中需要讲话时,应将托盘托至身体的左外侧,避开自己的正前位;重托时,端托姿势要正确,托举到位,不可将所托物品贴靠于自己的头颈部位。

(三) 端托安全

1. 端托

左手端托,右手下垂,除了起托和落台时右手扶托外,禁止右手扶托。右手扶托危害有三点:一是不雅观;二是遮挡行走视线;三是容易造成端托失误。

2. 端托行走

目光应平视前方,切勿只盯托盘;端托服务需取拿托盘内所托物品时,应做到进出有序,确保托盘的平衡。

3. 用托盘垫布

垫布置托盘正中,四角下垂应相等,切勿偏铺,影响美观。

(四) 托盘需要一定的臂力和技巧

训练托盘之前,要锻炼臂力和意志力。掌握好托盘的重心。在承重练习中注意逐步增加端托重量。此外,托盘不要靠在胸前,保持良好的面部表情,微笑、轻松、自然、热情、精神饱满。

(五) 总体要求

平、稳、放松,自然、美观。

1. 平

托运物品要保持盘面平稳,把握好重心;行走时做到肩平、盘平。

2. 稳

物品摆放合理稳妥,量力而行,不可勉强超负荷托运;行走时做到肩不斜、身不摇晃、转动灵活,给人稳重、踏实、刚劲、有力的感觉。

3. 放松

单手端托时,上身正直,表情自然、轻松,步伐轻盈、文雅,不给人以吃力感觉。

综合应用

(一)基础知识部分

内容:托盘的种类、用途及使用方法。

(二)操作技能部分

1. 考核项目及要求

(1)轻托持重要求:将装满水的啤酒瓶、白酒瓶、葡萄酒瓶各一个,合理摆放于托盘中,3分钟、5分钟站立、行走保持较好体态。

(2)轻托平稳要求:将装满水的红酒杯、水杯、白葡萄酒杯各一个,合理摆放于托盘中,3分钟、5分钟站立、行走保持较好体态。

(3)重托综合要求:将捆扎好的装满水的啤酒瓶、白酒瓶、葡萄酒瓶各两个或等重的重物,合理摆放于托盘中,3分钟、5分钟站立、行走保持较好体态。

2. 考核标准

考核项目与标准列(表2-1)。

表2-1 端托技能的考核项目与标准

考核项目	考 核 标 准
轻托持重能力	轻托持重要求托装有300 ml的液体的饮料瓶4瓶,站立或行走3—5分钟,保持较好的姿势,不出现大的动作错误
轻托平稳性	轻托平稳要求托装有8分满150 ml的液体的酒6—8瓶,行走3分钟,保持较好体态,行走平稳,不倒不洒
重托综合要求	重托综合要求托装5—10千克酒水或重物,站立或行走平稳、轻松、不倒,保持较好体态

附:项目考核

将考核成绩填入表2-2中。

表2-2 托盘考核成绩表

考核项目	标准分	得分	扣分	考核项目	标准分	得分	扣分
理盘	6分			无碰撞声	6分		
装盘	10分			行走姿态	10分		
起托	10分			向后转身	10分		
托盘位置	6分			蹲下拣物	10分		
托盘姿势	6分			落托	10分		
不倒物品	6分			总体印象	10分		
总成绩							

(三)综合能力测试:情景模拟

情景一:你所在的商务酒店的多功能厅里,正在举办一场盛大的新春答谢晚会,人们的用餐兴致越来越浓,有些宾客开始蹲桌敬酒,上菜空间极大地被压缩……如果你们是此次宴会的传菜员,请问如何进行传菜?同时应该注意哪些问题?

情景二:零点餐厅里,需要在席间为客人更换烟缸与骨碟,请问如果您是值台服务员的话,应如何进行端托服务?

情景三:如果您是某家餐厅的培训主管,对于餐厅新进的数名员工,进行托盘的端托培训,试想该如何进行?请写出托盘端托培训计划书,并进行模拟。

模块二 餐巾折花技能

 学习目标

最终目标:
掌握餐巾折花的操作技巧与要领。学会三十种盘花和杯花。

促成目标:
达到熟练折叠,实用美观的要求。

 学习任务

1. 餐巾折花操作的训练(包括盘花和杯花)。
2. 按照宴会性质、主题及季节或客人的不同性别、年龄、身份等选择不同花型。

任务1:餐巾花的基本知识

【知识导入】

餐巾折花是餐前的准备工作之一,主要工作内容是餐厅服务员将餐巾折成各式花样,插在酒杯或水杯内,或放置在盘碟内,供客人在进餐过程中使用。餐巾折花是餐饮服务的重要技能之一,美观的餐巾折花本身就是餐桌上的装饰品,再加上服务人员的优质服务,能够给客人一种招待细致入微的感觉。由于餐巾直接接触客人的手和嘴,因此在卫生程度上要特别注意。当前餐巾折花的趋势是,美观大方,造型简单。因为复杂的餐巾折花不仅费时费力,而且由于多次的折叠接触餐巾,不可避免地会带

来卫生问题。

一、餐巾与餐巾花的作用与种类

餐巾具有实用及装饰美化作用,在摆台上作为餐桌的重要装饰不可或缺。

(一)餐巾的作用与种类

1. 餐巾的作用

宾客可把餐巾放在胸前或放在膝盖上,其作用一方面可以用来擦嘴;另一方面可防止汤汁油污弄脏衣裤。

2. 餐巾的质地

餐厅选用的餐巾的质地通常有全棉、亚麻和化纤三类。全棉或亚麻质地的餐巾,花型漂亮,档次高,但造价高,在使用过程中容易起皱且不易清洗;化纤的易清洗,但折花不易成型。

3. 餐巾的规格大小

餐巾一般以50—65 cm见方较为适宜。

4. 餐巾的色彩

可根据餐厅的整体风格进行选择,力求和谐一致。白色餐巾布给人高贵之感;红色、鹅黄、粉红等暖色系列给人热烈之感;咖啡色、紫色等给人稳重之感。有一定主题的宴会配上适当色彩的餐巾,能起到烘托气氛的效果。

(二)餐巾花的作用与种类

1. 作用

餐巾折花具有标识作用,表明宾主的座次,体现宴会的规格和档次。

餐巾折花是一种无声的形象语言,表达宴会主题,起到沟通宾主之间感情的作用。

餐巾折花还能起到美化餐厅的作用。服务员用一块小小的餐巾可创造出栩栩如生的花、鸟、鱼等,摆在餐桌上既可以美化餐台,又能给宴会增添热烈气氛。

2. 餐巾花的种类

餐巾花的种类繁多,按摆放位置和方式可分为杯花和盘花两种。

(1)杯花需插入杯子中才能完成造型。杯花造型丰富,折叠手法也较盘花复杂。

(2)盘花放于盘中或其他盛器上。盘花造型简洁大方,美观实用,所以现在高级酒店采用盘花的居多。

按造型餐巾花可分为植物类、动物类、实物类三种。

(1)植物类。如荷花、月季花、慈姑叶、芭蕉叶等。

(2)动物类。包括鸟、鱼、兽等,但要做到形象逼真,需反复练习。

(3)实物类。实物类是模仿日常生活中各种实物形态折叠而成,如立体扇面、皇冠等。

二、餐巾折花的基本要求

(一)餐巾花型的基本要求

餐巾花的样式繁多,但基本要求是简单美观、挺括、形象、生动。

1. 简单美观,使用方便

餐巾折花要求简单实用,如果折花过程过于复杂,一则不卫生;二则在使用的时候皱纹太多,反而影响美观。

2. 挺括生动、形象逼真

用餐巾折出的花鸟兽等造型要求形似神随,挺括有生气,简洁明了,让人一眼就能辨认出来。而不能粗糙、散乱,让人感到似是而非、牵强附会。

（二）餐巾花折叠的基本要求

1. 要恰当选择餐巾花

可以按照宴会性质、季节、菜单等来选择;也可以根据宴会的规模、工作的忙闲来选择;还可以考虑客人的性别、年龄、宗教信仰等因素来选择。

2. 注意操作卫生

折花前要擦净台面,洗净手,准备好干净的筷子杯子等用品,折叠时切忌用嘴咬。

3. 其他注意事项

要一次完成,要注意杯内部分杯花也应整齐。杯花插花时要慢慢顺势插入,不能乱插乱塞或硬性塞入,以防杯口破裂。杯花插入后,要再整理一下花形,盘花则要摆正摆稳,挺立不倒。

三、插摆时注意事项

（1）主花花型最高,插摆在主人席,标示出主人座位,一般的餐巾花则插摆在其他宾客席上。餐巾花要高低均匀协调,错落有致。

（2）餐巾花不宜太高太大,不能遮挡台上用品,不要影响服务操作。

（3）不同品种的花形同桌摆放时要位置适当,将形状相似的花形错开并对称摆放。

（4）插摆餐巾花时,要保持花型的完整,要将其观赏面朝向宾客席位,适合正面观赏要将正面朝向宾客。适合侧面观赏的要选择一个最佳观赏角度摆放。

（5）各种餐巾之间的距离要均匀,整齐一致。

（6）插摆好餐巾花后,要仔细检查一遍,发现问题及时给予纠正。

任务2：餐巾折花基本技法与要领

【知识导入】

一、餐巾折花基本技法

有叠、折、卷、穿、翻、拉、捏、掰等。餐厅服务员应反复练习,达到技艺娴熟,运用自如,以增加摆台的工作效率和艺术性。

（一）叠

叠是最基本的餐巾折花手法,几乎所有的造型都要使用。叠就是将餐巾一折为二,二折为四,或折成三角形、长方形、菱形、梯形、锯齿形等形状。叠有折叠、分叠两种。叠时要熟悉造型,看准角度一次叠成。如有反复,就会在餐巾上留下痕迹,影响挺括。叠的基本要领是找好角度一次叠成。

（二）折

折是打褶时运用的一种手法。折就是将餐巾叠面折成褶裥的形状,使花形层次丰富、紧凑、美观。打褶时,用双手的拇指和食指分别捏住餐巾两头的第一个褶裥,两个大拇指相对成一线,指面向外。再用两手中指接住餐巾,并控制好下一个褶裥的距离。拇指、食指的指面握紧餐巾向前推折至中指外,用食指将推折的褶裥挡住。中指腾出去控制下一个褶裥的距离,三个手指如此互相配合。折可分为直线折和斜线折两种方法,两头一样大小的用直线折,一头大一头小或折半圆形或圆弧形的用斜线折。折的要领是折出的褶裥均匀整齐。

（三）卷

卷是用大拇指、食指、中指三个手指相互配合,将餐巾卷成圆筒状。卷分为直卷和螺旋卷。直卷有单头卷、双头卷、平头卷。直卷要求餐巾两头一定要卷平。螺旋卷分两种,一种是先将餐巾叠成三角形,餐巾边参差不齐;另一种是将餐巾一头固定,卷另一头,或一头多卷,另一头少卷。使卷筒一头大,一头小。不管是直卷还是螺旋卷,餐巾都要卷得紧凑、挺括,否则会因松软无力、弯曲变形而影响造型。卷的要领是卷紧、卷挺。

（四）穿

将餐巾先折好后攥在左手掌心内,用筷子一头穿进餐巾的褶缝里,然后用右手的大拇指和食指将筷子上的餐巾一点一点向后拨,直至把筷子穿出餐巾为止。穿好后先把餐巾花插入杯子内,然后再把筷子抽掉,否则容易松散。根据需要,一般只穿1—2根筷子。穿的要领是穿好的褶裥要平、直、细小、均匀。

（五）翻

翻大都用于折花鸟造型。操作时,一手拿餐巾;另一手将下垂的餐巾翻起一只角,翻成花卉或鸟的头颈、翅膀、尾等形状。翻花叶时,要注意叶子对称,大小一致,距离相等。翻鸟的翅膀、尾巴或头颈时,一定要翻挺,不要软折。翻的要领是注意大小适宜,自然美观。

（六）拉

拉一般在餐巾花半成形时进行。把半成形的餐巾花攥在左手中,用右手拉出一只角或几只角来。拉的要领是大小比例适当,造型挺括。

（七）捏

捏主要用于折鸟的头部造型。操作时先将餐巾的一角拉挺做颈部,然后用一只手的大拇指、食指、中指三个指头捏住鸟颈的顶端,食指向下,将巾角尖端向里压下,用中指与拇指将压下的巾角捏出尖嘴状,作为鸟头。捏的要领是棱角分明,头顶角、嘴尖角到位。

（八）掰

将餐巾做好的褶用左手一层一层掰出层次，成花蕾状。掰时不要用力过大，以免松散。掰的要领是层次分明，间距均匀。

二、餐巾花折法和要领

附图：（一）杯花

1. 一帆风顺

2. 祝寿仙桃

3. 蝴蝶

4. 四尾金鱼

5. 企鹅迎宾

6. 牵牛花

7. 圣诞火鸡

8. 雨夜风荷

9. 生日蜡烛

10. 玫瑰花

(二)盘花

1. 公主桂冠

2. 僧帽

项目二 餐饮服务的基本技能

3. 星型扇面

4. 香蕉

5. 擎天柱

6. 帆船

7. 企鹅

8. 蒙古帽

综合应用

（一）基础知识部分

内容：1. 餐巾花的种类、作用及选择。
　　　2. 餐巾花的折叠要求。

(二)操作技能部分

练习折叠盘花和杯花。

附：项目考核

将考核成绩填入表 2-3 中。

表 2-3 餐巾折花考核成绩表

考核项目	应得分	扣 分	各花评分	应得分	扣 分
操作卫生	5分		主花 1	5分	
花型种类	5分		2	5分	
花型难度	10分		3	5分	
花型名称	10分		4	5分	
基本技法	10分		5	5分	
总体效果	10分		6	5分	
时间(8分钟) 每提前30秒加1分 每超时15秒减1分	加 减		7	5分	
			8	5分	
			9	5分	
			10	5分	
总成绩					

模块三　摆台技能

学习目标

最终目标：
掌握中餐摆台的基本要求和操作规程，正确快速地完成摆台工作。

促成目标：
达到手法规范，操作熟练，艺术美观的基本要求。

学习任务

1. 中餐摆台的操作规程与要领。
2. 按照宴会的性质和主题、考虑客人的不同要求，进行中餐摆台的台面设计。

3. 依据餐厅的规格、特色及餐具，合理布局，规范操作。

任务1：中餐摆台基本知识

【知识导入】

一、中餐摆台

餐台是餐厅为客人提供服务的主要服务设施之一，餐台的布置称为摆台，是将餐具、酒具以及辅助用品按照一定的规格整齐美观地铺设在餐桌上的操作过程。

中餐摆台一般分为零点摆台和宴会摆台两种。零点摆台以小餐桌为主，宴会摆台一般以大圆桌为主。

二、中餐摆台的基本要求

摆台的基本要求是：餐位安排有序，台面设计合理，餐具距离均匀，位置准确美观，餐具图案对正，客人使用方便。

中餐摆台主要依据餐厅规格和就餐的需要选择相应的餐具来摆设，各地区、各饭店中的中餐摆台都大同小异，必须按照摆台要求事先准备好各种餐具备品。

三、摆台用具

（一）瓷器

1. 餐碟

餐碟也称骨碟、渣盘，是进餐中吃冷、热菜和放骨、刺等用的盘，一般选用直径15 cm左右的圆盘。在中式餐台摆台时也起到定位作用。

2. 衬盘

衬盘也称垫盘。放在餐碟下面，主要起美观台面的效果，一般高级宴会用得较多。其颜色和款式变化也较多，制作材料有金属、瓷器、水晶、有机玻璃等。

3. 汤碗

汤碗是用作盛汤或接吃带有汤汁的菜肴，一般选用直径为9—10 cm的小碗。高级和重要宴席汤碗放在镀金或银器碗托里。

4. 汤勺

有瓷制的小汤勺，也有金属制的长柄汤勺。长柄汤勺主要作公用勺，摆放在筷架上备用。小汤勺用作盛汤、吃甜点或带有汤汁的菜肴，一般摆放在汤碗或味碟里。

5. 味碟

中餐特有的餐具，用来为客人个人盛装调味汁的小瓷碟。用于盛放辣酱、豆油、醋、姜汁、芥末等调味品。一般选用直径为7—10 cm的小碟。

6. 香巾碟

放置热毛巾的小碟子。香巾碟有瓷制的、水晶的、金属的、竹制的等，形态不一，造型各异。

（二）玻璃器皿

玻璃器皿主要指酒具，包括白酒杯、葡萄酒杯、饮料杯等。

（三）筷子筷架

筷子以材质分类种类很多，有木筷、竹筷、银筷、象牙筷等。筷架的作用是将筷子前端架起，避免与桌面接触，有效提高就餐规格，保证卫生。筷架有瓷制品，也有金属制品、木制品等，其形态不一，经过改良后的筷架还可放置长柄汤勺，又叫做筷子公羹架。

（四）其他餐具

根据不同餐饮企业的要求，桌面上可能还会添加其他东西，如烟灰缸、调味瓶、牙签盅、花瓶、台号、菜单等物品。

（五）转台

适用于多数人就餐的零点餐或者是宴会的桌面，方便客人食用菜品，一般有玻璃转台和木质转台。

（六）棉织品

餐巾、小毛巾、台布等。

任务2：中餐便餐摆台

【知识导入】

中餐便餐摆台多用于团体包餐，或者是零点散客。团体包餐标准固定、人数固定、餐桌固定，一般是十人一桌，座位无主次之分；零点则不固定桌次，由客人任选座位，入座后按菜单点菜，其餐台常使用小方台或者小圆桌，没有主次之分。在客人进餐前服务员要放好各种调味品，按照座位摆好餐具，餐具的多少，可以根据当餐的菜单要求而定。

一、便餐摆台基本要求

台布铺设要整洁美观，符合餐厅的要求；餐碟摆放于座位正中，距离桌边1 cm左右，约一指宽；汤碗与小汤匙应该一起摆在餐碟前1 cm左右的地方；筷子应该位于餐碟的右侧，距离桌边一指宽。便餐摆台分早餐、午餐、晚餐摆台。

二、操作程序和规范

（一）摆台前的准备

（1）洗净双手，或戴上手套。

（2）领取各类餐具、酒具、台布、桌裙等。

（3）用干净的布巾擦亮餐具和各种玻璃器皿，要求无任何破损、污迹、水迹、手印等。

（4）检查台布是否干净，是否有褶皱、破洞、油迹、霉迹等，不符合要求应进行调换。

（5）折餐巾花

（二）铺台布

铺台布是摆台工作的第一个步骤，台布铺设是将台布舒适平整地铺在餐桌上的过程。各式各样的餐厅经营的类别与模式不同,选用的台布材质、造型、花色等方面都有所不同,不同的餐台可采取不同的铺设方法。

中餐一般使用圆桌。铺台布的常用方法有以下三种。

1. 推拉式

服务员选好台布,站在副主人座位处,用双手将台布打开后放至餐台上,用两手的大拇指和食指分别夹住台布的一边,其余三指抓住台布,将台布贴着餐台平行推出去再拉回来。铺好的台布中线缝正对正、副主人席位,十字取中,台布鼓缝面朝上,台布图案、花纹置于餐桌正中,四面下垂部分对称,并且遮住台脚的大部分,台布铺完后再围椅子。这种铺法多用于零餐餐厅或较小的餐厅,或因有客人就座于餐台周围等候用餐时,或在地方窄小的情况下,选用这种推拉式的方法进行铺台。

2. 撒网式

服务员在选好合适台布后,站在副主人的位置,用双手把台布平行打褶并提起,向后扭转身体,向第一主宾方向一次撒开,将台布抛至前方时,上身转体回位,台布斜着向前撒出去,这时台布应平铺于餐台上,中线缝直对正、副主人席位,台布四角垂直部分与地面等距,台布图案、花纹置于餐桌正中,台布铺完后再围椅子。撒网式铺台时要求动作干脆利落,动作优美,技艺娴熟,一气呵成。这种铺台方法多用于宽大场地或技术比赛场合。

3. 抖铺式

服务员选好台布,站在副主人位置上,用双手将台布打开,用两手的大拇指和食指分别夹住台布的一边,其余三指将多余台布提拿于胸前,身体呈正位站立式,利用双腕的力量,将台布向前一次性抖开并平铺于餐台上。这种铺台方法适合于较宽敞的餐厅或在周围没有客人就座的情况下进行。

(三)摆餐具

1. 早餐摆台

餐碟定位,左侧摆汤碗,汤勺置于碗内,右侧摆筷子(图2-1)。

2. 午、晚餐摆台

在早餐摆台基础上,餐碟上方正中摆一个水杯,餐巾折花放在杯中或餐碟上(图2-2)。

3. 粤菜零点摆台

在午、晚餐摆台基础上,再增加相应的餐具和酒具(图2-3)。

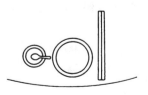

图2-1 中餐早餐摆台

图2-2 中餐午、晚餐摆台

图2-3 粤菜零点摆台

附：零点摆台的工作程序与标准(表2-4)。

表2-4　零点摆台的工作程序与标准。

序号	程　序	标　准
1	铺台布	① 选择尺寸合适的台布,台布须洁净、熨烫平整、无破损等。 ② 手持台布立于餐桌的副主人席位的一侧,距餐桌边三四十cm,须将台布轻轻地推拉开,覆盖在桌面上,台布须平整、无褶皱,无破洞,无污迹、中股缝向上且居中,台布四周下垂的部分须相等。 ③ 铺好台布后,须再一次检查台布质量及清洁程度
2	圆桌餐具的摆放	① 摆放转台：a. 连体转台,摆放的中心应与圆桌中心是同心圆。b. 分体转台,先将转子放置在圆桌中央处,然后将转台摆放在转子上,转动须自如,且转子的圆心与转台的圆心须重合,转台与圆桌边是同心圆。 ② 摆放鲜花：花瓶须摆放在圆桌转台的中央处,鲜花须新鲜,无枯萎败叶现象。 ③ 摆放垫盘：垫盘的摆放须从正主人位按顺时针方向依次摆放,摆放的垫盘与距桌边的间距须为1 cm,依次摆放的垫盘其间距须相等,且垫盘中的图案须对正。 ④ 摆放骨碟：骨碟须摆放在垫盘上,骨碟与垫盘的中心须对正,且骨碟与垫盘之间须放置餐垫。 ⑤ 摆放汤碗、汤匙：将汤碗摆放在垫盘的左侧,其间距为1 cm,汤碗中心与右侧垫盘上侧边缘须在同一直线上；将汤匙正放在汤碗内,汤匙把朝右,并与桌边平行。 ⑥ 摆放筷架、席面勺、筷子、牙签：在距垫盘右侧2 cm处摆放筷架,垫盘上侧边缘与筷架须在同一直线上,席面勺、筷子须垂直地摆放在筷架上,两者平行,筷子的底边与桌边的间距须为1 cm；牙签摆放在垫盘与筷子的中间处,且牙签的中心与垫盘的中心在一直线上,约底边距桌边须为5 cm；筷子、牙签上的店徽须朝上且面向客人。 ⑦ 摆放味碟、茶碟、茶杯：味碟摆于垫盘的右上方,间距垫盘、筷架各1 cm,茶碟的摆放从正主人位依次开始摆放,茶碟边缘距桌边1 cm,茶碟与筷子的间距为2 cm；茶杯须倒扣在茶碟上且茶杯把朝右,并与桌边平行。 ⑧ 摆放饮料杯：摆与垫盘中心延长线上,与垫盘上边缘间隔1 cm。 ⑨ 摆放烟缸：先在主位与主宾之间靠近转盘处摆放烟灰缸,然后按顺时针方向依次在每两位客人之间靠近转盘处摆放一个烟灰缸,且烟缸边缘与转台边缘的间距为5 cm,其店徽须向外并面向客人；四人用小圆桌摆放的两个烟灰缸须与位于桌中心位置的花瓶呈一条直线,且店徽须向外并面向客人。 ⑩ 摆放毛巾托、折花：毛巾托摆放从主人主宾开始,两个一起摆放,左右离垫盘各1 cm,毛巾托中心与垫盘中心在一直线上；零点厅折花以盘花为主,如宝石花等
3	方桌餐具的摆放	① 摆放垫盘：垫盘的摆放须从正主人位按顺时针方向依次开始摆放,摆放的垫盘与距桌边的间距须为1 cm,依次摆放的垫盘其间距须相等,且垫盘中的图案须对正。 ② 摆放鲜花：花瓶须摆放在方桌的中央处,鲜花须新鲜,无枯萎败叶现象。 ③ 摆放骨碟：骨碟须摆放在垫盘上,骨碟与垫盘的中心须对正,且骨碟与垫盘之间须放置餐垫。 ④ 摆放汤碗、汤匙：将汤碗摆放在垫盘的左侧,其间距为1 cm,且汤碗与其右侧垫盘上侧边缘须在同一直线上；将汤匙放在汤碗内,且汤匙把须朝左,并与桌边平行。

（续表）

序号	程 序	标 准
3	方桌餐具的摆放	⑤ 摆放筷架、筷子、牙签：在距垫盘右侧 2 cm 处摆放筷架，垫盘上侧边缘与筷架须在同一直线上，席面勺、筷子须垂直地摆放在筷架上，两者平行，筷子的底边与桌边的间距须为 1 cm；牙签摆放在垫盘与筷子的中间处，且牙签的中心与垫盘的中心在一直线上，约底边距桌边须为 5 cm；筷子、牙签上的店徽须朝上且面向客人。 ⑥ 摆放味碟、茶碟、茶杯：味碟摆于垫盘的右上方，间距垫盘、筷架各 1 cm，茶碟的摆放从正主人位依次开始摆放，茶碟边缘距桌边 1 cm，茶碟与筷子的间距为 2 cm；茶杯须倒扣在茶碟上且茶杯把朝右，并与桌边平行。 ⑦ 摆放饮料杯：摆与垫盘中心延长线上，与垫盘上边缘间隔 1 cm。 ⑧ 摆放烟缸：在花瓶的两侧摆放两个烟缸，间距花瓶 5 cm，三者呈一直线，店徽须朝外并面向客人。 ⑨ 折盘花。 ⑩ 摆放毛巾托、折花：毛巾托摆放从主人主宾开始，两个一起摆放，左右离垫盘各 1 cm，毛巾托中心与垫盘中心一直线；零点厅折花以盘花为主，如宝石花等
4	摆放椅子	① 圆桌座椅的摆放：须先摆放主宾位的座椅，再主人，依次顺时针摆放其他客人的座椅，正、副主人的座椅须在一条直线上，座椅的摆放间距须相等，且与圆桌上摆放每套餐具的中心对齐，座椅与台布的下垂相切。 ② 方桌座椅的摆放：在方桌的四边摆放座椅，并与方桌上摆放的每套餐具的中心对齐，座椅与台布的下垂相切
5	摆放的最后检查	摆台须符合以上标准

任务 3：中餐宴会摆台

【知识导入】

　　宴会是为了一定的目的，如欢迎、答谢、祝贺、喜庆等，所举行的隆重的、正式的餐饮活动。具有就餐人数多，消费标准高，菜点品种多，就餐时间长，服务规格高等特点。宴会一般要求格调高雅，在厅堂布置及台面上既要舒适、干净，又要突出隆重热烈的气氛。在菜点选配上有一定格式和质量要求，按一定的顺序和礼节递送上台，讲究色、香、味、形、器、质、名，注重菜式的季节性，用拼图及雕刻等形式烘托喜庆、热烈的气氛。在接待服务上强调周到细致，讲究礼节礼貌，讲究服务技艺和服务规格。

　　一、宴会的场地布置

　　中餐的宴会多使用大圆桌，由于宴会的人数较多所以就存在场地的布置问题，应该根据餐厅的形状和大小以及赴宴的人数多少安排场地，桌与桌之间的距离以方便服务人员服务为宜。主桌应该位于中心，面向餐厅正门的位置，可以纵观整个餐厅或者宴会厅。一定要将主宾入席和退席的线路设为主行道，应该比其他的通道宽一些。不同的桌数的布局方法有所区别,但一定要做到台布铺置一条线,桌腿一条线,花瓶一条线,主桌突出,各桌相互照应。宴会的场地布置如图2-4所示。

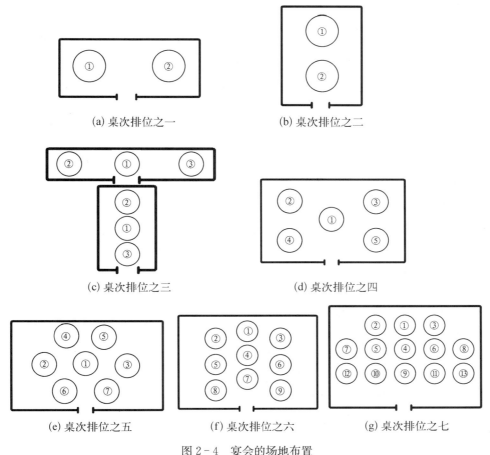

图2-4 宴会的场地布置

二、中餐宴会座次安排

宴会座次安排即根据宴会的性质、主办单位或主人的特殊要求,根据出席宴会的宾客身份确定其相应的座位。座次安排必须符合礼仪规格,尊重风俗习惯,便于席间服务。

在宴会上,座次具体是指同一张餐桌上席位的高低。座次安排的原则是"中心第一,近高远低"。主人应该坐在中心的位置,然后按照客人身份的高低,安排席位,身份越高距离主人越近。中餐宴会上座次安排的具体规则有四:其一,面门为主;其二,主宾居右;其三,好事成双;其四,各桌同向。中餐宴会座次安排如图2-5所示。

中餐宴会通常都有主人、副主人、主宾、副主宾及其他陪同人员,各自都有固定的座次安排。

背对着餐厅重点装饰面、面向众席的是上首,主人在此入座,副主人坐在主人对

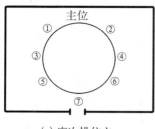
(a) 席次排位之一

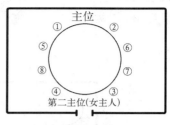
(b) 席次排位之二

(c) 席次排位之三

图 2-5 中餐宴会座次安排

面,主宾坐于主人右侧,副主宾坐于副主人右侧。

主人与主宾双方携带夫人入席的,主宾夫人坐在主人位置的左侧,主人夫人坐在主宾夫人的左侧。其他位次不变。

当客人在餐厅举行高规格的中餐宴会时,餐厅员工要协助客方承办人按位次大小排好座次,或将来宾姓名按位次高低绘制在平面图上,张贴到餐厅入口处,以便引导宾客入席就座。

三、摆台操作程序规范

(一)铺台布、放转盘、围桌裙、配餐椅

(1)中餐宴会一般使用直径为180 cm的10人圆桌,台布选用240 cm的方台布或圆台布。

(2)玻璃转盘摆在桌面中央的转圈上,同时检查转盘是否能正常工作。

(3)规格较高的宴会还要在圆桌外沿围上桌裙。

(4)按宴会出席人数配齐餐椅,以十人为一桌,一般餐椅放置为三三、两两,即正、副主人侧各放三张餐椅,另两侧各放两张餐椅,椅背在一条直线上。

(二)摆餐具

餐具一律使用托盘,左手托盘,右手摆放餐具,从主位开始摆起。在摆放餐具时如果宴会人数众多,餐具较多,也可以采用多人流水作业的方式摆放餐具,一个人摆一种,依次摆放。

在摆放餐具时还应注意一些小问题:调羹应该放入汤碗或者调味碟内;消毒的筷子应该用筷套封装;桌面上使用的花瓶或者台花,其高度应该以不阻挡视线为准;主位的口布花应该比其他座位上的口布花略微高一点;每个餐桌的餐具应该多备出百分之二十,以备使用。

1. 骨碟定位

从主人座位处开始按顺时针方向依次摆放骨碟,要求碟边距离桌边1—2 cm,骨碟与骨碟之间距离均匀相等,若碟子印有店徽等图案的图案要正面示人。

2. 摆放小汤碗、小汤勺和味碟

在骨碟中心点与转盘中心点的连线两侧,左侧摆放小汤碗,汤勺摆放在汤碗中,勺柄朝左,连线右侧摆放味碟,汤碗与味碟之间相距2 cm,横向直径在一条直线上。

3. 摆放筷架、长柄汤勺、筷子

在小汤碗与调味碟横向直径右侧延长线处放筷架、长柄勺、袋装牙签和筷子,勺柄与骨碟相距2 cm,筷套离桌边1—2 cm。并与骨碟纵向直径平行,袋装牙签与银勺末端平齐。

4. 摆放玻璃器皿

在骨碟中心点与转盘中心点的连线上,汤碗和味碟的上方摆放葡萄酒杯,葡萄酒杯的左侧摆放饮料杯,饮料杯与汤碗之间的距离为1—2 cm,葡萄酒杯的右侧摆放白酒杯,三杯呈一条直线并左高右低的排列,三杯之间的距离相等为1—2 cm。三杯横向直径的连线与汤碗与味碟横向直径的连线平行。

5. 摆放烟灰缸、火柴

在正、副主人杯具的右前方各摆放一只烟灰缸,其余位置可酌情摆放;也有的餐厅每两个餐位摆放一个烟灰缸,烟灰缸的上端与杯具在一条线上,烟灰缸的边缘有三个烟孔,摆放时一个朝向桌心,一个朝向主人另一个朝向主宾。烟灰缸的边缘摆放火柴,正面朝上。

6. 摆餐巾花

若是选用杯花,需提前折叠放置杯具内,侧面观赏的餐巾花如鸟、鱼等则头部朝右摆放。注意把不同样式、不同高度的餐巾花搭配摆放,主人位上摆放有高度的花式。

7. 摆公用餐具

在正、副主人杯具的前方,各摆放一个筷架或餐盘,将一副公用筷和汤勺摆放在上面,汤勺在外侧,筷子在内侧,勺柄和筷子尾端向右。

8. 摆放宴会菜单、台号、座卡

一般十人座放两份菜单,正、副主人餐具一侧各摆放一份,菜单底部距桌边1 cm。高级宴会可在每个餐位放一份菜单。

9. 摆插花

转台正中摆放插花或其他装饰品,以示摆台的结束(图2-6)。

(a) (b) (c)

图2-6 中餐宴会摆台

(三) 围餐椅

将餐椅背正中对准定位盘的中心线,座椅面的边缘距桌围 2 cm。操作时两手把着椅背,用膝盖顶着椅子腿,同时用力抬起椅子,放到合适的位置。

(四) 摆台后的检查工作

摆台后再次检查台面餐具有无遗漏、破损,餐具摆放是否符合规范,餐具是否清洁光亮,餐椅是否配齐摆好。

附:中餐宴会摆台的程序与标准(表 2-5)。

表 2-5 中餐宴会摆台的工作程序与标准

序号	程序	标准
1	准备餐具和用具	须将摆台用的各种洁净、完好的餐具、用具、用品等准备好
2	摆放桌椅	① 按宴会预订的人数,摆放与之相应的宴会台面、宴会座椅,并将座椅摆放整齐,且围好座椅套。 ② 餐桌、餐椅(餐椅套)须牢固、洁净、完好,且无杂物、无灰尘、无污迹、无油迹、无破损
3	铺台布	① 摆放毛巾托、折花:毛巾托摆放从主人主宾开始,两个一起摆放,左右离垫盘各 1 cm,毛巾托中心与垫盘中心一直线;零点厅折花以盘花为主,如宝石花等。台布须平整、洁净,无污迹、无褶皱、无破损、无破洞等。 ② 铺台裙:手持台裙站立于餐桌的正主人位,将台裙抖开,用推拉式的方法铺在桌面上,且台裙的十字折纹的交叉点正好落在圆桌的圆心处,台裙正面的股缝须朝上,中线直对正、副主人席位,四周须直线下垂,下垂的部分与地面的距离须相等;铺好的台裙须在桌中央,且平整、无褶皱。 ③ 铺台布:手持台布站立于餐桌的副主人位,将台布抖开,覆盖在桌面上,且台布中央的十字折纹的交叉点正好落在圆桌的圆心处,台布正面的股缝须朝上,中线直对正、副主人席位,四周须直线下垂,下垂的部分与地面距离须相等;铺好的台布须在桌中央,且平整、无褶皱。(要防止台裙移动) ④ 平整台面
4	摆台	① 摆放转台:转台须摆放在餐桌的中央处,且转动须自如,与圆桌中心是同心圆。 ② 摆放垫盘:垫盘的摆放须从正主人位按顺时针方向依次摆放,摆放的垫盘与距桌边的间距须为 3 cm,依次摆放的垫盘其间距需相等,且垫盘中的图案需对正。 ③ 摆放骨碟:骨碟摆放在垫盘上,骨碟与垫盘的中心须对正,且骨碟与垫盘之间须放置餐垫。 ④ 摆放口汤碗、汤匙:将口汤碗摆放在垫盘的左侧,其间距为 1 cm,汤碗中心与右侧垫盘上侧边缘须在同一直线上;将汤匙正放在口汤碗内,汤匙把朝左,并与桌边平行。 ⑤ 摆放筷架、席面勺、筷子、牙签:在距垫盘右侧 2 cm 处摆放筷架,垫盘上侧边缘与筷架须在同一直线上,席面勺、筷子须垂直地摆放在筷架上,两者平行,筷子的底边与桌边的间距须为 3 cm;牙签摆放在垫盘与筷子的中间处,且牙签的中心与垫盘的中心在一直线上,约底边距桌边须为 5 cm;筷子、牙签上的店徽须朝上且面向客人。

(续表)

序号	程 序	标 准
4	摆台	⑥ 摆放味碟：味碟摆于垫盘的右上方，间距垫盘、筷架各1 cm。 ⑦ 摆放饮料杯、红酒杯、白酒杯：红酒杯摆放在垫盘的正上方，与垫盘的中心线须对正，且杯底边缘与垫盘上沿的间距为1 cm；白酒杯须摆放在红酒杯的右侧，两杯的中心须在同一直线上，且两杯壁的间距为1 cm；饮品杯须摆放在红酒杯的左侧，且两杯壁的间距为1 cm；摆放的饮品杯、红酒杯、白酒杯须在同一直线上。 ⑧ 摆放公用筷架、公用筷子、公用勺：在正、副主人的正上方，摆放公用筷架，公用筷架须与饮品杯的中心在同一直线上；公用筷子、公用勺须垂直地摆放在公用筷架上；公用筷子须与杯具的中心平行，且间距为1.5 cm。 ⑨ 摆放烟缸：先在主位与主宾之间靠近转盘处摆放烟灰缸，然后按顺时针方向依次在每两位客人之间靠近转盘处摆放一个烟灰缸，且烟缸边缘与转台边缘的间距为5 cm，其店徽须向外并面向客人，烟缸下须放置烟缸底盘。 ⑩ 摆放毛巾托：毛巾托摆放从主人主宾开始，两个一起摆放，左右离垫盘各1 cm，毛巾托中心与垫盘中心一直线。 ⑪ 摆放口布：将折好的口布摆放在接碟上，且正、副主人的口布须突出。 ⑫ 立放菜单(两份菜单的立放)：在正、副主人上方，各立放一份菜单，菜单须呈半打开状(菜单上的内容须面向客人)。 ⑬ 摆放鲜花：鲜花须摆放在转台的中央处，且鲜花须新鲜、造型艺术美观，无枯萎败叶现象。 ⑭ 摆放餐椅：须先摆放主宾位的座椅，再主人，依次顺时针摆放其他客人的座椅，正、副主人的座椅须在一条直线上，且座椅的摆放间距须相等，且与圆桌上摆放餐具的中心对齐，座椅与台布的下垂相切。 ⑮ 摆放席位卡：席位卡须按照主人的要求，摆放在客人筷套的正上方；席位卡与筷套的间距为2 cm，且席位卡上的店徽、姓名须朝向客人。 ⑯ 摆放大型宴会桌号：大型宴会的桌号须摆放在副主人位的左侧，桌号边缘与转台边缘的间距为5 cm，且桌号上的号码须面向宴会厅的门口
5	检查宴会摆台	桌椅、台布、鲜花、烟缸、火柴、牙签、餐具、酒杯及菜单等的摆放须符合以上标准

综合应用

（一）基础知识部分

中餐摆台的要求、程序及操作规范。

（二）操作技能部分

中餐摆台的操作程序及操作方法。

附：项目考核

考核评分记入表2-6中。

表 2-6 中餐宴会摆台评分表

项目	细节要求		满 分	扣 分	得 分
台布(5)	台布中心居中		2		
	转盘位置正确		1		
	四周下垂基本均等(一角0.5分)		2		
骨碟(20)	骨碟相对位置	间隔基本相等	5(每个0.5)		
		相对骨碟与台面中心三点一线	5(每组0.5)		
	骨碟标记上下方向一致,店标在上		5(每个0.5)		
	操作时桌边缘部分		5(每个0.5)		
筷子(10)	距桌边距离正确		5(每双0.5)		
	筷架位置正确		5(每件0.5)		
牙签(5)	位置		5(每件0.5)		
汤匙(10)	操作时手拿匙柄		5(每把0.5)		
	匙柄方向正确、勺托位置正确		5(每把0.5)		
汤碗(10)	拿边		5(每个0.5)		
	位置		5(每个0.5)		
三杯(15)	拿法	水杯:拿下半部,不碰杯口	5(每件0.5)		
		烈酒杯,葡萄酒杯:拿柄	5(每件0.25)		
			5(每组0.5)		
口布折花(8)	种类:10种各不相同(动、植物各5种)		2		
	难度:手折4次以上		2		
	美观挺括		1		
	比例合适,对称		2		
	能准确说出花名		1		
花瓶台号(2)	在台面中心或合适的位置		2(每件1)		
公筷(3)	2付公筷	位置正确	2(每件1)		
		方向正确	1(每件0.5)		
烟缸(5)	5只烟缸		5(每件1)		
菜单(2)	分别置于主人和副主人左侧		2(每件1)		
餐椅(5)	椅子间距基本相等		3(每个0.3)		
	与台布之间相切		2(每个0.2)		
总成绩					

（三）综合能力测试：情景模拟

情景一：小王是某院校的酒店管理专业即将毕业的一名学生，因其在全省的餐饮技能比赛中荣获一等奖的好成绩，被一家四星级宾馆录用。在一次餐厅值台服务中，大厅里坐满了客人，小王送走了一批客人，又来了一批客人，为了使客人尽快入座，小王需要快速地把台布铺设好，摆好台。请问，如果您是小王会怎么做？应该考虑些什么？

情景二：零点餐厅也好，宴会厅也好，尽管摆台非常的规范、台面整洁、雅致，可是客人到来后，总是喜欢把一些餐具向餐桌里面挪一挪，好把胳膊放在餐桌上，或喝茶，或点菜，或聊天。烟灰缸则向餐桌边缘拉一拉，好往里弹烟灰。这一现象被服务员小何看在眼里，记在心里，有一天终于忍不住向餐厅主管反映了此事。如果您是餐厅主管，该怎么做？这样的事情对我们有哪些启发？如果从服务创新的角度如何看待这些事情？

模块四　斟　　酒

学习目标

最终目标：

准确进行中餐斟酒的服务操作，程序规范、动作优美。

促成目标：

掌握斟酒的基本技能，达到熟练操作要求。

学习任务

1. 中餐斟酒的姿势动作、斟酒量与各种酒的操作要领等操作规范和程序。
2. 按照不同的酒，不同的就餐规格和主题、客人的不同的要求进行斟酒操作。

任务1：斟酒前的准备

【知识导入】

一、准备酒水

开餐前，各种酒水应当事先备齐。首先检查酒水质量，酒虽然易保存，但由于生产日期不同和各厂生产的质量标准参差不齐，其质量也就不一样，作为餐厅服务员，有必要了解和掌握各种酒的质量鉴别方法。

(一) 白酒

质量不高的白酒，通常有下列情况出现：

失光：白酒酒液失去应有的晶莹透亮感，酒中有杂质。

浑浊：酒液由于温度或工艺上的原因，出现絮状物，产生浑浊。

色泽：正常白酒应是质地纯净，无色透明，如因酿造原料或贮存时间过长，酒液出现发黄或其他颜色，这样的酒绝对不能饮用。

变味：酒液由于受水质或油脂混入，或贮存不当，出现杂味，这样的酒也不能饮用。

(二) 黄酒

黄酒的鉴定也是从色、香、味三个方面进行鉴别。

色：不论浅黄、褐黄、黑褐等均应晶莹透亮，无沉淀物。

香：以酒香浓郁者为佳。

味：应以醇厚、略带甜味为佳。

如果酒液失去光泽，并伴有悬浮物，出现不良气味和味道的，不能饮用。

(三) 啤酒

啤酒是一种低度发酵酒，保质期短，各项指标要求严格。

如果保存时间过长，受到阳光长时间照射，运输不当，贮存温度过高或过低，原料或酒液被污染或密封不严，均会让啤酒产生沉淀。除因温度过低产生的沉淀，经升温后沉淀消失的啤酒仍可饮用之外，其他酒的沉淀、浑浊等现象均属变质。

另外，啤酒出现颜色过深、过浅、无泡沫、淡而无味或有异味等现象，大部分为生产、运输、贮存和销售过程中出现的问题，也应谨慎对待。

(四) 葡萄酒

色泽：红葡萄酒的酒液应为紫红色，白葡萄酒的酒液应呈淡黄色。液体透明，不浑浊。

香气：除具有一般果香外，还伴有浓郁的醇香味。

滋味：酸甜适口，醇厚，无酒精味。

如果出现浑浊、苦涩、絮状沉淀，味道怪异（如汽油、奶酪等怪味），淡而无味、白葡萄酒的颜色变深等现象，均属变质酒。

总之，如发现瓶子破裂或有悬浮物、沉淀物时应及时调换。将检查好的酒瓶擦拭干净，分类摆放在酒水服务台或酒水车上。

二、调温

酒水准备工作还包括对酒水温度的处理。服务员需了解餐厅常用酒水的最佳饮用温度。

(一) 冰镇（降温）

冰镇的目的。最佳饮用温度低于室温的酒水需要进行降温处理。如啤酒的最佳饮用温度为 4—8℃；白葡萄酒的最佳饮用温度为 8—12℃；香槟酒和有汽葡萄酒的最佳饮用温度是 4—8℃。因此，在饮用前需要对此类酒作冰镇处理，这是向宾客提供优质服务的一个重要内容。

冰镇酒常用以下三种方法。

1. 冰箱冷藏法

直接将酒瓶放入冰箱冷藏室。应注意冷藏和冷冻是有区别的,有些酒类如啤酒在低于-10℃时,酒液就变得混浊不清了。啤酒和软饮料贮存在接近4℃的温度下较为理想。

2. 冰块冰镇法

冰块冰镇法又包括两种方法:一种是直接将冰块放入酒液饮料中;另一种是将酒瓶插入放有冰块的冰桶中约10分钟,即可达到冰镇的效果。

3. 溜杯

这种方法是用冰块对杯具进行降温处理,常用于调制鸡尾酒。服务员手持酒杯下部,在杯中放入一块冰块,转动杯子,使冰块沿杯壁滑动,以此达到降低杯子温度的目的。

(二) 温烫(升温)

温烫的目的。需要在常温以上饮用口感更佳的酒,如黄酒、加饭酒、日本清酒以及某些白酒和鸡尾酒,在饮用前需要进行温烫处理,以达到更佳的饮用效果。

温烫酒常用以下四种方法。

1. 水烫

将酒液倒入温酒壶,放入热水中,以水为媒介的加热方法。

2. 烧煮

将酒液倒入耐热器皿,直接放置于火上的加热方法。

3. 燃烧

将酒液倒入杯后,将杯子置于酒精液体内,点燃酒精加热的方法。

4. 注入

将热饮注入酒液或将酒液注入热饮中升温的方法。

水烫和燃烧一般是当着客人的面操作。

三、示瓶

进入斟酒程序后,示瓶是斟酒服务的第一道程序,它标志着服务操作的开始。示瓶是向客人展示所点的酒水。这样做的目的有两个,一是对客人表示尊重,请客人确定所点酒水无误;二是征询客人开酒瓶及斟酒的时间,以免出错。

四、开瓶

酒瓶的封口通常有瓶盖和瓶塞两种。

(1) 正确使用开瓶器。餐厅常用开瓶器及使用方法见图2-7。

(2) 开瓶时动作轻,尽量减少瓶体的晃动。开启软木塞瓶盖时,如出现断裂危险,可将酒瓶倒置,利用酒液的压力顶住软木塞,同时再转动酒钻拔出软木塞。

(3) 开启瓶塞后,要用干净的布巾擦拭瓶口,如软木塞发生断裂的,还应擦拭瓶口内侧,以免残留在瓶口的木屑顺着酒液被斟入客人的酒杯中。开启瓶塞后检查瓶

图 2-7　常用开瓶器及其使用方法

中酒液是否有质量问题,也可以通过嗅闻瓶塞插入酒瓶部分的气味是否正常来判断。

（4）随手收拾开瓶后留下的杂物。开瓶后的封皮、木塞、盖子等杂物,不要直接放在桌面上,应养成随手收拾的好习惯。

任务2：斟酒

【知识导入】

一、斟酒的要领

（一）斟酒的位置

站在客人右后侧,侧身面向客人。右脚前跨,踩在两椅子之间,重心移至右脚,身体微前倾,两脚呈T字形站立。

（二）斟酒的姿势

图 2-8　托盘斟酒

斟酒一般分为徒手斟酒和托盘斟酒（图2-8）。

（1）右手持酒瓶的下半部,商标朝向客人,右手持瓶靠近杯口,但不搭在杯口上。

（2）徒手斟酒时,左手持干净的餐巾布并背于身后,每斟倒一次擦拭一次瓶口；托盘斟酒时,左手托托盘,餐巾布搭在手腕处或折成条形固定在瓶口,斟酒时托盘的左手自然拉开甩盘,注意掌握好托盘的重心。

（3）斟倒时酒液徐徐注入酒杯内,当杯中酒斟倒适度时,控制流量并旋转瓶身100—180,然后向上抬起小手臂,做到一滴不洒。注意抬起小手臂时不要碰到旁边客人。

二、斟酒的程序

（一）斟酒顺序

中餐宴会斟酒时间及顺序。中餐宴会一般是从主宾位置开始、按顺时针方向进行斟酒服务,也可根据客人需要从年长者或女士开始斟倒。

（二）斟酒

正式宴会一般提前5分钟,由服务员将烈性酒和葡萄酒斟倒好,当客人入座后再斟倒饮料。若是两名服务员同时操作,则一位从主宾开始,另一位从主宾对面的副主宾开始,均按顺时针方向进行。

三、斟酒量的控制

(1) 白酒斟酒量为八成。

(2) 红葡萄酒斟 1/2 杯,白葡萄酒 2/3 杯,白兰地酒 1/5 杯,威士忌等斟 1/6 杯为宜。

(3) 香槟会起泡沫,所以分两次斟倒,先斟 1/3 杯,待泡沫平息后再斟 1/3,共斟 2/3 杯。

(4) 啤酒同样分两次斟倒,斟倒完毕时,酒液占八分,泡沫占两分为最佳。

四、几种酒的服务程序与标准

(一)红葡萄酒服务

1. 准备工作

(1) 准备好酒篮,并将一块干净的餐巾铺在酒篮中。

(2) 将葡萄酒放在酒篮中,商标向上。

(3) 在宾客的水杯右侧摆放红葡萄酒杯,间距均为 1.5 cm。

2. 示瓶

(1) 服务员右手拿起装有红葡萄酒的酒篮,走到宾客座位的右侧,另外取一个小碟子放在宾客餐具的右侧,用来放开瓶后取出的木塞。

(2) 服务员右手持酒篮,左手轻托住酒瓶的底部,倾斜 45°,商标向上,请宾客看清酒的商标,并询问宾客是否可以立即开瓶。

3. 开瓶

(1) 将红葡萄酒立于酒篮中,左手扶住瓶颈,右手用开酒刀割开封口,并用一块干净的餐巾布将瓶口擦净。

(2) 将酒钻垂直钻入木塞,注意不要旋转酒瓶。当酒钻完全钻入木塞后,轻轻拔出。

(3) 将木塞放入准备好的小碟子中,并摆在宾客红葡萄酒杯的右侧,间距 1—2 cm。

4. 斟酒服务

(1) 服务员将打开的红葡萄酒瓶放回酒篮,商标向上,同时用右手拿起酒篮,从宾客右侧斟倒 1/5 杯红葡萄酒,请宾客品评酒质。

(2) 宾客认可后,按照先客后主、女士优先的原则,依次为宾客倒酒,倒酒时站在宾客的右侧,斟酒量为 1/2 杯。

(3) 每倒完一杯酒要轻轻转动酒篮,避免酒滴在餐台上。

(4) 倒完酒后,把酒篮放在宾客餐具的右侧,注意不能将瓶口对着宾客。

5. 续杯服务

(1) 留意客人杯中酒量,掌握好续杯的时机。

(2) 当整瓶酒将要倒完时,要询问宾客是否再加一瓶。如宾客不需要加酒,待其喝完杯中酒后及时将空杯撤掉。

(3) 如果宾客同意再加一瓶,再按以上服务方法和标准操作一遍。

(二) 白葡萄酒服务

1. 准备工作

(1) 准备一个冰桶,在冰桶中放入 1/3 桶冰块,再放入 1/2 冰桶的水后,放在冰桶架上,并配一条叠成 8 cm 宽的条形口布。

(2) 将客人所点的白葡萄酒放入冰桶中,商标向上。

(3) 在宾客的水杯右侧摆放白葡萄酒杯,间距 1.5 cm。

2. 示瓶

(1) 将准备好的冰桶架、冰桶、酒、条形餐巾布及装木塞的小碟子放到宾客座位的右侧。

(2) 左手持餐巾布,右手持葡萄酒,将酒瓶底部放在条状餐巾布的中间部位,再将口布两端拉起至酒瓶商标以上部位,并使商标全部露出。

(3) 右手持餐巾布包好的酒瓶,用左手轻托住酒瓶底部,送至宾客面前,请宾客看清酒的商标,并询问宾客是否立即开启酒瓶。

3. 开瓶

(1) 宾客允许后,将酒瓶放回冰桶中,左手扶住酒瓶,右手割开封口,并用一块干净的餐巾布擦拭瓶口。

(2) 将酒钻垂直钻入木塞。待酒钻完全钻入后,轻轻拔出木塞。

(3) 将木塞放入小碟子中,放在宾客白葡萄酒杯的右侧,间距 1—2 cm。

4. 斟酒服务

(1) 服务员右手持条形餐巾布包好的酒瓶,商标朝向宾客,从主人右侧斟倒 1/5 杯白葡萄酒,请主人品评酒质。

(2) 主人认可后,按照先宾后主、女士优先的原则,依次为宾客倒酒;斟酒的位置在宾客的右侧,斟酒量为 2/3 杯。

(3) 每倒完一杯酒要轻轻转动一下酒瓶,避免酒滴在桌布上。

(4) 斟完后,把白葡萄酒瓶放回冰桶,商标向上。

5. 续杯服务

(1) 留意客人杯中酒量,掌握好续杯的时机。

(2) 当瓶中酒将要倒完时,要询问宾客是否再加一瓶,如宾客不需加酒,待其喝完杯中酒后及时撤去空杯。

(3) 如宾客同意再加一瓶,再按以上服务方法和标准操作一遍。

(三) 香槟酒服务

1. 准备

(1) 准备好冰桶。

(2) 将香槟酒放于冰桶内冰镇。

(3) 将酒瓶、冰桶和冰桶架一起放到宾客桌上。

2. 开瓶

（1）将香槟酒从冰桶内取出向主人展示，主人确认后放回冰桶内。

（2）用酒刀将瓶口处的锡纸割开。左手握住瓶颈，同时用拇指压住瓶塞，右手将捆扎瓶塞的铁丝拧开、取下。

（3）用干净餐巾布包住瓶塞顶部，左手依旧握住瓶颈，右手握住瓶塞，双手同时反方向转动并缓慢地上提瓶塞，直到瓶内气体将瓶塞完全顶出。

（4）开瓶时动作不宜过猛，以免发出过大的声音而惊动宾客。

3. 品酒服务

（1）用餐巾布将瓶口和瓶身上的水迹擦掉，将酒瓶用餐巾布包住。

（2）向主人杯中注入 1/5 的酒，交由主人品尝。

（3）待主人认可后，服务员须询问是否可以立即斟酒。

4. 斟酒服务

（1）斟酒时服务员右手持瓶，从主宾右侧按顺时针方向进行，女士优先、先宾后主。

（2）斟酒量为杯量的 2/3。

（3）每斟一杯酒分两次完成，以免杯中泛起的泡沫溢出；斟完后旋转瓶身收酒瓶，防止瓶口的酒滴落到台面上。

（4）酒的商标须始终朝向宾客。

（5）为所有的宾客斟完酒后，将酒瓶放回冰桶内冰冻。

（6）酒瓶中只剩下一杯酒量时，须及时征求主人意见是否增加一瓶酒。

（7）如宾客同意再加一瓶，再按以上服务方法和标准操作一遍。

五、斟酒注意事项

1. 注意酒瓶的位置

斟酒时，瓶口不可碰到杯口，更不可搭在杯口上斟酒，应相距 1—2 cm 为宜，第一是不卫生，传染疾病；第二防止碰破杯口或将杯子碰倒。但也不要将瓶口拿得过高，以防控制不当酒水溢出。当服务人员操作不慎将杯子碰倒或碰破时，应立即向客人道歉并更换酒杯，同时将干净餐巾布铺在酒渍之上。

2. 注意控制斟酒量

服务员需随时注意瓶内酒量的变化，以适当的倾斜度控制酒液流出的速度，以免溢出。

3. 谨慎斟倒带泡沫的酒水

泡沫多的酒水应控制好斟倒速度，宁慢勿快。速度太快泡沫容易溢出杯外，所以也可让酒液沿着杯壁缓缓注入。

4. 宴会服务注意客人情况

在宴会上，主宾通常要发言（祝酒词、答谢词等），通常服务员需提前将所有宾客酒杯都斟上酒水，并为台上发言人也准备酒水。当发言结束时，通常主宾要提议干杯，提前斟倒才不至于空杯。另外，在主宾讲话时，服务员要停止一切服务操作，在适当位置上站立,并随宾客一起鼓掌,切不可窃窃私语,也不要无动于衷。

5. 及时续杯

在餐中服务时,要随时观察每位客人酒水饮用情况。当宾客杯中的酒水少于1/3时,就应征询客人需要,及时续杯。

综合应用

(一)基础知识部分

内容:1. 中餐斟酒前的准备酒水,调温。
      2. 示酒、开瓶的要求。
      3. 斟酒顺序、斟酒量。

(二)操作技能部分

斟酒的操作方法及操作规范

  附:项目考核

考核评分记入表2-7中。

表2-7 斟酒考核成绩表

项　目	细　节　要　求	满分	扣分	得分
点酒水	站在主人或副主人的右后侧,向客人介绍并推销酒水	10		
酒水展示	按示酒操作规范,正确展示酒水	5		
开瓶	不同的酒按照不同的方法正确开瓶	5		
服务时机与节奏	开餐前5分钟提前斟酒,就餐过程中及时填续	5		
服务态度	面带微笑,耐心细致	2		
斟酒顺序	从主宾开始,顺时针操作	1		
斟酒站位	站在客人右后侧,侧身面向客人	2		
斟酒姿势	右脚在前,左脚在后。右手斟酒,左手背后或托盘	10		
斟酒标准	每斟一位酒,瓶要回托盘 酒瓶之间不碰撞	5 2		
	酒瓶商标面向客人 不同的酒斟酒量要正确	5 10		
	托盘悬位在椅子外 杯子不倒,瓶口不碰杯	5 5		
	不洒酒,洒一滴扣0.2分 不溢出,溢出扣2分	10 10		

(续表)

项　目	细　节　要　求	满　分	扣　分	得　分
餐具放置整体要求	不倒下	2		
	不落地	2		
整体印象	语言规范、程序正确、姿势优美、动作麻利	4		
总成绩				

（三）综合能力测试：情景模拟

假设你进入酒店初次做餐厅服务员，在给客人斟倒酒水时不小心将放在外侧的饮料瓶碰倒，致使饮料和酒水洒了一地，并且把一位客人的衣服给弄湿了。您该怎么做？

模块五　上菜与分菜

学习目标

最终目标：
理解上菜与分菜的基本要求和操作规范和程序。
促成目标：
掌握上菜与分菜的基本技能，达到熟练操作要求。

学习任务

1. 中餐上菜的顺序、方法与操作规范和程序。
2. 中餐分菜的方法及几种特殊菜的操作规范和程序。

任务：中餐上菜与分菜

【知识导入】

一、中餐上菜

（一）上菜顺序

中餐上菜根据不同的菜系，就餐与上菜的顺序会有一点不同，但一般的上菜方式是先上冷菜便于佐酒，然后视冷菜食用的情况，适时上热菜，最后上汤菜、点心和水果。上菜时应该注意正确的端盘方法，端一个盘子时用大拇指紧贴盘边，其余四指扣住盘子下面,拇指不应该碰到盘子边的上部,更不允许留下手印或者手指进入盘中,这样既不卫生也不礼貌。

(二)上菜方法与要求

(1)上菜时,可以将凉菜先行送上席。当客人入座开始就餐后,餐厅员工即可通知厨房作好出菜准备,待到凉菜剩下1/3左右时,餐厅员工即可送上第一道热菜。当前一道菜快吃完时,餐厅员工就要将下一道菜送上,不能一次送得过多,使宴席桌上放不下,更不能使桌上出现菜肴空缺的情况,让客人在桌旁干坐,这既容易使客人感到尴尬,也容易使客人在饮过酒后,没有菜可供及时下酒,易于使客人喝醉。

(2)餐厅员工给客人提供服务时,一般要以第一主人作为中心,从宴席的左面位置上菜,或从副主人右侧上菜。撤盘时从宴席的右侧位置撤。上菜或撤盘时,都不应当在第一主人或主宾的身边操作,以免影响主宾之间的就餐和交谈。

(3)凡是上带有调味佐料的热菜,如烤鸭、烤乳猪、清蒸蟹等菜肴,要将调味佐料与菜一同上桌,切忌遗漏,一次性上齐,并且可以略作说明。

(4)几种特殊性菜肴上桌的方法。锅巴虾仁应该尽快上桌,将虾仁连同汤汁马上倒入盘中锅巴上,保持热度和吱吱的声响;清汤燕菜这类名贵的汤菜应该将燕窝用精致盘子上桌后,由服务人员当着客人的面下入清汤中;上泥包、纸包、荷叶包的菜时,餐厅员工应先将菜拿给客人观赏,然后再送到操作台上,在客人的注视下打开或打破,然后用餐具分到每一位客人的餐盘中。如果先行打开或打破,再拿到客人面前来,则会失去菜的特色,并使这类菜不能保持其原有的温度和香味。

上热菜时应坚持"左上右撤"的原则。"左上"即侧身站立在座席左侧用左手上菜;"右撤"即侧身站立于座席右侧用右手撤盘。

(5)菜肴上有孔雀、凤凰图案的拼盘应当将其正面放在第一主人和主宾的面前,以方便第一主人与主宾的欣赏。

(6)第一道热菜应放在第一主人和主宾之间,没有吃完的菜则移向副主人一边,后面菜可遵循同样的原则。

(7)遵循"鸡不献头,鸭不献尾,鱼不献脊"的传统礼貌习惯,即在给客人送上鸡、鸭、鱼一类的菜时,不要将鸡头、鸭尾、鱼脊对着主宾。而应当将鸡头与鸭头朝右边放置。上整鱼时,由于鱼腹的刺较少,肉味鲜美腴嫩,所以应将鱼腹而不是鱼脊对着主宾,表示对主宾的尊重。

(三)摆菜

(1)摆菜时不宜随意乱放,而要根据菜的颜色、形状、菜种、盛具、原材料等因素,讲究一定的艺术造型。一般第一道菜摆在主人与主宾之间,上第二道菜时两道菜在一条直线上,上第三道菜时摆成三角形,上第四道菜时摆成四方形。即"一中心,二平放,三三角,四四方,五梅花"。

(2)中餐宴席中,一般将大菜中头菜放在餐桌中间位置,砂锅、炖盆之类的汤菜通常也摆放到餐桌中间位置。散座中可以将主菜或高档菜放到餐桌中心位置。

(3) 摆菜时要使菜与客人的距离保持适中,散座中摆菜时,应当将菜摆放在靠近小件餐具的位置上,餐厅经营高峰中两批客人同坐于一个餐桌上就餐时,摆菜要注意分开,不同批次客人的菜向各自方向靠拢,而不能随意摆放,否则容易造成误解。

(4) 注意好菜点最适宜观赏一面位置的摆放。要将这一面摆在适当的位置,一般宴席中的头菜,其观赏面要朝向正主位置,其他菜的观赏面则对向其他客人。

(5) 当为客人送上宴席中的头菜或一些较有风味特色的菜时,应首先考虑将这些菜放到主宾与主人之间,然后在上下一道菜时再移放餐桌的其他地方。

二、中餐分菜

(一) 分菜的工具

中餐的分餐工具一般比较简单。分鱼类、禽类的菜肴时,一般使用刀、叉、勺;分炒菜类可使用叉、勺和筷子;分汤羹类菜肴时可使用长柄汤勺和筷子。

(二) 分菜的方法

1. 叉、勺分菜法

将菜肴端至餐桌上,示菜并报菜名,然后将菜取下,左手用口布托菜盘,右手拿分菜用叉和勺。顺时针从主宾右侧开始绕台进行分菜。

2. 餐桌分菜法

餐桌分菜法是提前先将干净餐盘或汤碗,有次序地摆放在餐桌上,示菜报菜名后,服务员当着客人的面将菜肴分到餐碟中去。随即转动转盘,服务员从主宾位开始,顺时针方向将分好的菜肴放到客人面前。

3. 服务台分菜法

服务台分菜法的难度较低,即示菜报菜名后,征得客人同意,将菜肴从餐桌上撤下,端回服务台上将菜肴迅速分到餐盘中。然后用托盘从主宾右侧开始顺时针方向托送。

注意分菜要做到每份数量均匀,分完后略有剩余,供有加菜需要的客人食用。

三、几种特殊菜的上菜及分菜

(一) 火锅

火锅由于自烹自食,又能制造轻松气氛,近年来受到广大宾客的欢迎。它的上菜及分菜方式比较特殊,具体操作如下:

(1) 火锅上桌前检查是否已添加燃料,上桌时注意安全,避免烫伤客人。

(2) 先将配菜摆上桌,随即将火锅奉上,点火加热底汤。

(3) 待汤煮沸后,揭开盖子,将配菜按先荤后素的顺序逐一下锅,然后再盖上盖子。将每位客人的汤碗准备好,排列在火锅周围待用。

(4) 待食物煮熟后,服务员应按顺序分派到汤碗内,分菜时应尽量荤素搭配。如果汤不够多时应及时增添,防止糊锅现象;撤下火锅时,服务员应先将火熄灭,再轻轻撤下,注意安全。

(二) 拔丝菜肴

在上拔丝类菜肴前,应先为客人上冷开水、木质公筷。上拔丝类菜肴要求速度快,动作敏捷,以防糖胶变硬,影响品尝此菜的效果。分菜时用木质公筷将甜菜夹起,立即放在前面的冷开水中冷却后分给客人。

(三) 鱼类菜肴

分全鱼时,服务员应左手持餐叉按住鱼头,右手持餐刀顺着鱼脊从头划尾,再将鱼肉向两边拨开,用餐刀割断鱼骨刺,将其剔除,然后将鱼肉切成块蘸上酱汁分派给客人。

(四) 铁板类菜肴

铁板类菜肴既可发出响声烘托气氛,又可以保温,受到顾客喜爱。但因其温度很高,所以服务时应注意安全。一般是先将铁板端上桌,再当着客人的面将烧好的菜肴倒在铁板上,盖上盖子,焖几分钟后,再为客人揭开分菜。

(五) 原盅炖品类

例如分冬瓜盅,首先用汤勺轻轻将冬瓜盅面上的火腿茸刮入汤内,然后再用汤勺轻轻刮下冬瓜盅内壁的瓜肉,搅动几下后,就可将汤料、瓜、肉等均匀地分给客人了。

附:中餐上菜分菜操作方法及规范(表2-8)。

表2-8 中餐上菜分菜的操作方法及操作规范

项目训练	操 作 规 范	质量标准或要求
上菜前准备工作	① 核对菜品、菜量、客人特殊要求与菜单是否相符。 ② 配备相应的服务用具。 ③ 先上冷菜,再上热菜,后上汤,最后上鱼	认真核对,准确无误
上冷菜	① 在客人到达房间后,及时通知传菜员将冷菜传来。 ② 站立于主宾右后侧,左手托盘,右手将菜盘轻放于转盘或桌面上,按顺时针方向轻轻转动转盘。 ③ 先上调料,后上冷菜,视情况报菜名	① 冷菜盘均匀分布于转盘上,距转盘边缘2 cm。 ② 荤盘、素盘以及颜色合理搭配
上热菜	① 在上前四道菜时,要将菜盘均等放于转盘上。 ② 若上手抓排骨类菜肴,提供一次性手套;上刺身菜品,将辣根挤出1.5 cm放于调味碟内,倒入适量酱油或醋;上海鲜时,提供洗手盅。上高档原料菜品,要听取客人意见并及时反馈。 ③ 若分餐,右脚在前,站于客人右后侧,将菜品放于转盘上,转于主宾处,伸手示意,报菜名,介绍完毕,拿到备餐台,为客人分餐。 ④ 根据客人用餐情况及时与厨房协调,合理控制上菜速度。 ⑤ 菜上齐时,告诉客人"菜已上齐"。如发现菜肴不够或客人特别喜欢的菜,征得客人同意予以加菜	① 报菜名,说普通话,声音适中,菜品观赏面朝向主人和主宾。保证菜品温度,上菜不出现摞盘现象。 ② 上菜动作迅速,保持菜型美观。 ③ 每道菜肴剩1/4时,可为客人更换小菜盘。 ④ 特色菜,要主动介绍菜品特点和营养价值

(续表)

项目训练	操作规范	质量标准或要求
上特殊热菜(蟹、炖盅)	① 站立于副主人或副主宾右后侧,调整桌面,然后双手将盘放于转盘或桌面上,菜品观赏面转向主人与主宾之间位置,后退半步报菜名,并伸手示意"请用"。 ② 上蟹时,同时配备调料、蟹钳和洗手盅,并介绍洗手盅的用途。 ③ 上炖盅时,从主宾开始,将炖盅放于客人的右侧,揭开盖子,放入汤匙,并报菜名	① 服务用具和调料配备齐全,注意客人动作,避免汤汁洒到客人身上。 ② 报菜名时口齿清晰、音量适中、用语准确
上汤	① 站立于副主人或副主宾右后侧,调整桌面,然后双手将汤放于转盘上,后退半步报菜名,伸手示意征询客人,"先生/小姐,是否需要分汤?" ② 若需要,将汤放于旁边的桌子上,分好后将汤碗放到托盘上,站于每位客人的右侧,再将汤碗放到桌面上,伸手示意"请用"。 ③ 若不需要,伸手示意"先生/小姐,请用"	盛汤均匀,不洒、不外溅,盛汤不宜太满
上鱼	① 站立于副主人或副主宾右后侧,调整桌面,然后双手将鱼匙放于转盘上,将观赏面轻轻转到主人与主宾之间位置,后退半步报鱼名,然后征询客人意见是否需要剔鱼骨。 ② 若需要,将鱼匙拿到备餐台,左手拿叉,右手拿分餐刀,将鱼身上配料用刀叉移到一边,用分餐刀分别将鱼头、鱼鳍、鱼尾切开,再顺鱼背将上片鱼一分为二,将鱼肉向两侧轻轻移动,剔除鱼骨,用刀叉将鱼肉复位,并将鱼的整体形状进行整理,端到餐桌上,伸手示意,"先生/小姐,请用"	不要将鱼肉弄碎,保持鱼肉的形状完好
上主食	① 上最后一道菜时,告知客人菜已上齐。若客人已点主食,征询客人"先生/小姐,现在是否可以上主食?" ② 若客人未点主食,征询客人"先生/小姐,请问用点什么主食?"下单后,根据客人的要求,尽快将主食上到餐桌上	认真核对主食是否与菜单上相符;适时进行二次推销,保证主食适宜的温度
上水果	① 在客人主食上齐之后,征询客人"先生/小姐,现在是否可以上水果?" ② 在征得客人同意后,先整理桌面,更换骨碟,然后将果盘放于离转盘边缘 2 cm 处,转到主人和主宾之间,或放于餐桌中间	保持果盘完整、美观
上菜特殊情况处理	① 菜品中若吃出异物,或菜品未按标准做,先向客人道歉,根据客人要求,做退菜处理,或立即撤下菜肴,通知厨房重做。 ② 换菜。当客人对菜肴口味提出异议时,先向客人道歉,并征询客人"先生/小姐,此菜是否要换?"征得客人同意后,立即撤下,并通知厨房重做。 ③ 缺菜。应向客人道歉,并委婉说明情况,同时向客人推荐类似菜肴。 ④ 上错菜。若客人未用,需征询客人意见是否需要,如不用,向客人表示歉意,撤下菜肴;如客人已动筷,向客人说明情况,致歉,并征求客人是否可作加单处理	语气委婉,态度诚恳,耐心向客人解释,不与客人争吵

> 综合应用

（一）基础知识部分

内容：1. 中餐上菜分菜的顺序。

2. 中餐上菜分菜的位置。

3. 几种特殊菜的上菜要求。

（二）操作技能部分

中餐上菜分菜的操作方法及操作规范

项目考核：

考核得分记入表2-9中。

表2-9 上菜考核成绩表

考核项目	应得分	扣 分	考核项目	应得分	扣 分
上菜前准备	8		上菜时机与节奏	7	
上菜程序	8		服务方法得当	8	
上菜原则	10		操作规范	12	
上菜位置	10		特殊情况处理	8	
服务态度	9		整体印象	8	
报菜名	12				
总成绩					

（三）综合能力测试：情景模拟

如果酒店正在为一个VIP会议团队举办盛大的欢迎晚宴，这时要进行第一道主菜的"艺术"传菜与走秀，如果您是此次宴会的主要负责人，请问如何进行设计传菜走秀？

模块六 其他服务

 学习目标

最终目标：

理解餐厅服务中其他服务的基本要求、操作规范和程序。

促成目标：

熟练掌握这些服务项目的操作规程与要领。

学习任务

中餐服务中接听电话、落餐巾、香巾服务、香烟服务、换烟灰缸、撤换餐具、食品打包等服务规范,收拾台面、清场等操作要领。

任务:中餐厅其他服务

【知识导入】

一、接听电话

(1) 电话铃响起三声以内迅速接听,问好并报餐厅名称,中英文各一次。

(2) 若是订餐电话,询问并详细记录客人人数、就餐时间、订餐标准、订餐人姓名及联系方式、特殊要求等。

(3) 重复宾客预定内容,让宾客确认。同时应迅速帮助客人确定餐位,并礼貌告知客人留位的最迟时间。

(4) 礼貌致谢。

(5) 等宾客挂断电话后再放下电话。

二、落餐巾

(1) 宾客就座后,值台服务员应从主宾位置开始,顺时针方向为宾客落餐巾,没有客人就座的餐位暂时不落。

(2) 一般情况下,应在宾客右侧落餐巾;在不方便的情况下,可以在宾客左侧为其落餐巾。

(3) 落餐巾时站在宾客右侧拿起餐巾,将餐巾在客人后侧打开,并注意右手在前、左手在后,将餐巾轻轻铺在宾客腿上。若需左侧落餐巾时,应站立于宾客左侧,并左手在前、右手在后,以免胳膊肘抬到宾客胸前,有失礼貌。

附:落餐巾的工作程序与标准(表 2-10)。

表 2-10 落巾(铺口布)的工作程序与标准

程 序	标 准
落巾服务 (铺口布)	① 客人就座后,服务员须上前为客人铺口布,并依据先宾后主、女士优先的原则。 ② 一般情况下须在客人右侧铺口布,若在不方便的情况下(客人一侧靠墙),可以在客人左侧为客人铺口布。 ③ 服务员在为客人铺口布时,须侧立于客人的右侧,拿起口布,将口布轻轻对角打开,并注意右手在前、左手在后,将口布轻轻地铺在客人腿上。 ④ 当需要从左侧铺口布时,须站立于客人左侧,并注意左手在前、右手在后(胳膊肘不能碰到客人)。 ⑤ 如有儿童用餐,须根据家长的要求,帮助儿童铺口布

三、香巾服务

在用餐前或用完餐后,递上一条冷毛巾或热毛巾都会让客人感到特别清新。毛巾可以喷上一些香水以增加温馨感。什么时候使用什么毛巾这取决于当时的气候而定,不管在怎样的气候条件下,使用清香的毛巾总是受欢迎的。

递送毛巾的程序:

(1) 将卷好的毛巾整齐地放在一个服务碟中,配上毛巾夹。宾客入座后,提供第一次香巾服务。上完带有骨渣骨刺的菜肴后,可提供第二次香巾;宾客用完餐,上水果拼盘之前,可提供第三次香巾。

(2) 上香巾时从主宾开始,站在客人右侧顺时针方向派发。并礼貌地对宾客说:"请用香巾"。

(3) 客人用过的香巾,应及时将其撤走。

附1:香巾准备工作程序与标准(表2-11)。

表2-11 香巾准备的工作程序与标准

序号	程　　序	标　　准
1	香巾的准备	① 将洗涤干净、无污迹、无油渍、无破损、无毛边、消毒过的香巾浸泡于热水中。 ② 将浸泡过的香巾拧干,横向自己,从香巾的一头开始向前推卷,将其卷紧成圆柱状
2	香巾的保温	① 将卷好的香巾按顺序、整齐地摆放在电香巾箱内。 ② 将电香巾箱的门关好后,打开电源开关加温
3	香巾夹及香巾盘的准备	① 将洁净的香巾夹摆放在电香巾箱上面的右侧。 ② 将所有洁净的香巾盘摆放在服务台的边柜内
4	香巾的使用	① 香巾须洁净、无异味。 ② 香巾的温度须保持在40℃左右

附2:香巾服务的工作程序与标准(表2-12)。

表2-12 香巾服务的工作程序与标准

序号	程　　序	标　　准
1	第一次香巾服务	① 客人入座后,须提供第一次香巾服务。 ② 须先将香巾盘摆放在客人餐盘的右侧。 ③ 提供香巾服务时,服务员须站立在客人右侧,依据先宾后主、女士优先的原则,从客人右侧将香巾摆放在红酒杯正上方的香巾盘内,并四指并拢、手心向上用手示意,告知客人:"请您用香巾。" ④ 撤掉客人用过的香巾时,服务员须征询客人的意见,经客人同意后,从客人的右侧撤掉香巾
2	第二次香巾服务	客人用完虾、蟹等带壳的食品或第三道热菜后,提供第二次香巾服务,标准与第一次相同
3	第三次香巾服务	客人用水果之前,须提供第三次香巾服务,标准与第一次相同

四、餐前小菜服务程序

(一) 准备

六位客人以上的送两款两碟；七位客人以上的送两款四碟。

(二) 上小菜

当客人入座后，看台服务员使用托盘从客人左侧将小菜碟摆上桌面，按小菜的不同款式错开摆放，并礼貌地请客人享用。

五、香烟服务

(1) 当客人订香烟后，准备一个餐盘、一张花纸、一盒火柴或打火机和一个烟缸。

(2) 将香烟盒上端打开，取掉锡纸上端横向部分的1/3，然后左手持香烟盒，右手轻敲香烟盒底部一侧，使香烟自动滑出3支左右，并使其露出1—3 cm不等长度。

(3) 将准备好的圆形花纸垫在盘内；将印在火柴或打火机上的店徽朝上，斜放在餐盘的边缘上；将香烟上端架在火柴上，下端放在餐盘中，并使其成30°倾斜。

(4) 应注意观察，当宾客准备抽烟时，立即上前站在宾客右侧为其点烟，点烟前，服务员须先向客人示意。使用火柴点烟时注意，先将火柴由外向内划燃后，再递到客人面前将烟点着。不可在客人面前做这个动作，因为火柴在划燃的一瞬间，会有短暂的硫酸气味，还注意保持火焰与客人脸部距离。使用打火机点烟应注意，事先调节好火力大小。并且点一次火最多服务两位客人，不然会被视为不礼貌。

附：香烟服务及为客人点烟的工作程序与标准（表2-13）。

表2-13 香烟服务及为客人点烟的工作程序与标准

序号	程　　序	标　　准
1	准备香烟	① 根据客人的要求，在订单上写清客人的桌号及香烟的种类和数量。 ② 凭订单从吧台取香烟。 ③ 将香烟和火柴或打火机整齐地摆放在一骨碟内
2	服务香烟	① 使用托盘为客人服务香烟。 ② 将盛有香烟和火柴的接碟放在客人的桌上，并礼貌地告诉客人这是客人点的香烟。 ③ 得到客人的确认后，如客人允许，可将香烟一侧打开一个口，抽出2—3支呈阶梯状，将香烟摆放在客人的右手处，以方便客人拿取
3	为客人点烟	① 看到客人取出一支烟后，须主动上前为客人点烟。 ② 待客人香烟点着后，方可熄火
4	注意事项	① 点烟前，须礼貌地提醒客人，以免烫伤。 ② 使用火柴时，须将火柴划向自己一侧，待火柴完全燃烧时再为客人服务。 ③ 使用打火机点烟时，应确保打火机质量，为安全起见须事先调整打火机的火焰，火苗高度以1.5 cm为宜。 ④ 每次点烟不准连续超过两位客人

六、换烟灰缸服务

1. 换烟灰缸前提

发现烟缸内有 1—2 个烟头时就应当及时更换。

如发现烟灰缸中有两个烟头或有明显杂物时,须马上更换。

2. 换烟灰缸

(1) 用右手的拇指和中指捏紧一个干净烟灰缸的外壁,右食指搭在烟灰缸边上,从客人右侧将干净烟灰缸盖在脏烟灰缸上面,右拇指、中指捏紧下面脏烟灰缸。

(2) 将两个烟灰缸慢慢拿起从台边一起撤走,放于左手的托盘上,再用同样的手法将干净的烟灰缸摆回桌子原处。

附:烟灰缸更换的工作程序与标准(表 2-14)。

表 2-14　烟灰缸更换的工作程序与标准

序号	程　　序	标　　　　准
1	准备工作	① 当客人烟灰缸内有 1—2 个烟蒂时,须为客人更换烟灰缸。 ② 从服务台中取出洁净、无破损的烟灰缸,放入托盘
2	换烟灰缸	① 服务员左手托托盘,走到客人右侧,进行更换。 ② 用右手拿一洁净的烟灰缸盖放在需更换的烟灰缸上。 ③ 将两个烟缸同时拿起,放在托盘中。 ④ 再将干净烟灰缸放回原位摆正,注意动作优美

七、撤换餐具服务

(1) 骨碟中的骨渣超过 1/3 时,就应撤换。宴会服务至少撤换餐盘三次:第一次是在凉菜吃得差不多时,即将上热菜之前;第二次撤换是在主菜吃得差不多时,即上饭菜之前;第三次是在酒席快要完毕时,即上水果之前。越高级的宴会上撤换餐盘的次数越多。

(2) 用不同类型的酒水时,应更换相应的酒杯;口汤碗则应用一次换一次;上名贵的菜之前要更换餐具;凡是装过鱼腥味菜肴的餐具,再上其他类型菜肴时需要更换。

附:更换餐具的工作程序与标准(表 2-15)。

表 2-15　服务员为客人更换餐具的工作程序与标准

序号	程　　序	标　　　　准
1	准备工作	① 服务员在客人用餐过程中,须随时观察客人的餐桌,当需要给客人更换餐具时,须立即做好相应的准备工作。 ② 一般情况两道菜为客人更换一次骨碟(防止菜肴窜味);当客人骨碟中的骨渣超过骨碟的 1/3 时。 ③ 从服务台中取出洁净的餐具放在托盘上
2	更换餐具	① 为客人更换餐具时,服务员须左手托盘,站在客人的右侧,礼貌地询问或规范的手语征询。(服务员须察言观色在不打扰客人的情况下) ② 征得客人允许后,按顺时针方向,为客人更换餐具

(3) 餐盘撤换时机如下。

1) 客人在用完冷菜之后,餐厅准备上热菜之前。

2) 荤菜与素菜交替食用之时。

3) 上甜点与水果之前。

4) 当客人吃过汤汁较为浓厚的菜后。

(4) 撤换餐盘操作要求

1) 撤换餐盘时应注意礼貌,站在客人的右侧用右手将餐盘撤回放到托盘中。

2) 撤盘时不拖曳,不能当着客人的面刮擦脏盘,不能将汤水及菜洒到客人身上。

3) 如果客人还要食用餐盘中的菜,餐厅员工应将餐盘留下或在征得客人的意见后将菜并到另一个餐盘中。

4) 撤盘时,应将吃剩的菜或汤在客人右边用碗或盘装起来,然后将同品种、同规格的盘按直径由大到小的顺序自下而上摆放整齐。

撤换餐具时应在宾客的右边进行,将干净骨碟摞成一叠,服务员左手托盘、右手先撤下用过的骨碟,然后送上干净的骨碟。到第二位客人时,用同样方法撤下用过的骨碟,将第二个骨碟中的骨渣倒进第一个用过的骨碟内,第二个脏骨碟另起一摞,再把干净骨碟送上桌。剩下用过的骨碟依此法倒去骨渣后放到第二个骨碟上,这样归类可以使骨碟叠放稳当。

5) 注意不要让干净骨碟接触到脏骨碟;如有宾客将筷子放在骨碟上,撤换时,要将筷子按原样放回干净的骨碟上;宾客没有用完的餐具不能撤换,或征得客人同意后撤换。

附:客人桌面清洁工作程序和标准(表 2-16)。

表 2-16 客人桌面清洁的工作程序和标准

序号	程　序	标　准
1	客人用餐过程中桌面的清洁	客人用餐过程中,餐桌上不准出现空盘、空碗和空酒杯,当发现有空盘、空碗和空酒杯时,须征得客人同意后及时撤掉
2	客人就餐后桌面的清洁	① 当客人用完正餐后,须征得客人同意,清洁客人餐桌。 ② 清洁餐桌时,站在客人右侧,左手中的托盘须放在客人背后,不准拿到客人的面前。以避免影响客人交谈。 ③ 服务员撤餐具时,托盘内的物品须分类摆放,且整齐有序,做到轻拿轻放。 ④ 撤完餐具后,餐桌上如有菜叶等脏物应清理,如有菜汁、酱油等污迹,须在上面铺上一块洁净的口布
3	客人用完甜食后的清洁	客人用完甜食后,撤掉甜食餐具

八、食品打包服务程序

1. 准备

(1) 当客人提出将剩余食品包装带走时,服务员立即将食品撤下餐桌,并告诉客人将在厨房为客人包装食品及客人所需等待的时间。

(2)将食品送到厨房,准备好食品盒、红丝绸带及带有店徽的塑料袋。

2. 包装

将食品分类装入食品盒、注意不外溢汤汁。

3. 展示

服务员用托盘将食品盒送到主人右侧,请主人观看,并告诉客人,分别包装的食品名称,经客人许可后将食品拿到服务边柜上。

4. 食品盒的包装

(1)服务员在服务柜上,盖好食品盒盖,并用红丝绸十字交叉包装食品盒,打好蝴蝶结,将蝴蝶结的两尾剪成燕尾状。

(2)将食品盒及食品袋同时送到主人面前,请主人过目后将食品盒装入食品袋内,递给客人。

(3)与厅面配合,根据客人的进餐速度调整出菜时间和顺序。

九、收拾台面

顺序:餐巾、小毛巾—玻璃制品—银餐具—筷子、汤匙等—餐碟、汤碗—公用大餐具—更换台布。

十、清场

(1)从洗碗机房收回已清洁好的餐具、托盘、餐车等餐厅用品,清点后分类入柜,如有损耗要做好记录。

(2)搞好各项清洁工作。

附:餐厅清洁卫生工作程序与标准(表2-17)。

表2-17 餐厅清洁卫生的工作程序与标准

序号	程　　序	标　　　　准
1	开餐前的卫生清洁	① 公共区域: 　a. 公共区域的卫生由当班主管\领班安排公共区域的服务员进行清洁。 　b. 门、地毯、墙壁、装饰物及镜子等须保持洁净,无杂物、无灰尘、无污迹、无油迹等。 　c. 洁净完毕后,由餐厅当班经理、领班检查、验收。 ② 餐厅区域: 　a. 餐厅的卫生由餐厅服务员清扫。 　b. 沙发和桌椅表面须保持洁净,无灰尘、无污迹、无杂物。 　c. 酒水车须保持光洁,无污迹、无锈迹、无杂物。 　d. 各用具表面须保持洁净、无污迹。 　e. 展示台和备餐台表面须保持洁净,无灰尘、无杂物。 　f. 服务台内外须保持洁净,无灰尘、无污迹、无杂物;柜内用具须摆放整齐、规范。 　g. 吧台内的卫生须保持洁净,无杂物,酒水展示柜内所陈列的各种酒水须洁净,且摆放整齐、规范
2	餐后卫生清洁	由餐厅服务员负责清洁,标准同上

(3) 早、午餐结束后,做好晚餐的准备。

(4) 晚餐结束后,做好安全防患工作后方可离岗。

内容包括:关闭石油气阀、水掣,切断备餐间的照明及其他用电器的电源;除员工出入口门外,关闭所有的门窗并上锁;将易燃易爆的物品存入指定的仓库;由当班负责人与安全部门负责人做最后的共同复查后,填写"班后安全检查表";锁好员工出入口门后,离岗。

附:餐厅安全工作程序与标准(表2-18)。

表2-18 餐厅安全的工作程序与标准

序号	程　序	标　　准
1	日常检查	① 随时检查餐厅的各项设施设备的使用情况,发现隐患及时处理。 ② 随时检查服务人员的安全知识。 ③ 随时检查安全通道是否畅通、安全,急救设备是否齐全、可靠
2	日常培训	① 各种电器的安全使用方法。 ② 使员工熟悉安全通道的位置,各种安全设备的使用和急救措施。 ③ 提醒员工在以下工作中注意安全。 a. 搬运重物或托举装满物品的托盘时。 b. 从托盘上撤物品时。 c. 为客人点烟时。 d. 自助餐台上使用酒精炉和电热炉时。 e. 擦拭刀叉和玻璃器皿时。 f. 在餐台内行走速度过快或超越他人时。 g. 女员工穿着高跟鞋时。 h. 在刚擦洗过的地面上行走时。 i. 客人的餐具或杯具有破损时。 j. 客人的小孩在餐台内跑动时。 k. 给儿童使用锋利的餐具时。 l. 开启香槟酒和葡萄酒时。 m. 在餐台厅使用明火为客人制作食品时。 n. 在其他人身后工作时。 o. 从厨房取热食品时。 p. 使用服务车运送餐具时
3	发生意外时	① 及时通知有关安全部门。 ② 保持镇定,首先疏散客人。 ③ 对受伤的客人给予及时、周到的护理

综合应用

(一) 基础知识部分

内容:接听电话、落餐巾、香巾服务、香烟服务、换烟灰缸服务、撤换餐具服务、食品打包服务程序、收拾台面、清场等服务项目的操作方法与基本要求。

（二）操作技能部分

接听电话、落餐巾、香巾服务、香烟服务、换烟灰缸服务、撤换餐具服务、食品打包服务程序、收拾台面、清场等操作训练，掌握这些服务项目的操作规程与要领，熟练操作。

（三）综合能力测试：情景模拟

情景一：一家四星级宾馆，某大型企业与外资企业举行合同签字仪式结束时，各企业代表在宾馆的餐厅举行了庆祝仪式。席间客人十分高兴，纷纷举杯庆祝。这时客人餐台上的烟灰缸已经有了多支烟蒂了，如果您是这里的服务员该怎么办？

情景二：如果你是包厢的值台服务员，客人用餐即将完毕，到了该结账的时候了，客人使用现金结账，该如何正确使用托盘，为客人提供结账服务？

情景三：刚刚举办完一场大型的商务宴会，准备进行收台。如果您是宴会厅的领班，该如何正确使用托盘，进行收台作业？

项目三 中餐服务

【导入语】

中餐服务是在中餐厅提供的中式服务。中餐厅的设计和装潢布置都注重突出中式风格,展现民族和地方特色,提供中式菜点和饮料,服务方式遵循中华民族的文化传统和礼节。服务人员应严格执行各种服务规程,以优质的服务赢得宾客满意,为饭店创造更好的经济和社会效益。

 项目目标与要求

最终目标:

了解中餐服务的特点、内容、服务方式和基本要求。理解中餐菜单的核心作用及设计依据和内容。熟练掌握中餐厅零点和宴会的服务规程及服务技巧。

促成目标:

1. 了解中餐菜单的作用、种类及设计原则和依据,熟悉菜单的内容;
2. 熟练掌握中餐零点服务的推销技巧、服务程序和操作规范;
3. 熟练掌握中餐宴会服务的服务程序和礼仪规范;
4. 达到服务程序准确无误,服务操作麻利规范,对顾客热情周到。

 项目载体

范　　例	中餐零点服务;中餐宴会服务
学生学习载体	中餐零点服务;中餐宴会服务等练习

 项目服务流程图

操作要求——操作程序和操作规范——零点服务、宴会服务——操作练习——注意事项

项目学习任务书

项目模块(20学时)	学习任务	备注
中餐菜单 (学时4)	1. 了解中餐菜单的作用、种类,掌握中餐菜单的内容、设计的原则和依据	熟悉菜单,灵活推销
	2. 按照不同等级规格和餐厅特色,进行中餐菜单设计和对客服务	
零点服务 (学时8)	1. 中餐零点服务的任务、要求,中餐零点服务的基本环节	礼貌热情,服务周到
	2. 中餐零点服务的操作规程与操作要领	
宴会服务 (学时8)	1. 中餐宴会服务的种类和特点,餐厅布置及服务礼节	周到细致,服务技艺高超
	2. 中餐宴会服务的程序、服务操作要求和注意事项	

模块一 中餐菜单

 学习目标

最终目标:
理解中餐菜单的相关知识。

促成目标:
达到熟知菜单内容,灵活运用对客服务和推销技巧。

 学习任务

1. 了解中餐菜单的作用、种类,掌握中餐菜单的内容、设计的原则和依据。
2. 按照不同等级规格和餐厅特色,进行中餐菜单设计和对客服务。

任务1:中餐菜单基本知识

【知识导入】

"菜单"一词来自拉丁语,原意为"指示的备忘录",英文是menu,本意是厨师为了备忘的记录单子。现代餐厅的菜单,不仅要给厨师看,还要给客人看。我们可以用一句话概括:"菜单是餐厅提供的商品目录和介绍书。"它是餐厅的消费指南,也是餐厅最重要的名片(图3-1)。

现代餐厅的菜单,主要是为顾客服务,餐厅已经属于现代服务业的范畴,最好的菜单应该奉献给我们的顾客,所以菜单已经从"菜单是餐厅提供的商品目录和介绍书,它是餐厅的消费指南,"转变为"菜单是餐馆形象的窗口,它是沟通顾客的桥梁,推广菜式的媒介,饮食文化的载体,品位档次的象征,增加赢利的法宝;在引导美食体验,渲染文化氛围,推介新创菜品等方面具有不可替代的营销作用",它是餐饮经营管理的重要依据,是餐饮市场定位的集中体现,更是餐饮经营的精髓所在。

图3-1 菜单(一)

一、菜单的内容

菜单作为计划书,它的内容和分类要方便厨房的生产安排和销售统计。作为推销工具,一要清楚地有逻辑地将信息正确而迅速地向顾客传递,同时通过内容的编写,顺序的安排及艺术处理影响顾客购买,引导他们多购买以及选择企业最愿销售的菜品。

(一)菜品的品名和价格

顾客未曾尝试过某菜,往往会凭品名去挑选。菜单上的品名会在就餐客人的头脑中产生一种联想。顾客对餐饮是否满意在很大程度上取决于看了菜单品名后对菜品产生的期望值,而更重要的是,餐厅提供的菜品能否满足顾客的期望。

菜品品名和价格的编写要符合下述要求:

1. 菜品名和价格应具真实性

根据国际惯例,菜品名和价格要具有真实性,这种真实性要求表现在:

(1)菜品名真实

菜品名应该好听,但必须真实,不能太离奇。以前曾流行过充满想象力、离奇和不精确的名字。国际餐馆协会对顾客进行调查发现,故弄玄虚而离奇的名字,顾客中不熟悉或名不副实的名字,不容易被顾客接受。只有那些小型的、以常客为主的餐厅可用不寻常的名字,而向大众开放的餐厅应该采用朴实并为顾客熟悉的菜名。

(2)菜品的质量真实

菜品的质量真实包括原料的质量和规格要与菜单的介绍相一致,如菜品名为炸牛里脊,餐厅就不能供应炸牛腿肉。产品的产地必须真实,如果品名是烤新西兰牛排,那么原料必须从新西兰进口;菜品的份额必须准确,菜单上介绍份额为300 g的烤肉必须是300 g;菜品的新鲜程度应真实,如果菜单上写的是新鲜蔬菜,就不应该提供罐头或速冻食品。

(3) 菜品价格真实

菜单上的价格应该与实际供应的一样,如果餐厅加收服务费,则必须在菜单上加以注明,若有价格调动要立即改动或更换菜单。

(4) 外文名字正确

菜单是餐厅质量的一种标记,如果西餐厅菜单的英文或法文名搞错或拼写错误,说明西餐厅对该国的烹调根本不熟悉或对质量控制不严,这样会使顾客对餐厅产生不信任感。

(5) 菜单上列出的产品应保持供应

有些餐厅管理人员认为本餐厅能制作的菜品应该全部列在菜单上多给客人选择的余地,因而许多产品的原料不能保障供应,客人点菜时许多菜品无货,使菜单显得不可靠,不严肃。

2. 菜品命名的原则

在给菜品命名时必须遵守一定的原则,菜品名要文雅、引人深思。粗俗的名字往往与许多餐饮场合不相称。务必使所定的菜品名称能反映出菜品的主体特色,力求菜品名称名副其实、通俗易懂、简明扼要、雅致得体。

3. 菜品的命名方法

(1) 根据烹调方法与主料命名,如红烧鸡。

(2) 根据味型与主料命名,如鱼香肉丝。

(3) 根据辅料与主料命名,如玉兰肉片。

(4) 根据特殊形色与主料命名,如翡翠虾仁。

(5) 根据主辅料与烹调方法命名,如大蒜烧鲶鱼。

(6) 根据发源地或创始人与主料命名,如西湖醋鱼。

(7) 根据烹调方法与原料某方面特征命名,如拌三丝。

(8) 根据特殊器皿与主料命名,如毛肚火锅。

(9) 根据特殊造型命名,如雄鹰展翅。

(10) 根据寓意命名,如宫门献鱼。

(二) 菜品的介绍

菜单上要对一些产品进行介绍。这种介绍可代替服务员的口头介绍,减少顾客选菜的时间。菜品介绍的主要内容有:

1. 主料、配料及调料

有些主、配料要注明规格,如肉类注明是里脊还是腿肉等,有些还需注明质量,如新鲜橘子汁、活鱼等。

2. 菜品的烹调及服务方法

对具有独特的烹调方法和服务方法的菜品必须介绍。如图3-2所示。

3. 菜品的份额

有些菜品要注上每份的量,如果以重量表示是指烹调后菜品的重量。

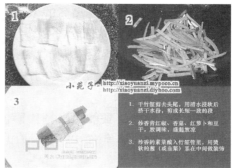

图 3-2 菜单(二)

菜品的介绍要着眼于便于推销菜品,要注意吸引顾客去订那些餐厅希望销售的菜肴,因此要着重介绍高价菜、名牌菜。同时,还要介绍一些名称与菜肴关联不是很直接的菜。

菜品的介绍不宜过多,非信息性介绍会使顾客感到厌烦,使顾客拒绝菜单而产生不购买行为或不再光顾餐厅。但如果一张菜单就像产品的目录那样刻板地列出菜名和价格,这张菜单就显得过于枯燥。

4. 其他重要信息

某些菜品的营养功效、名菜的来历、特殊菜品的烹调时间、需特别推销的菜品介绍等。

(三) 告示性信息

每张菜单都应提供一些告示性信息。告示性信息必须十分简洁,一般有以下内容:

(1) 餐厅的名称、标识及所属企业介绍;
(2) 餐厅的主体风格及风味特色;
(3) 餐厅的地址、电话;
(4) 餐厅的营业时间;
(5) 餐厅加收的费用。加收的服务费在菜单的内页上注明。

(四) 机构性信息

有的菜单上还介绍餐厅的质量、历史背景和餐厅特点。例如肯德基家乡鸡餐馆的菜单介绍了这个国际集团规模,这种炸鸡的烹调特点以及肯德基家乡鸡餐厅的产生和历史背景。

(五) 特色菜推销

一家成功的餐厅很少将菜单上的菜品"一视同仁",因为,如果每个菜品与其他菜品同样处理就显示不出重点。一张好的菜单应使一些菜得到"特殊处理",以引起顾客的特别注意。从餐厅经营的角度出发,有以下几类菜品应得到特殊处理:

1. 能使餐厅扬名的菜品

一家餐厅总要有意识地计划几种菜品使餐厅出名,这些菜应有独特的特色且价格不能贵。这些能使餐厅出名的菜品应得到特殊处理。

2. 愿意多销售的菜品

价格高、毛利大、容易烹调的菜是管理人员最愿意销售的菜。西餐中的开胃品、主菜、甜品一般赢利较大并容易制作,应列在显目的位置。

3. 特殊套餐

推销一些特殊套餐能提高销售额,增强推销效果。例如北京丽都饭店在各国国庆节推出的各国风味套餐,并配合演出各国的文娱节目,吸引了驻京的各位朋友。

4. 每日时菜

有的时令菜单上留出空间来加上每日的特色菜和时令菜,以增加菜单的新鲜感。

5. 特色烹调菜

餐厅以独特的烹调方法来推销一些特殊菜。例如有的餐厅推出主厨特色菜系列,如主厨特色汤、主厨特色色拉、主厨特色主菜等。

特殊菜品的推销主要有两大作用:对畅销菜、名牌菜宣传;对高利润但不太畅销的菜进行推销,使它们成为既畅销、利润又高的菜。

在菜单上对重点推销的菜作特殊处理的方法很多,具体有:① 用粗字体、大号字体或特殊字体列出菜名;② 增加对特殊菜品介绍的内容,对特殊菜进行较为详细的推销性介绍;③ 要用框框、线条或其他图形使特色菜比其他菜更为醒目;④ 放在菜单引人注目的位置;⑤ 列上菜品漂亮的彩色照片。

(六)菜单上的内容安排

顾客一般按就餐顺序点菜,也就希望菜单按就餐顺序编排,这是菜单内容安排的总原则。这种安排既符合人们正常的思维步骤,又能很快找到菜肴的类别,不致漏点某些菜肴。中餐的排列顺序为:冷盘、热炒、汤菜、点心、水果。

1. 中餐菜单的表现形式

中餐菜单最常用的表现形式仍停留在书本杂志上,一份中餐菜单形同一本薄薄的杂志,打开之后,菜名、菜价平铺直叙、无重点、无起伏、这就是中餐菜单亟待改进之处。

2. 重点促销菜肴的位置安排

重点促销菜肴可以是时令菜、特色菜、厨师拿手绝活菜,也可以是由滞销、积压原料经过精心加工包装之后制成的特别推荐菜,总之是饭店希望尽快介绍、推销给就餐者的菜。

既然是重点推销菜,就应该将这些菜肴安排在醒目之处。菜肴在菜单上的位置对于此类菜肴的推销有很大影响。经统计,顾客几乎总是能注意到同类产品的第一个和最后一个菜肴。因此,要想明显提高推销效果,必须遵循将重点促销菜放在菜单的开始处和结尾处的原则,因为这两个位置往往能吸引人们阅读注意力,并在人们头脑中留下深刻的印象。有些重点推销的菜、名牌菜、高价菜和特色菜或套菜也可以采用插页、夹页、台卡的形式单独进行推销。

不同表现形式的菜单,其重点推销区域是不同的。单页菜单的上半部就是重点推销区;双页菜单的右上角为重点推销区;三页菜单对推销很有利,中间部分是人们打开菜单首先注意的地方,使用三页菜单,人们首先注意正中位置,然后移至右上角,接着移至左上角,再到左下角,最后又回到正中。依据对人们眼睛注意力研究的结果表明,人们对正中部分的注视程度是对全部菜单注视程度的7倍。因而中页的中部是最显眼之处,应放在餐厅最需要推销的菜肴。

二、菜单的作用

(一)菜单反映了餐厅的经营方针

餐饮工作包括原材料的采购,食品的烹调制作以及餐厅服务,这些都是以菜单为依据的。一份合适的菜单,是菜单制作人员根据餐厅的经营方针,经过认真分析客源和市场需求,方能制作出来的。菜单一旦制定成功,该餐厅的经营目标也就确定无疑了。

(二)菜单标志着餐厅菜肴的特色和水准

餐厅有各自的特色、等级和水准。菜单上的食品、饮料的品种、价格和质量告诉客人本餐厅商品的特色和水准。近年来,有的菜单上甚至还详细地写上了菜肴的原材料、烹饪技艺和服务方式等,以此来表现餐饮的特色,给客人留下良好和深刻的印象。

(三)菜单是沟通消费者与接待者之间的工具

消费者根据菜单选购他们所需的食品和饮料,而向客人推荐菜肴则是接待者的服务内容之一,消费者和接待者通过菜单开始交谈,信息得到沟通。

(四)菜单是菜肴研究的资料

菜单可以揭示本餐厅所拥有的客人的嗜好。菜肴研究人员根据客人订菜的情况,了解客人的口味、爱好,以及客人对本餐厅菜点的欢迎程度等,从而不断改进菜肴和服务质量,提高餐厅的经济和社会效益。

(五)菜单既是艺术品又是宣传品

一份装潢精美的菜单既可以成为本餐厅的主要广告宣传品,同时,也可以提高用餐气氛,能够反映餐厅的格调,可以使客人对所列的美味菜肴留下深刻的印象,也可作为一种予以欣赏的艺术品甚至留作纪念,引起客人美好的回忆。

(六)菜单是餐饮企业一切业务活动的总纲

菜单是餐饮服务设施设备的基础,是餐饮服务生产和销售活动的依据,它在很多方面,以多种形式影响和支配着餐饮企业的服务系统。具体表现在:

1. 菜单是餐饮企业选择购置设备的依据和指南

餐饮企业选择购置设施设备、饮具和餐具,无论是它们的种类、规格还是质量、数量,都取决于菜单的菜式品种、水平和特色。

2. 菜单标志着职工的技术水平、工种和人数

菜单反映着餐饮服务的水准和特色,而要实现这些水平和特色,还必须通过厨房

烹调和餐厅服务。餐饮企业必须根据菜式制作和服务的要求,配备具有相应技术水平的厨师和服务人员。

3. 菜单的内容规定了食品原料采购和储藏工作的对象

菜单类型在一定程度上决定着采购和储藏活动的规模、方法和要求。

4. 菜单决定了餐饮成本的高低

菜单在体现着餐饮服务规格水平、风格特色的同时,也决定了企业餐饮成本的高低,菜单制作是否科学合理,各种不同成本的菜式的数量之间比例是否恰当,直接影响到餐饮企业的盈利能力。

5. 菜单影响着厨房布局和餐厅装饰

厨房内各业务操作中心的选址,各种设备、器械、工具的定位,应当以适合既定菜单内容的加工制作需要为准则。餐厅装饰的目的是形成餐饮产品的理想销售环境,装饰的主题立意、风格情调以及饰物陈设、色彩灯光等,都应根据菜单的特点来精心设计,以达到环境体现餐饮风格,氛围烘托餐饮特色的效果。

三、菜单的种类

菜单是一个总称,菜单的种类可谓形形色色、多种多样。它包括各种不同类型的菜单。常用的分类方法有:

(一) 依据餐饮形式和内容分类

根据餐饮形式和内容对菜单分类,一般以下几种:

1. 早餐菜单

早晨是一天的开始,无论是何种类型的客人,他们都希望尽快享用早餐,因此,早餐应简单、快速,但要求高质量。星级饭店的早餐菜单一般分为中、西式两种,习惯上分为中式、西式早餐,一般内容比较简单。

2. 午餐菜单和晚餐菜单

午、晚餐是一天中的主要两餐所有客人都希望吃得舒服。一般说来,客人对午餐的要求相对简单一些,但对晚餐的要求高一些。客人对午、晚餐菜单的要求是品种繁多,选择余地较大,并富于特色。在一部分西餐厅,午、晚餐菜单是分设的,但绝大多数中餐厅的午、晚餐菜单是合一的。大多数餐厅将两者合二为一,称为正餐菜单。

3. 宴会菜单

宴会菜单是根据客人的饮食习惯、口味特点、消费标准和宴请单位或个人的要求而特别制定的菜单。餐饮企业一般会根据季节、标准等制定几套宴会菜单,当客人前来预定时再根据客人的要求作适当的调整。宴会菜单讲究餐饮规格、传统、名菜和特色。如图3-3所示。

图3-3 宴会菜单

4. 团体菜单

餐饮企业一般都会接待旅游团队、会议团体等,这些团队客人的用餐一般由餐饮企业根据其用餐标准安排,一般应注意:

(1) 根据客人的口味特点安排菜点。

(2) 中西菜点结合,高中低档菜点搭配。

(3) 这些客人往往会在餐厅连续用餐,所以应注意菜点的花色品种,争取做到天天不一样、餐餐不重复。团体菜单内容需经济实惠,搭配有致。

5. 冷餐会菜单和自助餐菜单

它讲究食物丰盛、食物造型和气氛。

6. 餐后甜品单

需有强烈的诱人魅力。

7. 客房送餐菜单

菜单种类简单明了,菜品选择可包罗万象。

8. 泳池茶座菜单

以风味小吃、低酒精饮料为主。

9. 宵夜点心单要具有简单、随意、精巧、易消化的特点。

10. 国际菜单

应不失其异国餐饮的风格特色。

11. 特种菜单

如儿童菜单、家庭菜单等必须有确定的市场和针对性的餐饮内容。

上述各类菜单体现了一家饭店可能提供的各种餐饮形式和餐饮内容。用途专一,各具功能,相互间不能代替使用,是这些菜单的共同特点。

(二) 根据市场特点分类

如果以饭店、餐馆的市场特点即就餐宾客的特点为标准对菜单分类,上述各种菜单原则可划归为固定菜单、循环菜单、当日菜单和限定菜单等几种形式。旅游饭店餐厅采用前两种菜单形式居多。

1. 固定菜单

也称标准菜单,它是一种菜肴和内容标准化而不作经常性调整的菜单。以名牌、品牌和传统定型产品为主,形成产品组合,长期供应,价格稳定。固定菜单与其他形式的菜单相比,有以下长处:

(1) 有利于食品成本控制。

(2) 有利于控制原材料采购,减少库存。

(3) 有利于科学合理地选择和配置设备。

(4) 有利于职工劳力的安排和设备用具的充分使用。

(5) 有利于菜肴质量的稳定和提高。

2. 循环菜单

循环菜单是按一定天数、周数或月数设计的周期循环使用的菜单。选择不同花色品种形成一定套数，循环使用，此菜谱循环周期越短，效果越好，设计使用难度越大。常见于咖啡店和连锁餐馆，这类菜单适宜旅游饭店团体餐厅、长住型饭店的餐厅以及企事业单位食堂餐厅使用。

使用循环菜单，饭店必须按照预订的周期天数制定一套菜单，即周期有多少天，这套菜单便应有多少份各不相同的菜单，每天使用一份。循环菜单周期的长短应根据市场特点决定。

与固定菜单相比，循环菜单较易设计，宾客对菜式品种的需求容易得到满足。使用循环菜单一般比使用固定菜单需要较高的劳力成本。

3. 当日菜单和限定菜单

当日菜单指仅供当日使用的菜单，它既不固定，也无循环周期。除其中一小部分为保留菜式外，其他菜式皆根据当时情况决定，通俗地说就是有什么卖什么，什么合适就卖什么。

限定菜单指菜式品种相当有限的菜单。限定菜单一般只有 8—10 道主菜，不像其他几种菜单那么丰富甚至包罗万象。

（三）根据菜单价格形式分类

根据不同的菜单价格形式，所有菜单可以分成零点菜单、套餐菜单和混合式菜单三种类型。

1. 零点菜单

零点菜单是餐厅的基本菜单，其特点是，菜单上所列菜肴种类较多，还是图文并茂。中式零点菜单通常按内容，如冷盘、禽肉、水产、蔬菜、汤、饭、面点等分门别类，并按菜点之大、中、小份定价；西式零点菜单每道菜中有很多选择，亦是每一份菜分别定价，菜单上的菜肴往往是在点菜后才进行烹调。

零点菜单上应有足够的选择项目，既要使客人一次选择余地较大，又可促使客人下次再来光顾。早餐的零点菜单一般比午、晚餐菜单简单，午、晚餐零点菜单上食品、饮料的品种多，除了固定菜外，还常常备一道应时新鲜菜品，给客人一种新鲜感。

一般来说，零点菜单适用于各类正餐厅、风味餐厅、咖啡厅等。但由于餐饮形式的限制，零点菜单不适合于饭店的团体餐厅、自助餐厅，当然也不适合于宴会和酒会服务之用，如图 3-4 所示。

图 3-4 零点菜单

2. 套餐菜单

所谓套餐菜单，是指由餐饮企业按

一般的进餐习惯为客人提供规定的菜点,而且不能由客人自己选择。套餐菜单就是这些规定菜点的排列表。其特点是只有一餐的统一价格,而没有每道菜点的单独价格图3-5。风味突出,品种齐全,定制生产。套餐也称定菜或和菜。

图3-5 套餐菜单

3. 混合式菜单

混合式菜单综合了零点菜单与套餐菜单的特点和长处,因此是两者的结合。

（四）宴会菜单

1. 宴会菜单

宴请是一种社交手段,宴请的目的多样,形式各异,菜单设计者要根据宴请对象标准、客人意见等安排合适的菜点内容。宴会菜单一般是预订宴席时,根据客人要求确定其内容的,整个设计过程称得上是一种技巧和艺术的组合。

宴会菜单就是根据客人的饮食习惯、口味特点、消费标准和宴请单位或个人的要求而特别制定的菜单。餐饮企业一般会根据季节、标准等制定几套宴会菜单,当客人前来预定时再根据客人的要求作适当的调整。

2. 制定宴会菜单的要点

（1）首先要了解客人的意图,满足客人需要。

（2）考虑成本与利润,定出合理价格。

（3）注意宴席的惯例和菜点的搭配,上下道菜要巧妙安排,中餐宴席由下酒菜开始,口味先浓后淡。适时安排点心。

（4）席间菜肴应品种多样化,避免内容重复,用料、营养成分、味道、色彩等都不宜重复、雷同。

（5）一席菜点分量要够,切记席间不敷分配。

（6）菜单制定以后,应将菜单之内容、要求讲解给厨房及餐厅服务员,以利布置和服务。

（五）特种餐菜单

餐饮工作人员为适应人们多种就餐口味和就餐方式,推出各色各样的特种餐以提高餐饮销售额。最常见的有：早茶菜单、火锅菜单、自助餐菜单、客房送餐菜单、儿童菜单、航空菜单等。

任务2：中餐菜单设计和制作

【知识导入】

一、菜单设计的基本知识

菜单的设计是一项艺术性和技术性都较强的工作。一份好的菜单，既能满足各种宾客的餐饮要求，又能保证餐饮部取得良好的经济效益，它是餐饮部工作人员精心研究的成果(图3-6)。

(一)菜单设计者

菜单设计在很大程度上受到设计者态度和能力的限制。设计者要富有创造性想象能力，并对菜肴本身和饮食烹饪有特殊的兴趣，不应把设计菜单看作是一项日常复杂性工作，而应充分认识到菜单对内部成本控制、招徕宾客等方面的重要作用。

图3-6 外观典雅的菜单

1. 菜单设计者的职业素质

餐厅菜单设计一般由餐饮部门的经理和厨师长承担，也可以设置一名专职菜单设计者。总之，菜单设计者应具有权威性和责任感，并具有如下职业素质：

(1) 具有广泛的食品原料知识，了解各种食品原料的性能、营养价值、制作方法等。

(2) 有一定的艺术修养，对于食物色彩的调配以及外观、质地、温度等如何配合适当，有感性和理性的知识。

(3) 善于捕捉有关信息，并善于了解宾客的需要、了解厨房状态。

(4) 有创新意识和构思技巧，勇于尝试，有所创新。

(5) 有立足为宾客服务的思想意识。

2. 菜单设计者的主要职责

(1) 与相关人员(主厨、采购人员)研究并制定菜单、按季节新编时令菜单，并进行试菜。

(2) 根据管理部门对毛利率成本等要求，结合市场行情制定菜品的标准分量、价格。

(3) 审核每天进货价格，提出在不影响食物质量的情况下降低食物成本的意见。

（4）检查为宴席预定客户所设计的宴席菜单，了解宾客的需求，提出改进和创新菜点的意见。

（5）通过各种方法，向客人介绍本餐厅的时令、特色菜点，做好新产品的促销工作。

（二）菜单设计的依据

菜单设计是饭店餐饮部门为获取利润必须进行的第一步计划工作。因而，菜单计划人员必须自始至终明确饭店餐饮部的成本对象，即目标成本或目标成本率，这在食品原料进货价格经常上涨的情况下尤为重要。如果选择的菜品中高成本菜式较多，该饭店即使有完善的食品控制措施，也难以获得预期的利润。

1. 目标市场需求

任何餐饮企业，不论其规模、类型、等级，都不可能具备同时满足所有客人饮食需求的条件与能力。因此，餐饮企业必须选择一群或数群具有相同或类似餐饮消费特点的客人作为自己的目标市场，以便更有效地满足这些特定消费群体的餐饮需求。

2. 菜系的风味和独特性

（1）保持风味餐厅的新颖性。

我国几千年饮食文化的发展形成了众多的具有地方风味的菜系。餐厅在菜系选择上，可以采取两种策略。一种策略是单纯经营某一种风味的菜品，例如，所有菜单项目都是地道的川菜，这样，只要顾客想吃川菜，马上会想起这家餐厅。另一种策略是以某一种菜系风味为主，兼营其他菜系的菜品。这样，餐厅既可保持其经营特色，又可为顾客提供较大的选择余地。菜单设计者可以根据本地区的具体情况和经营者的理念来决定自己的菜单项目。

（2）突出地方名菜的特点。

在目前公认的中餐八大菜系中，每一个菜系都有其代表性，如果餐厅选定某一地方菜系，就必须突出这一菜系名菜的特点。从另一角度看，餐厅在制订菜单时可以考虑本地的特色菜品。

（3）继承、发扬与创新。

菜品创新是历史发展的必然，没有菜品的创新，就没有饮食文化的发展。任何一个餐厅在菜单设计时除了保持其风味特色和传统特色外，还要不断开发新品种，创本店名菜，树立本店的形象。有不少餐厅将其创新菜品冠以本店的名称，这是一个值得借鉴的做法。

（4）融合中西。

中西餐菜品的融合也是菜单设计的考虑因素。餐厅可以西菜中做，也可以中菜西吃。最终目的是满足顾客的多品位需求，为餐厅创造更多的营业收入和利润。过分强调正宗菜品和正宗风味不一定都能收到理想的效果。

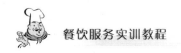

3. 食品原料的供应情况

餐饮原料供应的影响因素较多,如地理位置、市场供求关系、采购和运输方式、季节、原料的产地等。

(1) 凡是列入菜单的菜品,厨房必须无条件保证供应。

这是一条非常重要但又极易被忽视的餐饮管理原则。许多餐厅都没有坚持好这一要求。有些餐厅为了吸引各种顾客,显示其品种丰富多彩,在菜单上罗列了上百种甚至几百种不同的菜品,可当顾客点完某些菜品后,得到的回答却是:"对不起,王先生,今天这道菜刚售完,您能不能点些别的菜品?"如果这种"对不起"使用太多,则说明这家餐厅的管理水平很差,"对不起"三个字在这里已不再是礼貌用语,而是使顾客厌烦的字眼。

由此可见,在设计菜单时必须要考虑食品原料的供应情况,如果某些原料因市场供应关系、采购和运输条件、季节、餐厅的地理位置等客观条件而不能保证供应的话,餐厅最好不要把需要这些原料制作的菜品放到固定的印刷菜单上。可以考虑以当日特选菜或季节菜单的形式呈献给客人。

(2) 根据时令节气,及时调整菜单,增加时令菜品。

餐厅的菜单并不是固定不变的,而应根据季节的变化,及时调整菜单,增强时令菜品,这也是出自对食品原料供应情况的考虑。由于餐饮原料大部分是农畜产品,有较强的季节性。旺季来临时,进货价格较低,而在淡季,许多食品原料进价上涨,进货成本增加,这样如果菜单不进行调整,肯定会造成利润的减少,这是从餐厅角度看的。即使从顾客角度看,及时提供时令菜品,也会满足顾客的需要。

4. 食品原料品种的平衡和多样化

花色品种的增加主要应通过原料的不同搭配、颜色的变化等方法。但花色品种过多也并非好事,因为会给餐饮企业的原料准备带来困难,很有可能造成单上有名、厨中无物的现状。

(1) 不应重复味道相同或相近的菜品。

在设计菜单时,尤其是在设计宴会菜单时,一定要注意不要重复味道相同或相近的菜品。一般情况下,顾客的口味需求呈多样化发展趋势,即使顾客喜欢吃酸辣的菜品,如果菜单项目都是这样的菜品的话,顾客也会感到不适应的。

(2) 原料品种多样化。

有些风味餐厅为体现其经营特色,只经营某一大类的菜品,如海鲜餐厅,通常经营各种不同的海鲜产品。但对于一般的餐厅来说,菜单项目应尽量满足顾客对各种原料菜品的需求。

(3) 形状、色彩、质地应多样化。

形状多样化　食物的形状与外观对吸引就餐者和刺激就餐者和刺激食欲有很大的作用。形状涉及两个方面,一是菜品的形状,即装盘后成品菜肴的形状;二是菜品主要原料的形状。中餐菜品比较讲究菜品的造型,在厨师考级中有拼盘造型菜。但从近年人们的消费观念上看,造型在整体评价中的权重已有所下降。造型的原则体现在简单、快捷上。菜品的功能是供人食用的,过分讲究造型不仅会造成更多受污染的机会,也会因耗时增加而加大人工成本。

色彩多样化 色彩与食物的造型一样,都可以给人以视觉上的美感。菜单设计者的任务,是要使顾客一读菜单,脑海里就浮现出色泽娇艳、外形美观、香味四溢的各种菜式,使其食欲大振。如果菜单上尽是些清炒、清蒸、清炖、白灼、白切的颜色菜,而食物的本色也十分素淡,那么顾客只能得到一个"白"的印象。同样,如果菜单上列有过多的红烧、红焖、糖醋、炸熘的菜品,顾客只能得到一个"红"的印象。菜品的色彩除了食品原料本身及调料的颜色以外,还必须通过装饰点缀来完成。不过同造型原则一样,菜品的色彩也不易过分强调五彩缤纷,只要能起到色彩对比和衬托效果就可以了。

5. 要考虑本餐厅设备条件和烹饪技术水平

在菜单设计时应充分考虑到企业生产条件的局限性。厨师的技术水平和烹调技能无疑是首先必须考虑的问题。否则设计出来的菜肴没有厨师会制作,岂不如同空中楼阁？其次,菜单设计者还必须考虑到厨房设施设备的限制,如设施设备的生产能力、适用性等。总之,应避免某些厨师或设备忙不过来,而其他厨师或设备空闲的现象。

（1）根据厨房内设备制定相应菜单。

菜单影响着餐厅设备的选择和购置,但这一论点与现在所讲的根据厨房设备设计菜单并不矛盾。前者所考虑的是在餐厅开业准备期间菜单对于设备选择购置有指导意义;而后者所考虑的是在餐厅营业期间所进行的菜单设计,因为餐厅不可能为了某一个宴会而购置大型设备。因此,菜单只能根据现有的生产设备和条件来进行设计。如果厨房中仅有中餐炉灶,就不可能将烤酿馅猪排写入菜单。

（2）厨师技术水平。

中餐不同于西餐,中餐对厨师的技术水平要求非常高。此外,消费者对菜系与厨师籍贯的一致性看得很重。如果在北京开设一家经营粤菜的高级餐厅,那么其厨师也应从广东或香港聘请。这并不是说只有广东人或香港人才会做粤菜,北方厨师也完全可以学会制作地道的粤菜,但我们的消费者对本地的厨师不认可,因为"外来的和尚会念经",这种观念已经根深蒂固。这样,厨师的技术水平就成为菜单设计不得不考虑的问题。如果现有的厨师只能制作川菜,那么菜单上就不宜增设其他菜系的菜品。

（3）操作速度。

操作速度并不是指厨师的技术熟练程度,而是指厨房的生产能力。一个大型宴会要求众多的菜品同时上齐,这对于厨房的生产能力和操作速度是一个考验。因此在设计这种菜单时,一定要考虑这些菜品能不能做到同时服务。

(4) 菜单上各类菜式之间的比例要合理。

菜单各类菜式之间的比例要合理,以免造成厨房中某些设备使用过度,而某些设备又得不到充分利用。这种情况在西餐中较易出现,因为西餐设备功能相对单一。烤箱只能用于烤制食品,而不像中餐的炒勺那样功能多,无论是煎、炒、烹、炸,还是煮、煨、焖、炖,都可以用炒勺完成。除了考虑设备的利用情况外,合理的菜式比例应能避免造成某些厨师负担过重,而另一些厨师闲着无事的情况。

6. 菜肴的销售量与获利能力

根据菜品的畅销程度和毛利额高低,餐厅的所有菜品可分为以下4类:

(1) 畅销且利润高,即销售额高于同类菜的平均销售额且毛利额高于同类菜的毛利额。

(2) 虽畅销但利润低,即销售额低于同类菜的平均销售额但毛利额低于同类菜的毛利额。

(3) 不畅销但利润高,即销售额低于同类菜的平均销售额但毛利额高于同类菜的毛利额。

(4) 不畅销且利润低,即销售额低于同类菜的平均销售额且毛利额低于同类菜的毛利额。

一般来说,没有盈利能力或盈利能力较小的菜品,如第二类和第四类菜品,不应选入菜单或应及时更换,而对于第一类菜品应予以保留和发扬。

决定某一菜品是否列入菜单应考虑三个因素:一是该菜品的盈利能力(该菜品的原料成本、售价和毛利);二是该菜品可能的销售量(畅销程度);三是该菜品的销售对其他菜品销售所产生的影响。

7. 食物的营养成分

随着人们生活水平的提高,人们对食物营养也有了不同的看法。过去,人们关心的是能否得到足够的营养。而现在,人们考虑更多的是如何防止摄取均衡的营养,以保持合理的体重、健美的身材和良好的健康状况。餐厅在设计菜单时应适应这一新的要求,考虑人体营养需求这一因素。

选择适合自己的餐饮产品是就餐客人自己的责任,但向客人提供既丰富多彩又营养丰富的饮食却无疑是餐饮企业义不容辞的职责。因此,菜单设计者必须充分考虑各种食物的营养成分,了解各类客人每天的营养和摄入需求,还应了解如何搭配才能生产出符合营养原理的餐饮产品。

对于使用零点菜单的商业型餐厅来说,顾客可以任意选择菜单上的菜品,因而餐厅没有必要考虑每一道菜的合理营养搭配。相比之下,厂矿、医院、学校、幼儿园、监狱、军营等单位餐厅,以及使用套餐菜单的商业型餐厅,则必须考虑菜品的营养价值与搭配组合。营养不足、营养过剩、营养搭配不合理都属于营养不良。

8. 符合国家的环保要求和有关动植物保护法规

环境保护与可持续发展是当今社会的重要议题,菜品的制作同样应符合国家有关环境保护的制度和规定。值得说明的是,由于顾客求新、求异的消费需求,餐厅也应尽力推出一些新的菜品,以迎合顾客的消费需求。但一些餐厅为获取暴利,迎合某些顾客的病态饮食需求,将受国家保护的一类、二类野生动物也搬上了餐桌,这就是违反了国家野生动物保护法规。饮食不仅体现了民族文化,也体现了一个民族的素质,因此,对于这些病态的饮食需求我们不应提倡。

二、菜单的设计程序和原则

(一)菜单的设计程序

1. 准备所需材料

(1) 各种旧菜单,包括餐饮企业目前在用菜单。

(2) 标准菜谱档案。

(3) 库存原料信息。

(4) 菜肴销售结构分析。

(5) 菜肴的成本。

(6) 客史档案。

(7) 烹饪技术书籍。

(8) 菜单词典,等。

2. 制定标准菜谱

标准菜谱一般由餐饮部和财务部共同制定,其内容有:

(1) 菜肴名称(一菜一谱)。

(2) 该菜肴所需原料(主料、配料和调料)的名称、数量和成本。

(3) 该菜肴的制作方法及步骤。

(4) 每盘分量。

(5) 该菜肴的盛器、造型及装饰(装盘图示)。

(6) 其他必要信息,如服务要求、烹制注意事项等。

3. 菜单总体构思

(1) 根据菜单设计依据确定菜肴种类。

(2) 根据进餐先后顺序决定菜单程式。

(3) 进行菜单定价。

(4) 着手菜单的装潢设计。

(5) 印刷和装帧。

(二)菜单的设计原则

设计菜单时应注意以下事项。

(1) 必须突出招牌菜的地位。餐厅应该将自己最有特色、最拿手的几道菜品放在菜谱的首页,并用彩照和简练的文字予以着力的推荐。

(2) 必须图文并茂,好的菜肴摄影图片本身就是最好的宣传。

(3) 菜单上的菜品一般在80—100道(包括小吃、凉菜)就可以了,太多了反而不利于客人点菜,不利于厨师的加工制作。

(4) 菜名既要做到艺术化,又应该做到通俗易懂。像"早生贵子"、"老少平安"、"年年有余"、"推纱望月"等菜名虽然艺术,但是很难让顾客明白其菜品的用料、制作方法和味道。因此,可以采取加注的办法使之明朗化。例如"推纱望月",可以在其后面加上"竹荪烧鸽蛋"作为注释。

(5) 注意例份、大份、小份的标注。许多餐厅的菜单都不太注意通过分量标准来满足不同数量食客的点菜需要,因此妨碍了经营。例如 2—3 个人到餐厅用餐,如果餐厅菜单上的菜品全部是供 10 个人吃的例份,真是不知道怎么点法。如果有了小份的安排,客人就能多点几道菜了。

三、菜单的制作

(一) 菜单的制作材料

菜单的制作材料应根据餐厅使用菜单的方式而定。一般说来,菜单有"一次性"和"耐用"两种使用方式。"一次性"是指使用一次即处理掉的菜单,如咖啡厅的纸垫式菜单、客房送餐服务的门把手菜单、宴会菜单等;"耐用"是指能长时期使用的菜单,如零点菜单等。

(二) 菜单的规格与式样

菜单的尺寸大小应根据餐厅规模、菜点品种而定,一般规格在 26 cm×36 cm 或 28 cm×38 cm 范围内。当然这并非绝对,关键是要求菜单的大小必须与餐厅面积、餐桌大小和座位空间相协调。

菜单的式样最常见的是长方形,但也可以根据餐厅的具体情况设计成圆形、正方形、梯形、菱形等,但必须与餐厅风格相协调。

(三) 菜单的内容

菜单上除了餐饮产品名称、价格等信息之外,还必须注明餐饮企业名称、地址、电话号码、餐厅营业时间、服务内容、预订方法等。此外还必须有一些描述性说明,但产品的描述性说明应准确并恰如其分,做到实事求是、易于理解。

菜单上的文字图案均应印刷清楚、清晰可读。菜点名称应有中英文对照,风味餐厅的菜名还应配有相应国家或地区的文字。

(四) 菜单设计、制作及使用中常见的问题

制作材料选择不当;菜单太小,装帧过于简陋;字形太小,字体单调;随意涂改菜单;缺少描述性说明;单上有名,厨中无菜;不应该的省略;遗漏。

综合应用

(一) 基础知识部分

内容:菜单的种类、用途及分类。

(二) 操作技能部分

菜单的设计。

模块二 零点服务

学习目标

最终目标:
达到高效、规范的中餐零点服务的操作要求。
促成目标:
按照不同等级规格和民族地方特色餐厅,进行服务。

学习任务

1. 中餐零点服务的任务、要求,中餐零点服务的基本环节。
2. 中餐零点服务的操作规程与操作要领。

任务:中餐零点服务

【知识导入】

我们通常把客人来到餐厅后临时点菜的服务方式称为零点服务。零点服务通常设置散台,也接受预约订餐。由于零点服务的主要任务是接待零星宾客就餐,宾客多而杂,人数不固定,口味要求不一,到达时间交错,因此造成餐厅接待的波动性较大,工作量较大,营业时间较长。所以,要求服务员具有良好的服务态度、较强的敬业精神和过硬的基本功,反应灵敏,熟悉业务,了解当天厨房的供应情况、厨房菜式烹调的基本方法和宾客的心理需求,能推销符合宾客需求的菜点,并向宾客提供最佳的服务。

零点服务可分为四个基本服务环节:餐前准备、迎客服务、餐间服务、结束工作。

一、餐前准备

(一)清洁、整理餐厅

餐厅清洁卫生是提高餐厅服务质量的基础和条件。搞好餐厅卫生,既可美化环境,又可增强客人的就餐兴趣(图3-7)。

(1)定期做好空调风机滤网的清洗、地毯的清洗、地板或花岗岩(大理石)地面的打蜡等卫生工作。

(2)利用餐厅的营业间隙或晚间营业结束后的时间进行餐厅的日常除尘。一般应遵循从上到下、从里到外、环形清扫的原则。

图3-7 餐厅一角

(3) 全面除尘后应用吸尘器(地毯)或尘推(地板或花岗岩地面)除尘,并喷洒香水或空气清洁剂,确保餐厅空气的清新。

(4) 不同的部位应使用不同的抹布除尘,一般是先湿擦,后干擦。整个餐厅的清洁卫生工作应在开餐前1小时左右完成。

(5) 应特别注意餐厅附近公共卫生间的清扫。具体要求为地面洁净,坐便器无污物、无堵塞,洗手池台面干净、镜子光亮,卫生用品供应充足等。

(6) 搞好衣帽间的清洁卫生。

搞好餐厅清洁卫生后,应将餐桌椅和工作台摆放整齐,横竖成行,以营造整洁大方、舒适美观的进餐环境。

(二) 准备开餐所需物品

1. 准备餐酒用品

主要有各种瓷器、玻璃器皿及布件等,应根据餐位数的多少、客流量的大小、供餐形式等来确定。要求数量充足、质量佳(无任何缺损)。

2. 准备服务用品

主要有各种托盘、开瓶器具、菜单、酒水单、茶叶、开水、牙签、点菜单、笔、各种调味品等应准备齐全充足,并确保完好无损、洁净卫生。

3. 准备酒水

即酒水(饮料)单上的酒水必须品种齐、数量足。吧台酒水员应在开餐前去仓库领取酒水,并做好瓶(罐)身的清洁卫生,按规定陈列摆放或放入冰箱冷藏待用。

4. 收款准备

在营业前,收银员应将收银用品准备好,如账单、账夹、菜单价格表等。同时备足零钞分别放好。另外还应了解新增菜肴的价格和某些菜肴的价格变动情况等。

5. 其他

如衣帽间服务员应根据客流量及季节的变化准备足够的衣架、挂钩、存衣牌等,以便提供优质的衣帽服务。

(三) 摆台

按中式正餐的零点摆台规范于开餐前30分钟摆好台。

(四) 掌握客源情况

(1) 了解客人的预订情况,针对客人要求和人数安排餐桌。

(2) 掌握VIP情况,做好充分的准备,以确保接待规格和服务的顺利进行。

(3) 了解客源增减变化规律和各种菜点的点菜频率,以便有针对性地做好推销工作,既可满足客人需求,又可增加菜点销售。

（五）了解菜单情况

（1）了解餐厅当日所供菜点的品种、数量、价格。

（2）掌握所有菜点的构成、制作方法、制作时间和风味特点。

（3）熟悉新增时令菜或特色菜等。

（六）其他准备工作

1. 餐前检查事项

（1）菜单、酒单要求整洁无污渍及破损、摆放整齐。

（2）检查餐具干净无缺口,台布、口布挺阔无破洞、无污渍。

（3）餐椅干净无尘、坐垫无污迹、桌椅横竖对齐有规律摆放。

（4）台面摆台符合摆台规格,装饰花无掉叶、不凌乱。

（5）餐具柜内餐具、台布、托盘及一切开餐用具摆放整齐归一,餐具柜垫布整洁。

（6）地面无杂物、纸屑。

（7）点菜单、瓶启、圆珠笔、火机、加单、小单备齐。

附：餐厅设施设备检查工作的程序与标准（表3-1）。

图3-8 精神饱满的服务员

表3-1 餐厅设施设备检查的工作程序与标准

序号	程　　序	标　　　　准
1	检查各种电器	① 电灯、电香巾箱须安全,导线须完好、安全,无破损、无短路隐患;电源插头须完好、牢固、安全;电器附近无易燃、易爆和腐蚀性物品。 ② 背景音乐及灯光开关须安全、完好、灵敏。 ③ 空调须正常工作。 ④ 电热水炉须安全、完好、工作正常,且表面洁净
2	检查酒水车	① 由酒水员负责清洁、检查酒水车的工作。 ② 车轮须完好,且转动灵活、无异声。 ③ 酒水车严禁推送重物等
3	地毯的检查	① 餐厅各处地毯须保持洁净、完好,无起鼓、无开裂、无破损。 ② 地毯的衔接处无开缝、无卷边现象
4	门的检查	① 门须完好、使用正常,且表面无脱漆、无开裂、无破损。 ② 开关时,须自如且无异声。 ③ 门把须完好、使用正常
5	桌椅的检查	① 各餐桌、餐椅、沙发须安全、牢固、完好,无脱漆、无开裂、无破损。 ② 餐椅、沙发表面及椅套须完好、无开缝、无开裂、无破损

2. 参加餐前例会

按照本餐厅的要求着装，按时到岗，自查仪表仪容，做到淡妆上岗，接受领班（主管）指派的工作。

附：餐前例会的工作程序与标准（表3-2）。

表3-2 餐前例会的工作程序与标准

序号	程　序	标　　准
1	开会时间	每天午餐和晚餐前由当班主管主持，时间约5—10分钟
2	会议内容	① 传达酒店及部门的要求和任务。 ② 对发现的问题及时纠正，并采取纠正和预防措施。 ③ 表扬好人好事。 ④ 征求员工工作意见及建议。 ⑤ 通报当日厨房推荐菜品及缺菜品种等
3	检查仪表仪容	① 制服须完好、洁净、整齐、无破损，衬衫、衬衫领口和袖口须完好、洁净、无破损，纽扣须完好、无脱落现象。 ② 袜子须完好，无跳丝、无破损。 ③ 工作鞋保持鞋面光亮、无破损。 ④ 手须干净、无污迹，指甲须剪短，严禁戴戒指和涂指甲油。 ⑤ 头发须保持清洁、梳理整齐，长发须盘起，严禁留怪发、染怪异彩发。 ⑥ 须化淡妆和使用淡色口红。 ⑦ 保持口腔卫生，不准食用辛辣等带有异味的食物。 ⑧ 名牌须佩戴在左胸前，且名牌须端正、完好、字迹清晰

3. 上岗

服务员整理好个人仪容仪表，开餐前5分钟按指定位置站岗迎客。

二、迎客服务

图3-9 引位

（一）客来前

一般用餐，在客人到来之前（开餐前5分钟），要有一两名引位员站在门口迎接恭候客人的到来，站立要端正，不倚不靠任何物品，双脚不可交叉。双手自然叠于腹前，右手握左手，保持良好的精神面貌和姿态；如有VIP客人，餐厅负责人应带领一定数量的服务员在宾客到来之前站在餐厅门口迎接。要站姿优美、规范，精神饱满。

（二）客来时

（1）当宾客走向餐厅约1.5m处时，应上前面带微笑，热情问候："您好，欢迎光临！"或"女士（先生），晚上好，请问后面还有人吗？（以便迎候指引）"或"您好，请问您预定过吗？"同时用靠门一边的手指引，请宾客进入餐厅，在引领客人时须与客人保持1m左右的距离。

(2) 如果是男女宾客一起进来,要先问候女宾,然后再问候男宾。见到年老体弱的宾客,要主动上前搀扶,悉心照料。

(3) 如遇雨天,要主动收放宾客的雨具。假如宾客戴着帽子或穿有外套,应在他们抵达门口处,协助拿衣帽,并予以妥善保管。对女士应说:"我们可以帮您拿外套吗?"对男士应说:"我们可以替您拿帽子和大衣吗?"

(4) 对已预订的宾客,要迅速查阅预订单或预定记录,将宾客引到其所订的餐桌。如果宾客没有预定,应根据客人到达的人数、宾客喜好、年龄及身份等选择座位。如果宾客要求到一个指定的位置,应尽量满足其要求,如被占用,引位员应做解释、致歉,然后再带他们到其他满意的位置去。靠近厨房出入口的位置往往不受人欢迎,对那些被安排在这张餐桌就餐的宾客要多说几句抱歉的话。

(5) 在选定餐桌,引领宾客入座时,引位员应说:"请这边来。"如果桌子需要另加餐具、椅子时,尽可能在宾客入席之前布置妥善,不必要的餐具及多余的椅子应及时撤走。为儿童准备特别的椅子、餐巾、餐刀等也应在宾客入席之前完成。

(6) 宾客走近餐桌时,引位员应以轻捷的动作,用双手拉开座椅,招呼宾客就座。顺序上应先主宾后主人,先女宾后男宾。如人数较多,则应先为年长女士服务,然后再为其他女士入座服务。可能的话,把女士的座位安置在面对餐厅的内侧而避免面对墙壁。招呼宾客就座时动作要和宾客配合默契,待宾客曲腿入座的同时,轻轻推上座椅,推椅动作要适度,使其坐好、坐稳。

(三) 引位员服务注意事项

(1) 遇 VIP 前来就餐时,餐厅经理(主管)应在餐厅门口迎候。

(2) 如引位员引领客人进入餐厅而造成门口无人时,餐厅领班应及时补位,以确保客人前来就餐时有人迎候。

(3) 如客人前来就餐而餐厅已满座时,应请客人在休息处等候,并表示歉意。待餐厅有空位时应立即安排客人入座。也可将客人介绍至饭店的其他餐厅就餐。

(4) 引位员应根据客人情况为其安排合适的餐位,如为老年人和残疾人安排离门口较近的餐桌;为衣着华丽的客人安排餐厅中间或较显眼的餐桌;为情侣安排较为僻静的餐桌等。

(5) 引位员在安排餐桌时,应注意不要将客人同时安排在一个服务区域内,以免有的值台员过于忙碌,而有的则无所事事,影响餐厅服务质量。

(6) 如遇带儿童的客人前来就座时,引位员应协助值台员送上儿童座椅。

(7) 如遇客人来餐厅门口问讯,如问路、看菜单、找人等,引位员也应热情地帮助客人,尽量满足其要求。

附:餐厅客满时接待工作的程序与标准(表 3-3)。

三、餐间服务

(一) 递送菜单、香巾、撤多余餐具、问位开茶

(1) 宾客就座后,值台服务员上前面带微笑问候,表示欢迎。在客人右侧打开菜

表3-3 餐厅客满接待就餐客人的工作程序与标准

序号	程序	标准
1	问候客人并告诉客人餐厅已客满	引位员首先问候客人,并礼貌地告诉客人餐厅已客满
2	请客人等候	① 确认餐厅内客人用餐的情况,并预计客人需要等候的大约时间。 ② 向客人提出建议,请客人在餐厅一侧的吧椅上就坐。 ③ 如客人同意等候,须提供茶水等服务,同时请客人看菜单。 ④ 如客人询问须等候多久时,须告知客人预计等候的大约时间。 ⑤ 如果客人不愿意接受等候的建议,须立即提出第二个建议,建议客人在本酒店内的其他餐厅就餐,并主动介绍其他餐厅的风味特点。 ⑥ 如客人同意去其他餐厅用餐,须立即用电话帮助客人做就餐预订。 ⑦ 告诉客人去其他餐厅的路线,并再次为客人不能在本餐厅就餐表示歉意
3	请客人就餐	保证在预计的时间内让等候的客人就餐,并准时或提前几分钟请客人进餐厅就坐

单第一页,将菜单送到客人手上,要注意先送给女士或长辈,并用敬语,递送的菜单要干净、无污迹,递进时要态度谦恭,切不可随意把菜单往宾客手上一塞或桌上一扔就一走了之。

附:展示菜单的工作程序与标准(表3-4)。

表3-4 菜单展示的工作程序与标准

序号	程序	标准
1	餐前检查菜单	① 引位员在开餐前须认真检查菜单,保证菜单干净、整洁、无破损、无涂改、无折痕等,并在菜单的第一页配有厨师长的推荐菜单。 ② 菜单不少于10份
2	为客人递送菜单	① 引位员须按客人人数,拿取相应数量的菜单。 ② 当客人入座后,引位员(值台服务员)打开菜单的第一页,站在客人的右侧,征询客人的意见后,将菜单用双手送至点菜客人的手中,同时等候客人的点菜
3	收回菜单	① 客人订餐完毕后,引位员(值台服务员)须把菜单整齐地摆放在引位台上。 ② 引位员(值台服务员)须适时进餐厅将菜单收回引位台。 ③ 再次检查菜单的数量、整洁程度及菜单第一页是否有厨师长推荐菜单

(2) 询问客人喝什么茶,并主动介绍餐厅的茶叶品种,客人确定茶叶的品种后,为客人斟倒茶水;及时递上香巾,递巾要从客人的右侧递,并用敬语"先生或女士,请用香巾!"保持微笑。

(3) 站立宾客右侧落口布、松筷套,按先宾后主、女士优先的原则。将口布落在客人的膝盖上,若客人不在,可以将口布一角压在骨碟下,松筷套时应将筷子拿起取下筷套,再将筷子放在筷架上,要注意不要在台上操作。

(4) 斟茶、上调料、递毛巾、茶壶、毛巾夹一同放于托盘上,轻托送上。斟茶应在客人右侧进行,顺时针斟倒,要小心,茶水滴落在客人身上或洒落在台面上要表示歉意,递茶时要用敬语,"请用茶",切忌手指接触杯口,动作要轻缓;酱油壶以白色工作巾垫在客人右侧操作,倒味碟1/3,用毛巾夹将客人用的毛巾撤走,迟来的客人要补上香巾、热茶。

(5) 按宾客就餐人数进行撤位、加位,操作时按要求使用托盘,并将餐具摆放托盘上,在不违反操作规定前提下,尽量将几件餐具一起收、摆,既可以减少操作次数也可以节约时间和少打扰客人。

(6) 上述一切工作就绪后,准备点菜,站在适当位置准备帮助客人点菜。

附:送茶水及撤筷套服务工作程序与标准(表3-5)。

表3-5 送茶水及撤筷套服务的工作程序与标准

序号	程　序	标　准
1	茶水服务	① 客人入座后,须主动请客人确定茶叶品种,然后为客人递送茶水。 ② 服务员为客人斟倒茶水时,须左手持叠成12 cm见方的口布,右手持茶壶,按先宾后主、女士优先的原则,从客人右侧,依次为客人倒茶水。 ③ 每倒完一位客人的茶水后,须立即用左手中的口布擦净茶壶的壶嘴。 ④ 茶水倒入客人茶壶的七分满即可
2	撤筷套服务	① 服务员服务完茶水后,须撤筷套。 ② 服务员走到客人桌前为客人撤筷套时,须礼貌地示意客人,表示为客人撤筷套。 ③ 服务员须用右手拿起配有筷套的筷子,用左手将筷子从筷套的出口取出。 ④ 服务员需用左手拿住筷子下端的1/3处,将筷子摆放在客人的筷子架上,且筷子上的店徽须向上

(二)点菜、推销饮品

(1) 客人看一会儿菜单或示意点菜,上前微笑询问"先生或女士可以点菜吗?"如答复可以肯定时,"请问喜欢吃些什么?"并主动介绍当天的供应菜式及餐厅的特色菜肴。

(2) 不要催促客人点菜,要耐心等候,让客人有充分的时间考虑决定。值台员应对单上客人可能问及的问题有所准备。对每一道菜的特点要能予以准确的答复和描述。推荐本餐厅的特色菜、时令菜、创新菜时要讲究说话方式和语气,察言观色,充分考虑宾客的心理反应,不要勉强或硬性推荐,以免引起宾客的反感,服务员应熟悉菜单,主动提供信息和帮助,并按规范安排菜单。

(3) 点菜时站在客人的右侧,姿势要端正,微笑向前倾,留心记、认真听;当主人表示宾客各自点菜时,服务员应先从坐在主人右侧的主宾开始记录,并站在宾客的左侧按逆时针方向依次接受客人点菜。

（4）如客人点了菜没有供应，应先道歉说"对不起，先生或女士，这道菜已售完，您看看这道菜怎么样？"向客人介绍类似的菜肴；如客人点的菜，菜单上没有列出，不可一口回绝客人，而应尽量满足其要求，可以礼貌地说："请允许我马上和厨师长商量一下，尽量满足您的要求"等。

（5）如客人点了相同类似的菜或汤，服务员应主动提示客人另点其他菜；如客人表示要赶时间，应尽量建议客人点快菜，少点蒸、炸、酿等需要较长时间的菜。

（6）客人点完菜后，征求客人菜的分量或主动建议适当分量，然后复述确认菜单，检查是否听错或漏点菜，完毕向客人道谢："非常感谢，请稍等。"

（7）恰当合理的推销酒水　恰到好处地询问酒水是一项技巧，成功的询问既可以使客人满意，又能为餐厅增加收入；要主动、恰当、具体地介绍酒水品种；询问酒水时应多用建议性的语言。

附：酒水单展示及葡萄酒推销工作程序与标准（表3－6）。

表3－6　酒水单展示及葡萄酒推销的工作程序与标准

序号	程　序	标　准
1	餐前检查	①服务员在开餐前需认真检查酒水单，保证酒水单洁净、无破损，检查酒水车上摆放的酒水品种及保质期，并保证酒水样品洁净、无杂质。 ②主管在开餐前须检查吧台内各种饮品的储存量及保质期，保证各种饮品的供应
2	推荐	①客人订完食品单后，服务员须主动为客人推荐酒水。 ②须主动地站立在主人的右侧，将酒水单从右侧递送到主人面前，为客人推荐酒水。 ③如果主人接受服务员的推荐，服务员须礼貌地打开酒水单第一页，右手拿酒水单上端，左手拿酒水单底部，将酒水单从主人右侧递至主人手中，并主动地介绍酒水
3	葡萄酒的推销	主动为客人推荐葡萄酒，介绍酒的产地、年份、味道及酒的特点
4	收回酒水单	①待客人订完酒后，重述订单内容，请客人确认。 ②礼貌地收回酒水单，放置在服务台上

（8）了解中菜常见的制作方法、菜式单位、宾客口味及饮食需求

为更好地帮助客人点菜，服务人员十分有必要了解中菜常见的制作方法、菜式单位、宾客口味及饮食需求。

中菜常见的制作方法有以下几种。

蒸。使用蒸汽进行加热的方法，如清蒸鲈鱼、清蒸大闸蟹等。

炒。是将加工成丁、丝、条、片等小型原料投入小油锅并在旺火上急速翻拌的一种烹调方法，如清炒虾仁、炒时蔬等。

溜。是先将原料用炸、煮、蒸、过油的方法加热成熟后调制卤汁浇淋或将原料投

入卤汁中搅拌的一种烹制方法,如醋溜鱼片、虾仁锅巴等。

炸。是用旺火、热油较长时间加热的一种烹调方法,如炸八块、口酥蘑菇等。

烹。先将小型原料用旺火、热油炸制金黄色,再烹入不勾芡调料的一种烹调方法,如炸烹带鱼背等。

炖。原料放入不易传热的器皿(陶器)中用小火长时间加热使原料成熟的一种烹调方法,如清炖狮子头等。

焖。是在经过炸、蒸、煸、炖或水煮的原料中加入酱油、糖等调味品和汤汁并用旺火烧开后再用小火长时间加热成熟的一种烹调方法,如黄焖子鸡、花雕酒焖甲鱼等。

煨。煨是将炸、煎、煸炒或水煮的原料放入陶制器皿内,加葱、姜、绍酒等调味品及较多的水,用旺火烧沸后用微火长时间加热的一种烹调方法,如煨牛肉等。

烧。在经过炸、煎、煸炒或某些水煮的原料中加适量汤和调味品旺火烧沸、用中小火烧透入味、再用旺火稠浓卤汁的一种烹调方法,如煨牛肉等。

煮。原料经过煎、煸炒后放入水中不断加热、使之成熟后汁浓白不勾芡的半汤半菜的一种烹调方法,如醋椒鳜鱼等。

(9) 了解菜式单位:所谓菜式单位,即一份菜的规格、分量等,通常以盘(例盘、中盘、大盘)、斤、两、只、打、碗等来表示,如:一斤基围虾、两只大闸蟹、半打小馒头、一碗小刀面等。宾客在不同的地点、时间及不同情况下点菜的量不尽相同,这就要求服务员帮助宾客点菜时,注意不要硬推销,而应掌握宾客需求和心理,使分量恰到好处,避免浪费,按人数提供的菜点应点清人数。

(10) 了解客人的口味及饮食需求

帮助客人点菜首先要了解客人的饮食习惯和口味要求,掌握主要客源国的饮食概况等知识,同时从客人言谈举止、国籍、口音、年龄等方面了解客人的饮食需求,例如:

中国香港人,喜食清淡菜肴。

美国人,偏好清淡、鲜嫩、爽口、微辣、咸中带甜的菜肴。

日本人,喜清淡,喜食生鱼片、麻辣豆腐、水鱼、榨菜汤面等。

中国内地客人,口味特点是南甜、北咸、东辣、西酸。

在接受客人点菜时,还必须注意客人的饮食禁忌,例如,伊斯兰教徒戒猪肉;佛教徒只吃素食;印度人忌食牛肉;欧美人不喜欢动物内脏、狗肉、鸽子肉;节食客人喜食低热量,低脂肪、少油的食品。

在接受点菜时服务员要能用流利的中、英文介绍菜肴口味、特点、烹饪方法,懂得上菜顺序、上菜时机和佐料搭配,做好宾客的参谋。

(三) 填写点菜单(练习填写点菜单)

点菜单通常一式三联:一张给引位员;一张给传菜员;一张给后厨。

开订单时要清楚注明日期、台号、人数、分量、姓名、酒水、冷菜、热菜、点心。客人有特殊要求的应在菜单上写清楚。

当宾客请服务员点菜时,应慎重考虑,细心观察(有无异味、什么口味、什么消费)。

根据宾客的风俗习惯,饮食习惯,具体人数,消费水平和口味的要求做出合理恰当的安排,品种定下后应向客人讲述菜或品种规格,并且经同意后开单通知后厨写好菜单后,仔细检查斤两及菜名是否有错,并在送单到后台时核对是否供应。

填写点菜单要迅速准确,要迅速传单,尽可能缩短宾客等候的时间。

附:确定点菜的工作程序与标准(表3-7)。

表3-7 点菜单确定的工作程序与标准

序号	程序	标准
1	到客人餐桌征询客人	待客人看完菜单后,服务员须主动询问客人是否可以点菜
2	推荐	① 点菜员在为客人推荐菜品时,须使用礼貌用语为客人介绍菜单以及中餐厅的特色菜,使客人了解菜品的主、配料、味道及制作方法,不准强迫客人接受。 ② 须有推销意识,及时推荐高档菜品和厨师长特荐菜品。 ③ 必要时向客人提出合理化建议,最好先建议高中价的菜品,再建议低价位的菜品,同时考虑菜量大小、食品搭配的情况,如:海鲜类、肉类、蔬菜类的搭配,以及味别的搭配、浓烈和清淡的搭配等。 ④ 就餐高峰期,尽量少点一些加工繁琐的造型菜,以避免因上菜速度造成客人投诉。 ⑤ 若客人所点的菜肴厨房没有备足,服务员须委婉地对客人说:"对不起,刚好卖完。"并建议客人用口味相近的其他菜肴
3	重述客人订单内容	须为客人重述订单内容,请客人再次确认
4	上传点菜单	① 按电脑程序要求输入、上传点菜单。 ② 打印三联,厨房、传菜员、服务员各留一份。 ③ 若点有特殊制作要求的菜品,一定上传清楚。 ④ 若客人马上要上菜,应上传时输入如"便饭菜快"等要求,以便厨房立即安排出菜

(四)询问酒水

(1)恰到好处地询问酒水是一项技巧,成功的询问既可以使客人满意,又能为餐厅增加收入。

(2)要主动、恰当、具体地介绍酒水品种。

(3)询问酒水时应多用建议性的语言,不要问客人"请问要啤酒吗?""喜欢喝红酒吗?"这样问话的结果很可能就是"不用了,喝茶"。而当你问"我们有雪花啤酒、青岛啤酒、燕京啤酒,您喜欢哪一种?"或"吃牛排来一瓶红酒怎么样?"得到的结果将大不一样。

附：表3-8列出饮料单确定的工作程序与标准。

表3-8 饮料单确定的工作程序与标准

序号	程序	标准
1	询问客人	服务员为客人上过香巾后,须主动地走到客人餐桌前,询问、确认客人饮用何种饮料或酒水
2	推荐	① 如客人一时难以决定喝何种饮料或酒水时,服务员须主动向客人介绍饮料或酒水的品种,并注意饮料或酒水品种须适合于客人的国籍、民族和性别。 ② 服务员推销及建议饮料或酒水的品种时,须注意使用礼貌用语,不准强迫客人接受
3	填写饮料单	① 服务员须向主人重述所订饮料或酒水的品种,请主人确认。 ② 服务员须将客人所订的饮料或酒水的品种整齐地书写在饮料单上,且字迹须清晰,并写清服务员的姓名、客人就餐的人数、餐厅的名称或台号及日期等
4	重述客人酒水品种	须向客人重述饮料或酒水的品种,请客人再次确认

（五）取酒水

（1）要按客人所点饮品到吧台取。

（2）取任何酒水均要使用托盘。

（六）上酒水

（1）检查酒水瓶身是否干净,不干净的要擦干净。

（2）根据不同的酒水,摆上相应的酒杯或饮料杯。

（3）酒水需示瓶经客人同意后方能开瓶,开瓶在客人附近的工作台进行,打开瓶盖罐装饮料必须在客人前托盘上操作。

（4）冷藏或加热的饮料应用口布包住斟倒。

（5）如客人点了红、白葡萄酒,应在客人面前开瓶,并用口布擦瓶口。

（6）斟酒水完毕如有剩余应放在餐台一角,数量较多的应征询客人意见放在附近的工作台上,并随时主动为客人添加。

（7）若客人自带酒水进餐,服务员也应主动开启为之斟倒。

（七）上菜的准备

上菜前,对餐桌上用具摆放进行调整,留出足够的空位,然后再送菜上台;如果客人点了汤,羹类菜品,即按客人位数,摆上汤匙,如客人点了蟹类等菜应准备所需的佐料,即按人数用味碟装所需佐料,放在酱油旁边或前边。

附：送食品进餐厅的工作程序与标准(表3-9)。

表 3-9 送食品进餐厅的工作程序与标准

序号	程　序	标　　准
1	准备工作	① 准备好与菜单相符的托盘。 ② 准备好所需要的调味品,配好餐具及相关的用品
2	送食品进餐厅	① 所有加工好的食品传菜员须在 2 分钟内送到客人餐桌上。 ② 传菜员必须手持托盘,平稳将饭菜从厨房送至餐厅指定的台号并告诉餐厅服务员食品的名称。 ③ 由值台服务员从托盘中将菜肴送至客人的餐桌中央,须向客人轻声报出菜名。 ④ 当值台服务员在自己职责范围内无暇顾及上菜,应由所在区域内的领班或主管快步至客人餐桌旁从传菜员托盘中将菜肴直接送至客人的餐桌中央。 ⑤ 当值台服务员、领班、主管都无暇顾及上菜,则应当由传菜员:1) 菜盘大的或锅仔类食品,先放到工作台上,再由传菜员把菜直接送至客人的餐桌中央;2) 一般菜盘传菜员应一手托盘,另一手把菜盘直接送至客人的餐桌中央,不准在工作台停留。 ⑥ 传菜员离开餐厅时,一定要随手带走空碗盘和骨碟等,"托盘不离手,空盘不能走"。在对客服务的同时,已经在做结束工作,减轻结束工作压力,均衡洗碗间的压力。 ⑦ 值台服务员必须全神贯注自己所做区域内宾客的就餐情况,随时整理台面,同时注视出菜口,当斟酒、换骨碟等服务与上菜发生矛盾时,应首先上菜,工作台上只能放撤下的碟子及客人的酒水瓶等,不能停顿菜盘。 ⑧ 领班和主管必须全神贯注自己管辖范围内宾客的就餐情况,同时关注出菜口,随时准备为管辖区域内服务员提供服务和帮助。 ⑨ 站在指定位置上菜,一般为陪同与翻译之间(副主人右侧第一与第二位宾客之间)。 ⑩ 服务员须及时地为客人整理桌面的餐具

(八) 上菜

(1) 第一道菜不能让客人久等,最多不超过 15 分钟,并不时向客人打招呼"对不起,请稍等。"如客人有急事,要及时与后厨联系。

(2) 所有热菜需加上盖后,由传菜员送至餐厅,再由值台服务员把菜送上台;当传菜员托着菜走到餐台旁时,应快步迎上去上菜。

(3) 在为客人上菜时,要向客人报菜名、适时介绍菜品的典故及其口味特点;上菜时有配料或洗手盅应先上,后上菜。

(4) 上菜的顺序:冷菜、热菜(包括羹、大菜、蔬菜、汤、饭、甜品、水果),每上道菜的同时应在订单上注销一道,防止上错菜。

(5) 若餐台上几道菜已上满,而下一道菜又不够位置放,应征求客人意见将剩余较少的菜夹在另一个小碟上,或是否撤走,切忌将新上的菜放在其他菜上。

(6) 上汤菜时,应为客人分菜,其意义与斟茶一样;上带壳的食品如虾蟹菜等,应跟上毛巾和洗手盅,洗手盅内盛半盅温热的红茶水,上台时要向客人说明用途。中盘以上的菜式或豆腐之类多汁的菜式要加公用匙。

(7) 注意客人台面上的菜是否齐全,如客人等了很长时间,没上菜要及时检单,并告诉领班(主管)追菜。接到客人所点的菜已售完,要立即通知客人并介绍另外相似菜。

(8) 上最后一道菜主动告诉客人菜已上齐,请问还需要什么,并主动介绍其他甜品水果。

注意事项:服务员上菜时要轻放,放置前应先向客人打招呼后再从客人右侧的空隙送上,严禁将菜盘从客人头上越过。摆放菜盘时切忌重叠。

附:食品质量保证的程序与标准(表3-10)。

表3-10 食品质量保证的程序与标准

序号	程 序	标 准
1	传菜员检查食品质量和数量	① 每一道菜在色、香、味、形上都须符合质量标准,不符合标准者立即退给厨房。 ② 每道菜点传送至传菜台后,由传菜员检查食品的数量、质量须符合标准。 ③ 保证食品新鲜、不变质。 ④ 传菜前须检查每一道菜点与客人订单一致后,方可将食品送进餐厅
2	餐厅服务员再次检查食品质量和数量	传菜员把菜点送进餐厅后,餐厅服务员须再次检查食品的质量等,保证食品的种类、分量与客人订单一致,然后再端到客人餐桌上,不符合标准者须退回厨房
3	妥善解决客人关于食品的投诉	① 如果客人投诉食品质量有问题时,服务员须向客人表示诚恳的歉意,并马上将此道菜点撤掉,退回厨房,并立即报告餐厅领班进行处理,领班再层级上报。 ② 餐厅主管、领班须向客人道歉,并征得客人同意后,请厨师重新制作此道菜点,并确保质量。 ③ 餐厅营业结束后,主管将客人的食品投诉记录在餐厅每日报表上,并向餐饮部经理报告

(九) 巡台

值台服务员必须经常在宾客餐台旁巡视,勤巡视每桌客人台面,随时发现事情马上处理,良好的服务体现在服务员的服务做在客人要求之前。

(1) 烟缸有2个烟头或有纸团、杂物要马上撤换。

(2) 不停地巡台,随时为客人添加酒水,推销饮料。

(3) 随时撤去空盘、空瓶,整理餐台,撤换餐具要求在客人右边进行,按顺时针操作,无论客人食碟上有无骨头、剩菜,收前都应征求客人同意或做手势示意。

（4）客人在进餐过程中提出加菜要求时，应主动了解其需要，恰如其分地给予解决。通常客人提出加菜的原因主要有三个：一是菜不够吃；二是想买菜带走；三是对某一道菜特别欣赏，想再吃一道。服务员应观察分析，了解加菜的目的，根据客人的需要开单下厨。

（5）客人对菜肴的质量有意见时，应冷静考虑，认真对待。若菜肴确实有质量问题时，应马上向客人道歉，并征得主管同意及出品部门的协助，立即更换另一道质量好的菜肴送给客人，或建议客人换一道味道相似的菜式。如确系客人无中生有、无理取闹，则应报告主管或经理，请他们去处理。

（6）客人完全停筷后，征得客人同意，把台面上除茶具、烟缸、装有饮料的杯子，其他餐具收去。

附：表3-11列出了点单的工作程序与标准。

表3-11 餐厅营业结束前点单的工作程序与标准

序号	程　　序	标　　准
1	为客人送上菜单	① 餐厅营业将至结束，服务员须手拿菜单，站立于主人右侧，轻声地询问主人是否还需添加些食品、甜食或水果。 ② 如主人需要添加食品或甜食，服务员须马上打开菜单相应的一页，并将菜单递给主人。 ③ 如主人不需要，服务员须诚恳地为打扰客人的谈话而道歉
2	为客人做最后的点单	① 若客人决定添加食品，服务员须礼貌地向客人做简单介绍，使客人便于选择。 ② 客人确定食品后，服务员须马上点单上传。 ③ 待食品送进餐厅后，立即为客人提供相应服务。 ④ 决不能有催促客人之意

（十）上甜品和水果

服务员主动推销甜品（如是常客，可由经理开单免费提供甜品，以示谢意）；上水果、甜品应放在收去餐具之后，另外上碟、刀、叉或饭碗、调羹。甜品上台后为客人倒茶。

附：甜食服务的工作程序与标准见表3-12。

表3-12 餐后甜食服务的工作程序与标准

序号	程　　序	标　　准
1	订甜食单	① 客人吃完正餐后，服务员须主动推销餐后甜食。 ② 在客人确定所点甜食后，服务员须马上填写食品单，食品单字迹须清楚，并写清服务员的姓名、客人就餐的人数、台号、日期及送单时间。 ③ 甜食订单一式四联，收银员、传菜员、厨房、服务员各执一联

(续表)

序号	程　序	标　准
2	准备工作	① 如果客人餐桌上有菜汁等,须铺上一块洁净口布;如果是客人餐桌的玻璃转盘上有菜汁等,则须清洁干净。 ② 准备好所订甜食的配套餐具,用托盘从客人右侧将餐具摆放在客人餐桌上,并按照先宾后主、女士优先的原则
3	甜食服务	① 甜食送进餐厅后,服务员须站立于主人右侧,用托盘将甜食放于餐桌的正中间,并向客人报甜食名称。 ② 必要时为客人提供甜食分餐服务,服务员须站立于客人右侧,并按照先宾后主、女士优先的原则。 ③ 待客人吃完甜食后,须马上撤走空餐具

（十一）结账、送客

（1）客人示意结账时,应及时清点所点食品与饮料告知收银员准备结账,并经核对,确定订单、台号、人数、所点品种、数量与账单相符合,将账单放入收银夹内,站在客人右侧用托盘将菜单双手递给付款人。

（2）递送账单时,距离客人不宜太近,防止口腔异味,也不宜太远,身体略向前倾斜,音量适中,并有礼貌地说："先生（或女士）,这是您的账单,请过目。"在客人要求报出总额时,才轻轻报出总额。

（3）当客人要求签单时,应核对客人姓名、单位并注明招待哪里的客人,如客人用现金或用信用卡结算,应交收银员处理。

（4）取回零钱及账单点清交给客人并道谢。

（5）当客人离席时拉椅送客,提醒客人别遗忘物品,并道别。

（6）如有没有吃完的菜肴,可主动用食品袋或食品盒为其打包,并征求意见由宾客决定是否带走。

附1：结账服务的工作程序与标准见表3-13。

表3-13　结账服务的工作程序与标准

序号	程　序	标　准
1	准备账单	① 在上水果前,视客人用餐情况可进行备单。 ② 客人临时结账,服务员须请客人稍等,并立即去收银处打单、取账单。 ③ 服务员告诉收银员所结账单的台号,并检查账单台号、人数、食品及饮品消费是否正确。 ④ 将账单夹在账单夹内,走到主人右侧,打开结账夹,右手持账单夹上端,左手轻托账单夹下端,递至主人面前,轻声报出金额,请主人检查,注意一般不要让其他客人看到账单。 ⑤ 问清客人是何种结账方式

（续表）

序号	程　序	标　准
2	签单	① 住店客人签单，服务员须请客人出示房卡，核对客人姓名、房号、住店日期无误后，为客人递上笔，礼貌地提示客人需用正楷写清房间号、姓名。 ② 客人签好账单后，服务员将账单重新夹在账单夹内，拿起账单夹，并诚恳地感谢客人。 ③ 将账单送回收银处
3	信用卡结账	① 服务员请客人稍等，将POS机拿至餐厅，按程序进行操作。 ② 将做好的信用卡收据，检查无误后，在主人右侧递给主人，并为客人递上笔，请客人在信用卡收据上签字，检查客人签字须与信用卡的签字相一致。 ③ 将账单第一联、信用卡收据中的客人存根页及信用卡递给客人，并真诚地感谢客人。 ④ 将账单第二联、信用卡收据送回收银处
4	现金付款结账	① 将客人付款账单及付款现金一并收齐交给餐厅收银员，应是唱收唱付的方式。 ② 将付款后账单存根及付款零头交给客人
5	支票付款结账	① 如果客人用支票进行结算，应先请客人出示有效身份证件。 ② 叫收银员操作，收银员在支票反面用蓝字填写背书栏，写清客人姓名、身份证号码、联系电话、单位地址
6	签约单位签单挂账	① 问清客人签约挂账单位。 ② 按签约挂账内容，请客人签单。 ③ 到收银员处核对明细

附2：开发票的工作程序与标准（表3-14）。

表3-14　为客人开发票的工作程序与标准

序号	程　序	标　准
1	询问客人有关信息	客人结账时，服务员须询问、确认客人发票明细，到收银员处开具餐饮发票
2	开具发票	检查收银员开具的发票金额应与实际消费金额相一致
3	为客人送上发票	将发票夹在账单中，从主人右侧交给主人，并再次感谢客人在本餐厅消费

附3：送客的工作程序与标准（表3-15）。

表 3‑15　送客的工作程序与标准

序号	程　序	标　　准
1	送别客人	① 客人起身时,服务员须主动为客人拉椅,并按先宾后主,女士优先的原则。 ② 提醒客人勿忘随身物品。 ③ 礼貌地向客人道别,感谢客人光临,送客人至酒店门口离去。 ④ 任何一位服务员遇到客人离去时都必须礼貌地向客人道别。 ⑤ 如客人乘电梯,服务员须为客人提供叫梯服务,送客人至酒店门口目送客人离开
2	整理台面	① 回到餐厅,服务员须再次检查台面上、下,有无客人遗忘的物品。 ② 关灯开照明灯即可,拉椅。 ③ 用托盘将台面上客人用过的各种餐具和用具撤下(先棉织品、不锈钢类、杯具、瓷器顺序进行)。 ④ 合并菜肴。 ⑤ 铺换新台布,重新摆台

附 4：征询客人意见的工作程序与标准（表 3‑16）。

表 3‑16　征询客人意见的工作程序与标准

序号	程　序	标　　准
1	准备工作	为客人上最后一道菜后,餐厅经理、领班须准备好笔和一份酒店统一印制的宾客意见征询表
2	征询客人意见	① 客人就餐完毕后,经理、领班须用双手将笔和宾客意见征询表从客人的右侧呈给客人。 ② 经理、领班须以诚恳的态度征询客人意见和建议,询问客人对服务和餐饮的满意程度。 ③ 经理、领班将客人所填写的宾客意见征询表收回,并做好相应的记录
3	改进工作	当班经理、领班须针对客人就餐厅服务提出的意见和建议认真分析,并负责采取纠正、预防措施;针对客人就点菜质量提出的意见和建议及时反馈至厨师长,由其认真分析后,负责采取纠正、预防措施,力求餐厅服务及菜点质量日臻完善,以满足客人的要求

四、结束工作

（一）收拾餐桌

撤走所有用过的餐酒用品,搞好餐桌、座椅的卫生。

（二）送洗餐酒用品

将撤下的餐酒用品分类送至洗碗间,进行清洗、消毒,并做好保洁工作。

（三）整理备餐间

搞好备餐间卫生,补充各种消耗用品,将脏的餐巾、台布等分类点后送洗衣房清洗并办理相应手续。

（四）结算当餐收入

收银员应及时结算当餐收入,并填制相应报表,按财务规定的渠道上交账款。

(五) 回收"宾客意见卡"

餐桌上放置的"宾客意见卡",如客人已填写,则应及时回收,上交餐厅领班(主管)。

(六) 注意事项

(1) 只有待所有就餐客人离开餐厅后才能进行大范围的餐厅整理工作。如客人尚在用餐,不得以关灯、吸尘、拖地等行为来干扰客人。

(2) 餐厅营业结束工作需餐厅内引位、值台、传菜、吧台、收银各岗位服务员通力合作方能在短时间内顺利完成。

(3) 餐厅营业结束工作做好后应使餐厅恢复至开餐前的状况,待领班(主管)检查合格后关灯、关门。

综合应用

(一) 基础知识部分

正确领位、递送香巾、问茶斟茶。

(二) 操作技能部分

在教师的指导下,将学生分成若干组,一部分学生扮演宾客,一部分学生扮演服务人员,营造一个用餐的氛围,进行模拟演练零点服务。

1. 如何接受宾客点菜?
2. 如何为宾客推荐菜式?
3. 如何进行桌面服务?

(1) 练习撤多余餐具。

(2) 练习询问酒水。

(三) 案例分析

案例一

一位翻译带领4位德国客人走进了西安某三星级饭店的中餐厅。入座后,服务员开始让他们点菜。客人要了一些菜,还要了啤酒、矿泉水等饮料。突然,一位客人发出诧异的声音。原来他的啤酒杯有一道裂缝,啤酒顺着裂缝流到了桌子上。翻译急忙让服务员过来换杯。另一位客人用手指着眼前的小碟子让服务员看,原来小碟子上有一个缺口。翻译赶忙检查了一遍桌上的餐具,发现碗、碟、瓷勺、啤酒杯等物均有不同程度的损坏,上面都有裂痕、缺口和瑕疵。翻译站起身把服务员叫到一旁说:"这里的餐具怎么都有毛病?这可会影响外宾的情绪啊!""这批餐具早就该换了,最近太忙还没来得及更换。您看其他桌上的餐具也有毛病?"服务员红着脸解释着。"这可不是理由啊!难道这么大的饭店连几套像样的餐具都找不出来吗?"翻译有点火了。

该服务员的回答有错吗?如果你是该服务员,你该如何应对这样的情景?

案例二

许先生带着客户到北京某星级饭店的餐厅去吃烤鸭。这里的北京烤鸭很有名气,客人坐满了餐厅。许先生一行入座后就开始点菜。他一下就为8个人点了3只烤鸭、十几个菜,其中有一道"清蒸鱼"。由于忙碌,服务员忘记问客人要多大的鱼,就通知了厨师去加工。不一会儿,一道道菜就陆续上桌了。客人们喝着酒水,品尝着鲜美的菜肴和烤鸭,颇为惬意。吃到最后,桌上仍有不少菜,但大家却已酒足饭饱。突然,同桌的小康想起还有一道"清蒸鱼"没有上桌,就忙催服务员快上。鱼端上来了,大家都吃了一惊。好大的一条鱼啊!足有3斤重,这怎么吃得下呢?"小姐,谁让你做这么大一条鱼啊?我们根本吃不下。"许先生边用手推眼镜,边说道。"可您也没说要多大的呀?"小姐反问道。"你们在点菜时应该问清客人要多大的鱼,加工前还应让我们看一看。这条鱼太大,我们不要了,请退掉。"许先生毫不退让。"先生,实在对不起。如果这鱼您不要的话,餐厅要扣我的钱,请您务必包涵。"服务员的口气软了下来。"这个菜的钱我们不能付,不行就去找你们经理来。"小康插话道。最后,服务员只好无奈地将鱼撤掉,并汇报领班,将鱼款划掉。

该服务员做法有什么不妥吗?她的工作有哪些差错?你认为该如何弥补这样的过失?

模块三 宴会服务

学习目标

最终目标:
掌握宴会服务的基本环节,达到规范、高效的服务操作要求。

促成目标:
依据不同等级规格和民族地方特色,进行服务。

学习任务

1. 中餐宴会服务的种类和特点,餐厅布置及服务礼节。
2. 中餐宴会服务的程序、服务操作要求和注意事项。

任务:中餐零点服务

【知识导入】

宴会是为了表示欢迎、答谢、祝贺、喜庆等举办的一种隆重的、正式的餐饮活动;

宴会是由国家政府机关、团体或个人主办,以餐饮形式进行,有一定的聚会目的和内容,招待有一定数量的宾朋和代表并讲究礼仪程式和社交礼仪的活动。

图 3-10　宴会厅准备就绪

宴会服务可分为宴会的预定、宴会前的准备(图 3-10)、迎宾工作、宴会席间服务、餐后结束工作五个基本环节。

一、宴会的种类

宴会的种类很多。从规格上分,有国宴、正式宴会、便宴和家宴;从进餐形式上分,有立式宴会和坐式宴会;从宴会的餐别上分,有中餐、西餐、自助餐和鸡尾酒会等;从举行宴会的时间上分,有早宴、午宴和晚宴;从礼仪上分,有欢迎宴会、答谢宴会、告别宴会等;从整桌宴席用料划分,有全羊宴、全鸡宴、海鲜宴、豆腐宴、素食宴等;从菜点性质、规格、标准上分,有高档宴会、普通宴会、清真宴会等。此外,还有各种形式的招待会及民间举办的婚宴、寿宴、筵席等。

(一)国宴

国宴是国家领导人或政府首脑为国家庆典活动或为欢迎来访的外国元首、政府首脑而举行的正式宴会。这种宴会规格最高,庄严而又隆重。宴会厅内悬挂国旗、设乐队演奏国歌及民间乐,席间有致词和祝酒,菜单和坐席卡上均印有国徽,出席者的身份规格高,代表性强,宾主均按身份排位就座,礼仪严格。

(二)正式宴会

正式宴会通常是政府和团体等有关部门为欢迎应邀来访的宾客,或来访的宾客为答谢主人而举行的宴会。这种形式除不挂国旗,不演奏国歌以及出席者规格低于国宴外,其余的安排大致与国宴相同。宾主同样按身份排位就座,礼仪要求也比较严格,席间一般都有致词或祝酒,有时也安排乐队演奏席间乐。

(三)便宴

便宴多用于招待熟识的宾朋好友,是一种非正式宴会。这种宴会形式简便,规模较小,不拘严格的礼仪,不用排席位,不作正式致词和祝酒,宾主间较随便、亲切,用餐标准可高可低,适用于日常友好交往。

(四)招待会

招待会是一种灵活便利、经济实惠的宴请形式,常见的有冷餐会、鸡尾酒会、茶话会。

1. 冷餐会

冷餐会是一种立餐形式的自助餐,不排座位,但有时设主宾席。供应的食品以冷餐为主,兼有热菜。食品有中式、西式或中西结合式,分别以盘碟盛装,连同餐具陈设在菜台上,供宾客自取。酒水饮料则由服务员端至席间巡回敬让。由于冷餐会对宾主来说很方便,特别是省去了排座次,消费标准可高可低,丰俭由人,参加人数可多可少,时间亦较灵活,宾主间可以广泛交际,也可以与任何人自由交谈,拜会朋友。这种形式多为政府部门或企业、银行、贸易界举行人数众多的盛大庆祝会、欢迎会、开业典礼等活动所采用。

2. 鸡尾酒会

鸡尾酒会也是一种立餐形式,它以供应鸡尾酒为主,附有各种小食如三明治、小串烧、炸薯片等。鸡尾酒会和冷餐会一样,都不需排座次。酒会举行的时间比较灵活,中午、下午、晚上均可,有时也在正式宴会前举行,请柬往往注明整个活动延续的时间,宾客可在其间任何时候到达或退席,来去自由,不受约束。

3. 茶话会

茶话会又叫茶会,是一种非常经济简便,轻松活泼的宴会形式,多为社会举行纪念和庆祝活动所采用。会上一般备有茶、点心和数样风味小吃、水果等。茶会所用的茶叶、茶具要因时、因事、因地、因人而异,客厅亦应布置得幽静、高雅、整洁,令人耳目一新。

(五)高档宴会

高档宴会是选用山珍海味或土特产为原料,由名厨师精心烹调制作的菜品而组成的宴会。如"燕翅席"、"鱼翅席"、"全羊席"、"满汉全席"等。要求其色、香、味、形、器具佳,餐厅环境高雅华贵,餐具考究,配合优质的宴会服务,使客人在精神和物质上都得到享受。

(六)普通宴会

普通宴会是用猪、牛、羊、鸡、鸭、鹅、禽蛋、水产品等一般原材料制作的菜品组成的宴会。由于它比较经济实惠,菜肴质量高低均可,数量可多可少,烹制方法多种多样,不受格局限制,是一种非常适合大众的宴会形式。一般婚礼、祝寿、酬谢、饯行、团聚等均适用。

(七)素食宴会

素食宴会又称素席或斋席,它起源于宗教寺庙,供忌荤腥者或僧侣、佛教徒、道教徒食用。素席以豆制品、蔬菜、植物油为主要原材料,模仿荤菜菜式制作,甚至用荤菜菜名命名,营养丰富,别有风味,深受人们喜爱。

(八)清真宴会

清真宴会以牛、羊、骆驼及蔬菜、植物油为主要原材料烹制成的各种适合伊斯兰教饮食习惯的菜品。清真宴会对牲畜的宰杀、加工、制作均有严格的要求。清真食品深受中东、北非、东南亚众多伊斯兰教国家和我国广大穆斯林的欢迎。

二、宴会的特点

宴会具有就餐人数多,消费标准高,菜点品种多,气氛隆重、热烈,就餐时间长,接待服务讲究等特点。宴会与一般就餐在菜点和饮料上没有本质区别,但在菜点的品种和质量上,服务程序和内容上存在着差异。宴会还具有如下主要特点:

(1) 要根据主办人的要求,预先拟定计划,对宴会进行安排。
(2) 要根据宴会设计师的要求,预先拟定计划,对宴会进行安排。
(3) 接待服务讲究,有规定的仪式和礼节。
(4) 菜肴有一定的数量和质量要求。
(5) 主办人须事先预订。

各种宴会虽然其规格、规模不同,但服务规程却大致相同。只是大型宴会的组织工作比较复杂,安全保卫措施严密,要作大量细致的、充足的准备工作。

三、中餐宴会预订

(一) 问候客人

(1) 当客人来到餐厅要求预订时,引位员应礼貌问候客人,主动介绍自己,并表示愿意为客人提供服务。
(2) 客人来电预订时,应在铃响三声之内拿起电话,用清晰的语言、礼貌的语气问候客人,准确报出餐厅名称和自己姓名并表示愿意为客人提供服务。

(二) 协助客人预订

(1) 当客人欲预定宴会时,引位员礼貌地问清客人的姓名、房号(若是住店客人)、联系电话、用餐人数、用餐时间,准确、迅速地记录在订餐本上。
(2) 了解客人的预订意向,向客人介绍服务设施、餐饮风味特点、等级标准及收费标准。
(3) 向客人介绍宴会套餐菜单,并询问客人口味及有无具体要求。
(4) 根据客人的意向,当好客人的参谋,与客人商定宴会的时间、地点、形式、费用、菜单内容等。另外,须了解主办单位的名称、地址及经办人的联系电话,记录在册。
(5) 客人确定使用菜单后,重述菜单,并及时通知厨师长。
(6) 若电话方式预订宴会,需主动将菜单用电传方式发至客人处,并告知客人我们将等候确认菜单。
(7) 根据客人的要求,向客人提供宴会活动布置平面图、菜单。

(三) 重述宴会预定

(1) 用礼貌热情的语气征询客人意见后,重述预定内容、姓名、房间号、用餐人数、宴会时间及宴会标准。
(2) 重述宴会用酒水种类、数量,并获得客人确认。

(四) 预订宴会酒水

(1) 征求客人酒水要求。
(2) 问清用餐客人的国籍,介绍相适应的酒水,并介绍酒的特点、产地、年份等以供客人参考。
(3) 将酒水的特殊要求及种类、数量记录在册。

(五) 宴会确认

(1) 预订确定后,须详细填写订餐单并请客人确认。

(2) 宴会地点确认后,原则上不能改动,必须改动时,须征得客人同意。

(3) 宴会前主动与客人再次联系,进一步确认。

(六) 下达宴会菜单

(1) 客人确定菜单后,制作中、英文宴会菜单。

(2) 为中、英文菜单配上标有馆徽的菜单。

(3) 将宴会菜单每人一份摆放在宴会台上。

(七) 现场协调

大型宴会举办时,营销部销售代表应在宴会现场协调解决问题。宴会会议主管、领班对各宴会厅要做及时细致的检查。

附:对宴会厅检查的工作程序与标准(表 3-17)。

表 3-17 宴会会议主管、领班对各宴会厅检查的工作程序与标准

序号	程 序	标 准
1	检查房间内的设施设备	对房间的照明设备、空调、电话、背景音乐等设施设备进行检查,确保其安全、完好、使用正常
2	检查房间内的清洁卫生	地毯、门、墙壁及房间内的装饰等须完好、洁净,无杂物、无污迹、无灰尘、无开裂、无脱漆、无起鼓、无破损等
3	检查摆台情况	① 摆台须符合中餐宴会厅的摆台标准。 ② 台面上摆放的餐具及用具须完好、洁净、整齐、齐全、到位。 ③ 桌椅须完好、牢固、洁净,且摆放整齐、齐全、到位。 ④ 菜单须完好、洁净,内容须准确无误、字迹清晰,且摆放整齐、齐全、到位
4	检查后台状况	各种备用的餐具及用具须完好、洁净、充足、整齐、齐全、到位

四、宴会前的准备

(一) 了解并掌握情况

了解并掌握情况要做到"八知五了解"。

"八知"为:知主人身份;知宾客国籍;知宴会标准;知开餐时间;知菜式品种及烟酒茶果;知主办单位或主办宾客房号、姓;知收费方法;知宴请对象。

"五了解"是:了解客人风俗习惯、了解宾客生活禁忌;了解宾客特殊需求;了解宾客进餐方式;了解主宾和主客(如果是外宾,还应了解其国籍、宗教信仰、禁忌和口味特点)的特殊爱好。

对于规格较高的宴会,还应注意下列事项:宴会的目的和性质;有无席次表、席位卡;有无音乐或文艺表演;有无司机费用等。

管理人员根据上述情况,按宴会厅的面积和形状设计好餐桌排列图,研究具体措施和注意事项,做好宴会的组织工作。

(二) 明确分工

对于规模较大的宴会,要确定总指挥人员。在人员工作方面,要根据宴会要求,对

引位、值台、传菜、酒水供应、衣帽间及贵宾室等岗位人员,都要明确分工;要求所有人员都有具体任务,将责任落实到人,做好人力物力的充分准备,并保证宴会善始善终。

（三）宴会厅的布置

1. 清洁卫生

宴会厅清洁卫生工作的程序与标准(表3-18)。

表3-18 宴会厅清洁的工作程序与标准

序号	程　　序	标　　　　准
1	清洁沙发及座椅	① 沙发及座椅须洁净,无杂物、无油迹、无灰尘。 ② 木制椅的椅套须洁净,无杂物、无油迹、无灰尘。 ③ 沙发及椅垫无破损
2	圆桌玻璃转盘的擦拭	① 玻璃转盘正反面须洁净,无杂物、无污迹、无油迹。 ② 玻璃转盘无破损
3	传菜车的清洁	① 传菜车须洁净,无灰尘、无污迹、无油迹。 ② 传菜车扶手、表面须光亮,无污迹、无油迹、无锈迹
4	清洁领位台	领位台表面须完好、洁净,无杂物、无污迹、无油漆脱落、无破损;物品须分类摆放,且摆放整齐
5	公共区域清洁的检查	地毯、餐厅木制隔断及玻璃镜、玻璃窗等须完好、洁净、光亮,无污迹、无灰尘、无油漆脱落、无破损等

2. 场景布置

中国的美食从来都讲究进餐环境的气氛和情调,因而在场景布置方面,应根据宴会的性质和规格的高低来进行,要体现出既隆重、热烈、美观大方,又具有我国传统的民族特色。

举行隆重大型的正式宴会时,一般在宴会厅周围摆放盆景花草,或在主台后面用花坛、画屏、大型青枝翠树盆景装饰,用以增加宴会的隆重盛大、热烈欢迎的气氛。

一般的婚宴,则在靠近主台的墙壁上挂上"囍"字,两旁贴对联。如是寿宴则挂"寿"字等。

中餐宴会通常要求灯光明亮以示辉煌。但国宴和正式宴会则不要张灯结彩作过多的装饰,而要突出严肃、庄重、大方的气氛。宴会厅的照明要有专人负责,宴会前必须认真检查一切照明设备及线路,保证不发生事故。宴会期间要有人值班,一旦发生故障即刻组织抢修。

正式宴会设有致词台(podium),致词台一般放在主台附近的后面或右侧,装有两个麦克风,台前用鲜花围住。扩音器应有专人负责,事前要检查并试用,防止发生故障或产生噪声。临时拉设的线路要用地毯盖好,以防发生意外。

国宴活动要在宴会厅的正面并列悬挂两国国旗,正式宴会应根据外交部规定决定是否悬挂国旗。国旗的悬挂按国际惯例,以右为上左为下。由我国政府宴请来宾时,我国的国旗挂左方,外国的国旗挂在右方。来访国举行答谢宴会时则相互调换位置。

宴会厅的室温要注意保持稳定,且与室外气温相适应。一般冬季保持在18℃至20℃之间,夏季保持在22℃至24.3℃之间。

3. 台型布置

台型布置不仅是事务性的工作,而且涉及社交礼仪等问题。因此,要根据宴会厅的形状、实用面积和宴会要求,按宴会台型布置的原则,即"中心第一、先左后右、高近低远"来设计。

在布置中做到既要突出主台,又要排列整齐、间隔适当;既要方便宾客就餐,又要便于服务员席间操作。通常宴会每桌占地面积标准为 $10—12 m^2$,桌与桌之间距离为 2 m 以上,离墙不得少于 1.2 m。重大宴会的主通道要适当的宽敞一些,同时铺上红地毯,突出主通道。

在台型布置中,还应注意到一些西方国家习惯于不突出主台,提倡不分主次台的做法。

酒吧台、礼品台、贵宾休息台等,要根据宴会的需要和宴会厅的具体情况灵活安排。

(四)熟悉菜单

服务员应熟悉宴会菜单和主要菜点的风味特色,以做好上菜、派菜和回答宾客对菜点提出询问的思想准备。同时,应了解每道菜点的服务程序,保证准确无误地进行上菜服务。

对于菜单,应做到:能准确说出每道菜的名称,能准确描述每道菜的风味特色,能准确讲出每道菜肴的配菜和配食佐料,能准确知道每道菜肴的制作方法,能准确服务每道菜肴。

(五)物品准备

席上菜单每桌一至两份置于台面,重要宴会则人手一份。要求封面精美,字体规范,可留作纪念。

根据菜单的服务要求,准备好各种银器、瓷器、玻璃器皿等餐酒具。要求每一道菜准备一套餐碟或小汤碗。

根据菜肴的特色,准备好菜式跟配的佐料。

根据宴会通知单要求,备好鲜花、酒水、香烟、水果等物品。

附1:宴会用具准备的工作程序与标准见表3-19。

表3-19 宴会用具准备的工作程序与标准

序号	程　　序	标　　准
1	用具的准备	① 根据预订客情,准备相应的餐具、杯具、用具擦拭洁净,做到光亮、洁净。 ② 准备数量充足、洁净的打火机、餐巾纸、菜单、托盘等

(续表)

序号	程序	标准
2	口布的准备	① 根据宴会的人数,准备好数量充足、洁净、平整的口布。 ② 口布须叠成美观的口布花。 ③ 主桌的口布花或正、副主人的口布花须与其他桌位或餐位的口布花有区别
3	桌号牌的准备	① 根据预订,准备好数量充足的桌号牌,且桌号牌须洁净、无灰尘、无污迹、无锈迹、无损坏。 ② 桌号牌的内容须根据主人预订的桌数进行打印,且字迹须完整、清晰。 ③ 宴会开始前,须将准备好的桌号牌按标准摆放在相应桌位的台面上
4	席位卡的准备	① 根据宴会的人数,准备好数量充足的席位卡,席位卡须完好、洁净、无灰尘、无污迹、无破损。 ② 席位卡须根据主人预订单的内容和要求进行打印,且席位卡上客人的姓名须准确,字迹须清晰。 ③ 摆台时,根据主人的要求,须将席位卡按标准摆放在相应席位的台面上
5	菜单的准备	① 根据宴会的标准、人数,提前列出菜单明细与客人沟通得到认可后,确定菜单明细。 ② 根据宴会规格要求提前打印菜单。 ③ 一般宴会正、副主人右侧各摆放一份菜单

附2:表3-20列出宴会服务台边柜用具和餐具补充的工作程序与标准。

表3-20 宴会服务台边柜用具和餐具补充的工作程序与标准

序号	程序	标准
1	工作柜的清洁	① 取出工作柜内所剩的餐具及用具,并清点数量。 ② 用干净的湿抹布将抽屉、边柜内外及柜门内外擦拭洁净,使其无污迹、无油迹、无杂物、无破损等。 ③ 抽屉和柜中铺垫的口布须更换,且更换的口布须洁净、平整,无杂物、无灰尘、无污迹、无破损
2	补充餐具	① 补充的餐具须完好、洁净、无水迹、无污迹、无油迹、无残缺、无破损。 ② 餐具须储备充足,且分类摆放整齐
3	补充台布、口布	在工作柜内分类补充、摆放足量的口布和各种规格的台布等,口布和台布须平整、洁净,确保无污迹、无油迹、无褶皱、无毛边、无破损

附3：玻璃器皿擦拭的工作程序与标准(表3－21)。

表3－21 玻璃器皿擦拭的工作程序与标准

序号	程序	标准
1	送洗碗间清洗	用过的玻璃器皿须送洗碗间清洗、消毒；取回后，须核对清洗数量，其数量须相符
2	擦拭	① 在擦拭玻璃器皿前，服务员须将双手进行消毒，以确保双手洁净。 ② 擦拭高脚杯：将洁净、消毒过的擦杯布对角拉开，左手拿住一角，将高脚杯底座放在左手擦布内，用右手拿其擦布一角，并且用擦布包住右手放进高脚杯中，然后左手合作转动高脚杯，直至将高脚杯擦拭干净，最后擦拭高脚杯底座。 ③ 将洁净、消毒过的擦杯布对角拉开，左手拿住一角，将饮料杯底座放在左手擦布内，用右手拿其擦布一角，并且用擦布包住右手放进饮料杯中，然后左手合作转动饮料杯，直至将饮料杯擦拭干净，最后擦拭饮料杯底座。
3	检查	擦拭过的玻璃杯具须完好、洁净、无水迹、无指印、无污迹、无油迹、无残缺、无破损等
4	玻璃器皿的摆放	① 服务员须用手指拿高脚杯的高脚部位或饮料杯底座的位置，其手指严禁接触玻璃杯的上端。 ② 将擦拭过的玻璃器皿分类、整齐地摆放在餐厅服务台的边柜内

(六) 铺好餐台

宴会开始前1小时，根据宴会餐别，按规格铺好餐具和台上用品。在副主人位的桌边，面向宴会厅的入口摆上席次卡，在每个餐位的水杯前立席卡，菜单放在正副主人位餐碟的右上侧。

宴会前30分钟备好茶、饮料、香巾，上好调味品，将各类开餐用具摆放在规定的位置，保持厅内的雅洁整齐。

(七) 摆设冷盘

大型宴会开始前15分钟左右摆上冷盘，然后斟预备酒。中小型宴会则视宾客情况而定。

摆设冷盘时，根据菜点的品种和数量，注意菜点色调的分布，荤素的搭配，菜型的正反，刀口的逆顺，菜盘间的距离等。使摆台不仅是为宾客提供一个舒适的就餐地点和一套必需的进餐用具，而且能给宾客以赏心悦目的艺术享受，为宴会增添隆重而又欢快的气氛。

(八) 检查、开空调灯光

准备工作全部就绪后，宴会管理人员要作一次全面的检查。从台面服务、传菜人员等分派是否合理，到餐具、饮料、酒水、水果是否备齐；从摆台是否符合规格，到各种用具及调料是否备齐并略有盈余；从宴会厅的清洁卫生是否搞好，到餐酒具的消毒是否符合卫生标准；从服务人员的个人卫生、仪表装束是否整洁，到照明、空调、音响等系统能否正常工作，都要一一进行仔细的检查，做到有备无患，保证宴会按时举行。开启空调，使宴会厅温度适宜，大型宴会厅提前30分钟开启，小型宴会厅提前15分钟开启；提前30分钟开启宴会厅所有照明灯光。

附：宴会厅检查工作程序与标准（表3-22）。

表3-22　宴会开始前各宴会厅检查的工作程序与标准

序号	程　序	标　准
1	宴会厅摆台及桌椅的检查	① 摆放的餐具间距须相等，每套餐具的摆放须符合中餐宴会摆台标准。 ② 摆放的餐桌须符合客人宴会预订的要求。 ③ 主人的餐椅须面向正门摆放，正主人位和副主人位的餐椅须摆放在同一直线上；且餐椅与餐椅之间的摆放间距须相等
2	宴会厅卫生的检查	① 转台须洁净并摆放于餐桌正中央，且转动须自如。 ② 沙发及桌椅须完好、牢固、洁净，无杂物、无污迹、无油迹、无灰尘、无破损等。 ③ 传菜车须洁净并铺好洁净的口布。 ④ 服务台的表面须洁净，并准备洁净的备用台布。 ⑤ 地毯须完好、干净，无杂物、无污迹、无灰尘、无开裂、无起鼓、无破损等
3	服务工作柜的检查	① 摆放的餐盘、汤碗、瓷勺、不锈钢类、烟缸等就餐用具、用品须完好、洁净，无污迹、无灰尘、无水迹、无残缺、无破损等。 ② 餐具须分类、整齐摆放。 ③ 须摆放足量的折叠好的口布和各种规格的台布
4	宴会厅内灯光照明、空调及背景音乐的检查	① 宴会前1小时须打开所有的照明设备，并保证开餐时所有的照明设备完好、工作正餐。 ② 宴会前30分钟须打开空调，并保证宴会厅的温度保持在22±1℃，相对湿度保持在50%。 ③ 宴会前须打开背景音乐
5	开餐准备工作的检查	宴会前30分钟须做好开餐前的准备工作，如茶壶和圆托盘等等
6	宴会预订摆台的检查	① 所摆的餐位须符合宴会的预订人数。 ② 客用的宴会菜单须洁净，且菜单上的中英文正确、字迹清楚。 ③ 鲜花须新鲜，插制须艺术美观，且无枯萎败叶现象。 ④ 宴会的指示牌等须完好、洁净，且内容完整、准确、摆放正确、到位
7	宴会厅的开门	每天11:00和17:00，服务员须打开宴会厅的门，站立在指定位置迎接客人的到来（自己所服务的餐桌旁）

五、宴会的迎宾工作

（一）热情迎宾

1. 准备迎宾

根据宴会的入场时间，宴会主管人员和引位员提前10分钟在宴会厅门口迎候宾客,值台服务员站在各自负责的餐桌旁准备服务。

2. 迎宾

宾客到达时,要热情迎接,微笑问好。将宾客引入休息室就座稍息。回答宾客问题和引领宾客时注意用好敬语,做到态度和蔼、语言亲切。

(二) 协助客人接挂衣帽

(1) 主动接过客人的衣帽和其他物品,斟倒茶水或饮料,送上小毛巾。根据宴会的具体要求,可直接将宾客引到宴席就座。

(2) 如宴会规模较小,可不设专门的衣帽间,只在宴会厅门前放衣帽架,安排服务员照顾宾客宽衣并接挂衣帽。

(3) 如宴会规模较大,则需设衣帽间存放衣帽。接挂衣服时,应握衣领,切勿倒提,以防衣袋内的物品倒出。贵重的衣服要用衣架,以防衣服走样。重要宾客的衣物,要凭记忆进行准确的服务。贵重物品请宾客自己保管。

附:引领客人入位的工作程序与标准(表 3-23)。

表 3-23 引领客人入位的工作程序与标准

序号	程 序	标 准
1	问候客人	当客人来到宴会厅时,服务员须热情礼貌地问候客人
2	确定客人的预订	确定客人是否预订,如客人尚未预订,立即为客人做预订
3	引领客人入位	① 服务员须用左手为客人指示方向,须四指并拢、手心向上,严禁用一个手指为客人指示方向。 ② 服务员引领客人进宴会厅时,须与客人保持 1 m 左右的距离。 ③ 服务员将客人引领到预订的宴会厅后,须征询客人的意见
4	协助客人存放衣物	① 服务员须提示客人保管好自己的贵重物品。 ② 单间宴会,服务员须将客人需要挂放的衣物挂于宴会厅的衣橱内。 ③ 大型宴会,服务员须用衣套把客人挂在靠背上的衣物罩住

六、宴会席间服务

(一) 入席服务

当引位员把客人带到餐台边时,值台服务员要面带微笑,主动上前为客人拉椅让座。先宾后主、先女后男;待宾客坐定后,帮助宾客斟茶、落口布、撤筷套。拿走台号席位卡、花瓶或花插,进行第一次香巾服务,撤去冷菜的保鲜膜。

(二) 斟酒服务

为宾客斟倒酒水时,要先征求宾客意见,根据宾客的要求斟倒各自喜欢的酒水饮料,一般酒水斟八分满即可。斟白酒时,如宾客提出不要,应将宾客位前的空杯撤走。

酒水要勤斟倒,宾客杯中酒水只剩 1/3 时应及时添酒,斟时注意不要弄错酒水。宾客干杯和互相敬酒时,应迅速拿酒瓶到台前准备添酒。主人和主宾讲话前,要注意观察每位宾客杯中的酒水是否已满上。在宾主离席讲话时,主宾席的服务员要立即斟上甜、白酒各一杯放在托盘中，托好站在讲台侧侍候。致辞完毕，迅速端递上，以应举杯祝酒。当主人或主宾到各台敬酒时，服务员要准备酒瓶跟着准备添酒，宾客要求斟满酒杯时，应予满足。

（三）上菜、分菜服务

根据宴会的标准规格，按照宴会上菜、分菜的规范进行上菜、分菜。可用转盘式分菜、旁桌式分菜、分羹分叉派菜、各客式分菜，也可将几种方式结合起来服务。

（1）菜要一道道趁热上。厨房出菜时一定要在菜盘上加盖，热菜上桌后取下盖子。

（2）多台宴会的上菜要看主台或听指挥，做到行动统一，以免造成早上或迟上，多上或少上现象。

（3）上菜后服务员要主动介绍菜名和风味特点，简要地讲解菜肴的历史典故，然后根据主人的要求分菜或派菜并提供相应的服务。

（4）凡宴会都要主动、均匀地为宾客分汤分菜。分派时要胆大心细，掌握好菜的分量、件数，分派准确均匀。凡配有佐料的菜，在分派时要先沾（夹）上佐料再分到餐碟里，分菜的次序也是先宾后主，先女后男。

（四）撤换餐具

为显示宴会服务的优良和菜肴的名贵，为突出菜肴的风味特点，为保持桌面卫生雅致，在宴会进行的过程中，需要多次撤换餐具或小汤碗。重要宴会要求每道菜换一次餐碟，一般宴会的换碟次数不得少于三次。通常在遇到下述情况时，就应更换餐碟。

（1）上翅、羹或汤之前，上一套小汤碗。待宾客吃完后，送上毛巾，收回翅碗，换上干净餐碟。

（2）吃完带骨的食物之后。

（3）吃完芡汁多的食物之后。

（4）上甜菜、甜品之前应更换所有餐碟和小汤碗。

（5）上水果之前，换上干净餐碟和水果刀叉。

（6）残渣骨刺较多或有其他脏物如烟灰、废纸、用过的牙签的餐碟，要随时更换。

（7）宾客失误，将餐具跌落在地的要立即更换。

注意事项：撤换餐碟时，要待宾客将碟中食物吃完方可进行，如宾客放下筷子而菜未吃完的，应征得宾客同意后才能撤换。撤换时要边撤边换，撤与换交替进行。按先主宾后其他宾客的顺序先撤后换，站在宾客右侧操作。

（五）席间服务

宴会进行中，要勤巡视、勤斟酒、勤换烟灰缸。细心观察宾客的表情及示意动作，主动服务。服务时，态度要和蔼，语言要亲切，动作要敏捷。

（1）保持转盘的清洁。在撤换菜盘时，如转盘脏了，要及时抹干净。抹时用抹布和一只餐碟进行操作，以免脏物掉到台布上。转盘清理干净后才能重新上菜。

(2) 宾客席间离座,应主动帮助拉椅、整理餐巾;待宾客回座时应重新拉椅、落餐巾。

(3) 宾客席间站起祝酒时,服务员应立即上前将椅子向外稍拉,坐下时向里稍推,以方便宾客站立和入座。

(4) 若宾客在席上弄翻了酒水杯具,要迅速用餐巾或香巾帮助宾客清洁,并用干净餐巾盖上弄脏部位,为宾客换上新的杯具,然后重新斟上酒水。

(5) 宾客吃完饭后,送上热茶和香巾,随即收去台上除酒杯、茶杯以外的全部餐具,抹净转盘,换上点心碟、水果刀叉、小汤碗和汤匙,然后上甜品、水果,并按分菜顺序分送给宾客。

(6) 宾客吃完水果后,撤走水果盘,递给宾客香巾,然后撤走点心碟和刀叉,摆上鲜花,以示宴会结束。

七、餐后结束工作

(一) 结账准备

上菜完毕后即可做结账准备。清点所有酒水、香烟、佐料、加菜等宴会菜单以外的费用并累计总数,送收银处准备账单。结账时,现金现收。若是签单、签卡或转账结算,应将账单交宾客或宴会经办人签字后送收款处核实,及时送财务部入账结算。

(二) 拉椅送客

主人宣布宴会结束,服务员要提醒宾客带齐携来物品。当宾客起身离座时,要主动为其拉开座椅,以方便离席行走。视具体情况目送或随送宾客至餐厅门口。如宴会后安排休息,要根据接待要求进行餐后服务。

(三) 取递衣帽

宾客出餐厅时,衣帽间的服务员根据取衣牌号码,及时、准确地将衣帽取递给宾客。

附:与客人道别的工作程序与标准(表3-24)。

表3-24 与客人道别的工作程序与标准

序号	程　　序	标　　准
1	协助客人离开座位	当客人结账完毕离开餐厅时,服务员须帮助客人搬椅子,协助客人离开座位
2	向客人致谢	① 服务员须面带微笑、有礼貌地向客人致谢、道别。 ② 向客人道别时,不准表示出过分高兴,避免客人误会服务员着急下班回家。 ③ 客人离开座位走出餐厅后,服务员方可手拿托盘走到餐桌边清洁餐具
3	送客人离开宴会厅	① 服务员将客人送出宴会厅门口,并再次感谢客人的光临。 ② 服务员须为客人提供叫梯服务,送客人进入电梯后,目送客人离开

(四) 收台检查

在宾客离席的同时,服务员要检查台面上是否有未熄灭的烟头,是否有宾客遗留的物品。在宾客全部离去后立即清理台面。清理台面时,按先餐巾、香巾和银器,然后酒水杯、瓷器、刀叉筷子的顺序分类收拾。凡贵重餐具要当场清点。

(五) 清理现场

各类开餐用具要按规定位置复位,重新摆放整齐。开餐现场重新布置恢复原样,以备下次使用。

收尾工作做完后,领班要作检查。待全部项目合格后方可离开或下班。

宴会服务的注意事项有以下几点。

(1) 服务操作时,注意轻拿轻放,严防打碎餐具和碰翻酒瓶酒杯,从而影响场内气氛。如果不慎将酒水或菜汁洒在宾客身上,要表示歉意,并立即用毛巾或香巾帮助擦拭。(如为女宾,男服务员不要动手帮助擦拭)。

(2) 当宾主在席间讲话或举行国宴演奏国歌时,服务员要停止操作,迅速退至工作台两侧肃立,姿势要端正。餐厅内保持安静,切忌发出响声。

(3) 宴会进行中,各桌服务员要分工协作,密切配合。服务出现漏洞,要立刻互相弥补,以高质量的服务和食品赢得宾客的赞赏。

(4) 席间若有宾客突感身体不适,应立即请医务室协助并向领导汇报。将食物原样保存,留待化验。

(5) 宴会结束后,应主动征求宾客和陪同人员对服务和菜品的意见,客气地与宾客道别。当宾客主动与自己握手表示感谢时,视宾客神态适当地握手。

(6) 宴会主管人员要对完成任务的情况进行小结,以利发扬成绩、克服缺点,不断提高餐厅的服务质量和服务水平。

附1:宴会服务的工作程序与标准(表3-25)。

表3-25 宴会服务的工作程序与标准

序号	程 序	标 准
1	欢迎客人并引领客人到位	① 服务员须使用礼貌用语欢迎客人,并引领客人到位。 ② 服务员须将客人的座椅搬开请客人入座,并注意先宾后主、女士优先的原则
2	餐前服务	① 客人入座后,服务员须站立在客人右侧,为客人提供口布、撤筷套服务。 ② 服务员须站立在客人右侧,为客人提供香巾服务
3	酒水服务	① 服务员站立在主人右侧,询问主人需要什么酒水。 ② 主人点完酒水后,从客人的右侧为客人提供饮料、酒水服务,所有的饮料、酒水,服务员须在10分钟内斟倒完毕

(续表)

序号	程　序	标　准
4	菜品服务	① 服务员询问并确认主人上菜的时间。 ② 菜品上来后,从副主人右侧的第一、第二客人之间将菜品摆放在餐桌的转台上,为客人展示并报出菜名,然后取下菜品。 ③ 服务员将菜品均匀分派在骨碟或碗内,从客人的右侧上给客人,并请客人趁热食用。(上菜时应先撤下用过的骨碟,若客人未用完要先征询) ④ 服务员在准备为客人分下一道菜所用的餐具时,须为客人及时添加酒水、更换烟缸(烟缸内的烟蒂不准超过2个)等。 ⑤ 如果菜单中有需要客人用手去皮的菜品时,服务员上菜的同时须在每位客人的酒杯的右侧与客人筷子的正上方处配洗手盅,并四指并拢、手指向上、用手示意,告知客人:"请您用洗手盅";待客人用完洗手盅后,将吃碟、洗手盅一同撤下后,须及时为客人提供一次性香巾服务
5	为客人清洁桌面	最后一道菜品服务完、待客人吃完后,须清洁客人的桌面、更换客人的餐具
6	水果服务	① 服务员须将洁净、无污迹、无水迹、无油迹的水果叉摆放在客人垫盘的右侧。 ② 服务员须将水果盘从客人右侧摆放在每位客人的垫盘上。 ③ 服务员待客人用完水果后,须从客人的右侧将水果盘、水果叉、垫盘一同撤下
7	香巾服务	水果服务后,服务员须为客人提供一次性香巾服务
8	征询客人意见	服务员须用诚恳的态度征询客人意见、建议,询问客人对服务和餐饮的满意程度,并做好记录
9	结账并向客人致谢	按结账程序与标准为客人结账,并真诚地感谢客人;客人离开时,为客人搬开桌椅,送客人至宴会厅门口,并欢迎客人再次光临

附2:宴会分餐服务的工作程序与标准(表3‐26)。

表3‐26　宴会分餐服务的工作程序与标准

序号	程　序	标　准
1	宴会上菜顺序	① 宴会上菜顺序为冷菜、汤、高档海鲜菜、肉类菜、蔬菜、鱼、甜食和水果。 ② 宴会上菜须味别搭配,辛辣食品和咸鲜食品须相互穿插
2	分餐服务	① 上每道菜时,须先将菜品摆放在转盘中央处向客人介绍此菜的名称,如客人感兴趣,须向客人介绍此菜的特点。 ② 征得主人同意后,将菜端至服务台,由服务员右手持两把银勺进行分餐。 ③ 按照客人的人数,将每道菜分餐若干份,须做到每个餐盘中的菜品摆放的美观、均匀。 ④ 按照先宾后主、女士优先的原则,从主人的右侧将分好的菜品放置在客人的垫盘上,并四指并拢、手心向上用手示意,告知客人:"请您品尝"。 ⑤ 客人用完菜品后,须及时为客人撤掉空盘

(续表)

序号	程序	标准
3	中式小吃的服务	① 根据就餐标准和菜单，为客人准备好就餐用的器具。 ② 服务时，须按照先宾后主、女士优先的原则，将小吃轻放在客人筷子的右侧，并四指并拢、手心向上用手示意、告知客人："请您品尝"。 ③ 服务汤类小吃时，须配底碟及小瓷勺，勺把须朝向正右侧，按照先宾后主、女士优先的原则，将汤类小吃轻放在客人筷子的右侧，并四指并拢、手心向上用手示意、告知客人："请您品尝"

附3：贵宾宴会接待程序

贵宾宴会接待程序

订餐员向订餐人详细询问宴会要求，包括：进餐人数、单位、人员组成情况、设备、用品、酒水、烟、进餐时间以及对菜肴、地点、鲜花、酒水台等的需求和其他特殊要求。

订餐员向总经理、餐饮部经理、行政总厨、有关厨师长、其他相关部门发送宴会通知单，制作宴会指示牌放在大厅。

餐厅服务。

迎宾员：站在餐厅门口，与餐厅经理一起笑迎宾客。遇有年龄大、行动不方便的客人时，主动上前搀扶；安排好客人的携带物品（手提包、帽子、大衣），帮助客人宽衣。

服务员：客人一入座，即送上香巾，后问茶。客人用过的香巾要及时撤走。如客人先谈话后就餐，谈完话上餐桌前再送一次香巾。客人到齐后，征得主人同意后起菜，并通知厨房。客人入座时，主动拉椅子照顾就座。上饮料和酒水时，给主宾先斟完酒水后可把鲜花拿走，开始上菜。接待AB客人时，应人手一份印制精美的菜单。每上一道菜要报菜名，报菜名的声音让餐桌上的人都听到，每持一道菜应换一次干净骨盘。见客人抽烟应主动点火，烟缸里的烟头不得超过2个，撤换烟缸严格按照操作规程去做。

餐厅经理：根据VIP等级安排金银器皿。就餐前检查餐厅卫生、餐具、酒水杯、桌布是否符合要求；试座椅子，发现问题及时更换；检查空调、灯具是否处于正常状态。服务过程中勤巡视，细心观察客人的表情、动作，及时指挥服务员，特别重要的客人，要亲自服务。

饮食部经理：协商与其他部门的关系，全面指挥饮食部的工作，保证部门内部密切合作。

行政总厨：接到宴会通知单后，制定菜单交餐饮部经理、总经理审阅，批准后一份由总经理室存档；一份交餐饮部办公室存档。根据菜单做好食品的准备工作。对没有的品种要设法采购，库存的食品要检验、取样。出一道菜应严格把关，不符合要求的,要重新制作。掌握出菜时间,听从前台餐厅经理的指挥,以免造成早上或迟上。

VIP超A级客人,应报当地卫生防疫部门,全程跟踪检验食品。

综合应用

(一)基础知识部分

1. 宴会的种类。
2. 宴会的特点。

(二)操作技能部分

1. 练习宴会前的准备

宴会前准备的程序与步骤如表3-27所示

表3-27 宴会前练习的程序与工作步骤

程 序	工 作 步 骤
安排人员	根据宴会活动的人数和要求,提前配备参加宴会服务的人员
准备所需用具	(1) 根据宴会的要求,通知管事部提前准备所需餐具。 (2) 对其他用具、用品要根据需求提前提货、备好。 (3) 将所有餐具、用具擦拭干净,做到光、洁、干
培训	(1) 提前对所有参加服务的人员进行培训,使每个服务人员都能准确掌握宴会活动的各项内容、细节和安排。 (2) 了解自己的具体工作内容、工作方法、质量和效率要求
演练	全体人员进行实地演练,在演练中发现问题及时解决

2. 练习中餐宴会服务

中餐宴会服务的程序与步骤如表3-28所示

表3-28 中餐宴会服务练习的服务程序与工作步骤

服务程序	工 作 步 骤
准备工作	(1) 宴会开餐前半小时一切准备工作就绪。 (2) 打开餐厅门,引位员站在门口迎宾。 (3) 服务员站在餐桌旁面向门口的位置
迎接客人	(1) 客人进入餐厅后要向客人问好,为客人拉开餐椅。 (2) 从客人右侧为客人铺好餐巾,然后撤下筷子套
服务热毛巾	(1) 将放有热毛巾的毛巾托放在客人的左侧。 (2) 及时为客人递上热毛巾,递送毛巾时要招呼宾客:"先生(小姐),请!"
服务酒、饮料	询问客人需要什么饮料,然后从右侧服务

(续表)

服务程序	工 作 步 骤
服务食品	(1) 上菜时要先为客人展示并报出菜名。 (2) 均匀地把菜分在吃碟里。 (3) 将吃碟从客人的右侧放在垫碟上。 (4) 继续准备分下一道菜所用的餐具,为客人添加酒水,换烟缸。 (5) 待客人用完一道菜后,要从右侧将用过的吃碟撤下,然后分下一道菜。 (6) 如果菜单中有需用手去皮的菜品时,上菜同时配洗手盅,吃完菜后一同撤下
清台	上水果前要清台,将酱油碟、小汤碗、小汤勺、筷子、银勺、筷子架一同撤下
服务水果	(1) 先将甜食叉摆在垫碟的右侧。 (2) 将水果盘从客人右侧放在垫碟上。 (3) 待客人用完水果后,从右侧将水果盘、甜食叉、垫碟一同撤下
服务茶水和热毛巾	(1) 将茶杯摆放在客人面前,然后将热茶水从客人右侧倒入杯中。 (2) 同时再为客人服务第二道热毛巾
送客	宴会结束时,要为客人拉开餐椅,服务员站在桌旁礼貌地目送客人离开

3. 练习宴会出菜

为避免发生事故,很多厨房分设进出两扇门,服务员在出菜时应遵守规则。出菜时要注意以下几点:

(1) 所有的菜肴必须在做好后的2—3分钟送到客人餐桌上。

(2) 菜肴送进餐厅后,传菜员要准确告诉值台员菜肴的名称和台号。

(3) 注意核对菜肴食品,不要拿错其他客人的菜。

(4) 注意出菜摆盘令人喜爱,点缀美观。

(5) 发现菜色的差错自己又拿不准时,应请教厨师长。

(6) 将菜盘平衡地摆到托盘上,端送到餐厅。

(7) 行走时要注意保持平衡,留心周围情况,以免发生意外。

(三)案例分析

一个阳光普照、风和日丽的星期六,山房生意兴隆,人潮涌涌。这时,"果房"餐厅,迎来了一位西装革履、红光满面、戴墨镜的中年先生。见到这种客人,谁都不敢怠慢,服务员小王快步上前,微笑迎宾,问位开茶。可是,这位客人却不领情,一脸不高兴地问道:"我两天前就已在这里预定了一桌酒席,怎么看上去你们没什么准备似的?""不会的,如果有预定,我们都会提早准备的,请问是不是搞错了?"服务员小王连想都没想就回答了那位客人。可能是酒席的意义重大,客人听了解释后,更是大发雷霆,并跑到营业部与营业员争执起来。营业部经理刘小姐闻讯赶来,刚开口要解释,客人又把她作为泄怒的新目标,指着她出言不逊地呵斥起来。当时,刘小姐头脑非常清醒,她明白,在这种情况下,做任何的解释都是毫无意义的,反而会招惹客人情绪更加激动。于是就采取冷处理的办法让他尽情发泄,自己则默默地看着他"洗耳恭听",脸上则始终保持一种亲切友好的微笑。一直等到客人把话说完,平静下来后,刘小姐才心平气和地告诉他山房的有关预定程序,并对刚才发生的事表示歉意。客人接受了她的劝说,并诚恳地表示:"你的微笑和耐心征服了我,我刚才情绪那么冲动,很不应该,希望下次还能够来到贵山房见到你亲切的微笑。"一阵暴风雨过去了,雨过天晴,山房的服务空气也更加清新了。

用你学过的知识分析服务员小王在服务过程中的不当之处,分析营业部经理刘小姐是如何解决问题的。

下篇

西餐服务

项目四 西餐服务基本技能

【导入语】

在餐饮业餐饮服务的流程千差万别,很多初入此行的人不知道哪一种是"正确的",其实没有任何一种方法在所有的环境下都正确,我们将告诉大家一些基本的技能技巧,尽量能够解决大部分餐饮服务中遇到的问题和挑战,适用于大多数的餐饮服务机构。

 项目目标与要求

最终目标:

了解西餐的主要菜式及服务方式;掌握西餐服务操作的技巧;正确准备餐具、摆台和做好开餐前的准备工作。

促成目标:

1. 掌握西餐的主要菜式、特点及服务方式。
2. 能正确地进行西餐餐具准备。
3. 能做好摆台服务操作。
4. 能做好开餐前的准备工作。

 项目载体

范 例	菜单;托盘、托碟,分餐叉勺和刀;便餐和宴会摆台
学生学习载体	服务用具、客用餐具、餐桌服务用品、分餐车

 项目服务流程图

操作要求讲解——操作程序和操作规范——动作姿势练习——注意事项

项目学习任务书

项目模块（22学时）	学 习 任 务	备 注
西餐的主要菜式及服务方式 （学时4）	1. 西餐菜肴的特点和菜单知识 2. 法式服务、俄式服务、美式服务、英式服务和综合式服务的服务方式及程序	
准备用具 （学时4）	1. 餐具、酒具、用具基本知识。 2. 服务用具、客用餐具、餐桌服务用品的配备	能准确区分各种餐具、酒具、用具
西餐服务技巧 （学时6）	1. 托盘、托碟、撤碟、铺台布。 2. 使用分餐叉勺和刀、使用分餐车的操作程序与操作要领	
摆台服务 （学时6）	1. 西餐便餐早、午、晚餐摆台。 2. 按照宴会主题或客人的要求，进行西餐宴会摆台	操作熟练，动作规范
餐前准备 （学时2）	1. 班前会。 2. 西餐厅营业前的检查工作和餐前准备工作的内容与要求	

模块一　西餐的主要菜式及服务方式

 学习目标

最终目标：
西餐主要菜式及服务方法。

促成目标：
1. 了解西餐菜肴的特点和西餐菜单。
2. 掌握西餐主要菜式及服务方法。

 学习任务

1. 西餐菜肴的特点和菜单知识。
2. 法式服务、俄式服务、美式服务、英式服务和综合式服务。

任务：西餐菜肴的特点和西餐服务方式

【知识导入】

一、西餐菜肴特点

西餐是我们对欧美等西方国家菜点的统称。是一种迥然不同于我国饮食文化的舶来品。是我国人民和其他部分东方国家及地区人民对西方国家菜点的统称，广义上讲，也可以说是对西方餐饮文化的统称，现在我国所称的西餐主要是指以法式餐饮为主要特点的欧美餐饮，没有特别说明的"西餐"均指欧美餐饮。

西餐区别于中餐的主要特点是：使用刀叉勺吃饭而非筷子；每道菜使用单独的餐具，而不像中餐全餐只使用一双筷子；每个人单独享受各自盘中的食物，而非将菜摆在餐桌中间大家共享；用完一道菜后再上下一道菜，而非几道菜同时享用；以肉类作为主食，以土豆、面包作为副食，而不像中餐多以米饭作为主食。

由于西方各国，或是地理位置相邻，或是历史渊源很深，在文化上也有千丝万缕的联系，在菜点制作方法上有很多共同之处。主要表现在：烹饪方法独特，西餐饮食习惯中以肉类为主食，烹饪工艺多采用在明火上烤、烧的方法；选料精细考究，大部分西方人对动物的内脏、家禽的头爪都较反感，这也充分反映了西餐选料上格外讲究；香料独具特色，西餐中因其所使用的调味香料独特，所以在菜式的口味上与东方菜式有着明显的区别；设备系统发达，这是中餐无法比拟的；服务完善，从餐盘的摆设，到别致的餐具，以及用餐时菜式的营养搭配，充分显示了餐厅服务程序的完善。与中餐相比，西餐具有以下显著特点：

重视各类营养成分的搭配组合，根据人体对各种营养（糖类、脂肪、蛋白质、维生素）和热量的需求来安排菜或加工烹调。

选料精细，用料广泛。西餐烹饪在选料时十分精细、考究，而且选料十分广泛。如美国菜常用水果制作菜肴或饭点，咸里带甜；意大利菜则会将各类面食制作成菜肴，各种面片、面条、面花都能制成美味的席上佳肴；而法国菜，选料更为广泛，诸如蜗牛、洋百合、椰树芯等均可入菜。

讲究调味，调味品种多。西餐烹调的调味品大多不同于中餐，如酸奶油、桂叶、柠檬等都是常用的调味品。法国菜还注重用酒调味，在烹调时普遍用酒，不同菜肴用不同的酒做调料；德国菜则多以啤酒调味。西菜的调料、香料品种繁多。烹制一份菜肴往往要使用多种香料，如桂皮、丁香、肉桂、胡椒、芥末、大蒜、生姜、香草、薄荷、荷兰芹、蛇麻草、驴蹄草、洋葱等等。

西菜常用葡萄酒作为调料，烹调时讲究以菜配酒，做什么菜用什么酒。其中法国产的白葡萄酒和红葡萄酒用得最为普遍。

注重色泽。在色泽的搭配上则讲究对比、明快，因而色泽鲜艳，能刺激食欲。

工艺严谨，烹调方法多样。西餐十分注重工艺流程，讲究科学化、程序化，工序严谨。西餐的烹调方法很多，常用的有煎、烩、烤、焖、焗、炸、熏、铁扒等十几种，其中铁扒、烤、焗最具特色。

器皿讲究。烹调的炊具与餐具均有不同于中餐的特点。特别是餐具，除瓷制品外，水晶、玻璃及各类金属制餐具占很大比重。

调味沙司与主料分开单独烹制。在主食的制作上采用原料和调味分开烹饪，即主食本身不调味，而需要另外烹制汁酱来给主食加味；西餐菜肴在形态上以大块为主，很少把主料切成丝、片、丁等细小形状。如大块的牛排、羊排、鸡、烤肉等。大块原料在烹制时不易入味，所以大都要在菜肴成熟后伴以或浇上沙司。沙司在西餐中占有很重要的地位，厨房中设有专门的厨师制作，不同的菜烹制不同的沙司，在使用时严格区分。如薄荷汁跟羊扒、法汁、意大利汁、油醋汁跟沙拉等。

注重肉类菜肴的老嫩程度。欧美人对肉类菜肴，特别是牛肉、羊肉的老嫩程度很讲究。服务员在接受点菜时，必须问清宾客的需求，厨师按宾客的口味进行烹制。一般有五种不同的成熟度，即全熟、七成熟、五成熟、三成熟、一成熟（welldone，medium well，medium，medium rare，rare）。食用生的和半熟的食品，是西餐的一大特色，这一习惯在西餐中不只是表现在食用牛羊肉时对肉质的生熟程度的不同要求上，西餐中有许多生食的菜肴，如生蚝（牡蛎）、做沙拉的蔬菜、火腿、生食的鸡蛋等。

二、西餐的主要菜式

西餐服务在各国和各地区也都有自己的特色。各国的餐饮文化都有各自的特点，各个地区的菜式也都不尽相同，甚至于在一个国家中也存在着不同的菜系。

（一）法式菜

法式菜的特色在于使用新鲜的季节性材料，加上厨师个人的独特的调理，完成独一无二的艺术佳肴极品。从开胃菜、海鲜、肉类、乳酪到甜点，在品尝佳肴中，也充分享受餐厅高雅氛围，欣赏餐具器皿与食物的搭配。

法国菜的突出特点是选料广泛。法国菜常选用稀有的名贵原料，如蜗牛、青蛙、鹅肝、黑蘑菇等。用蜗牛和蛙腿做成的菜，是法国菜中的名品，许多外国客人为了一饱口福而前往法国。此外，还喜欢用各种野味，如鸽子、鹌鹑、斑鸠、鹿、野兔等。由于选料广泛，品种就能按季节及时更换，因而使就餐者对菜肴始终保持着新鲜感。这是法国菜诱人的因素之一。

法国菜在材料的选用上较偏好牛肉、小牛肉、羊肉、家禽、海鲜、蔬菜、田螺、松露、鹅肝及鱼子酱；而在配料方面采用大量的酒、牛油、鲜奶油及各式香料；在烹调时，火候占了非常重要的一环，如牛、羊肉通常烹调至六七分熟即可；海鲜烹调时须熟度适当，不可过熟，尤其在酱料的制作上，更特别费工夫，其使用的材料很广泛，无论是高汤、酒、鲜奶油、牛油或各式香料、水果等，都运用得非常灵活。

法国是世界上引以为傲的葡萄酒、香槟和白兰地的产地之一，因此，法国人对于酒在餐饮上的搭配使用非常讲究。如在饭前饮用较淡的开味酒；食用沙拉、汤及海鲜时，饮用白酒或玫瑰酒；食用肉类时饮用红酒；而饭后则饮用少许白兰地或甜酒类。

法国的起司也是非常有名,种类繁多。依形态分有新鲜而硬的、半硬的、硬的、蓝霉的和烟熏的五大类;通常食用起司时会附带面包、干果(例如核桃等)、葡萄等。另外,法国菜在享用时非常注重餐具的使用,无论是刀、叉、盘或是酒杯,因为这些均可衬托出法国菜高贵之气质。

比较有名的法国菜是鹅肝酱、牡蛎杯、焗蜗牛、马令古鸡、麦西尼鸡、洋葱汤、沙朗牛排、马赛鱼羹。

(二)英式菜

英式菜特点:口味清淡、油少不腻。英式菜讲究清淡,很少有浓汁、浓味的菜肴,英式的汤要求没有浮油,煎鸡蛋一般煎一面,色泽雪白,盘内不能带油;英式菜烹调相对比较简单,常用的烹调方法有煮、烩、炸、烤等,工艺不复杂;选料不广,英国是岛国,却不讲究吃海鲜,比较偏爱禽类、羊肉、牛肉、野味等;调味简单,英式菜调味很少用香料,也不大用酒,但餐桌上备有较多的调味品。调味品、沙司和配菜都摆放在餐桌上,由宾客根据需要互相传递自取。宾客则像参加家宴一样,取到菜后自行进餐。服务员有时帮助主人切割食物,因此,要求他具有熟练的切割技术和令人满意的装盘造型技巧。英式服务家庭的气氛很浓,许多服务工作由客人自己动手,也省人力,用餐的节奏较缓慢。主要适用于宴会,很少在大众化的餐厅里使用。

典型英式菜有:英格兰式煎牛扒、煎羊排配薄荷汁、土豆羊肉、烤鹅填栗子馅、牛尾浓汤等。

(三)意式菜

由于罗马帝国在欧洲的影响力,意大利菜一度成为欧洲餐饮文化的代表。在罗马帝国的鼎盛时期,意大利人把西餐的雏形从埃及引进并发扬光大,从而影响了整个欧洲。

意大利的农业和食品业都很发达,其中面条、奶酪和萨拉米肉肠著称于世。意大利是欧洲古国,在古罗马时期曾是欧洲的政治、经济、文化中心,所以意式菜对整个欧洲的烹饪有很大影响。意大利人喜欢吃面食,年产面条200万吨,而且品种繁多。

意大利菜的特点是,既把握原汁原味,又以烹饪味浓的菜肴著称。烹调注重炸、熏等,以炒、煎炸、烩等方法见长。像意大利面、提拉米苏蛋糕、卡布奇诺咖啡等都是大家熟悉的意大利餐饮名品。

意大利人喜爱面食,制作面条有独到之处,各种形状(字母形、贝壳形)、颜色、味道的面条应有尽有,如实心面条、通心面条,还有意大利馄饨、饺子等。

"比萨"是意大利十分有特色的面食,这种把各种原料放在面饼上加奶酪一起烤制的食品,传说是由马可·波罗从中国带回的馅饼发展而来的,它几乎成为意大利的代名词。

典型意大利菜:意大利汤菜、焗菠菜面条、佛罗伦萨焗鱼、罗马式鸡、比萨饼等。

项目四 西餐服务基本技能

(四）美式菜

美国人生活习惯比较随便，不喜欢喝茶，爱喝加冰的凉开水和矿泉水。

美式菜是在英式菜基础上发展起来的，但又有特点：一是喜欢用水果做菜：美国盛产水果，美式菜的沙拉中用水果非常多。另外，在热菜中也用水果。二是甜食讲究：美式菜的甜食很讲究，如各种布丁、苹果派、南瓜派等，品种很多，而且装饰特别。

典型的美式菜：菠萝焗火腿、苹果烤鸭等。

（五）俄式菜

俄式菜的形成较晚，很多菜式来自法国、波兰和意大利，然后根据自己的饮食特点，加以改变，形成本国的菜式。

俄式菜特点：① 油腻较大。由于俄罗斯气候寒冷，人们需要补充较多的热量，俄式菜一般用油比较多，多数汤菜上都有浮油。② 口味浓厚。俄式菜口味浓厚，而且酸、甜、咸、辣俱全，喜欢吃大蒜、葱头。③ 讲究小吃。俄式小吃是指各种冷菜，其特点是生鲜、味酸咸，如鱼子酱、酸黄瓜、冷酸鱼等。

典型的俄式菜：鱼子酱、莫斯科红菜汤、红烩牛肉、黄油焖鸡等。

三、西餐服务的方式

西餐服务经过多年的发展，各国和各地区都形成了自己的特色。西餐服务常采用的方法有法式服务、俄式服务、美式服务、英式服务和综合式服务等。

（一）法式服务

法式服务是一种十分讲究礼节的服务方式，流行于西方上层社会。餐厅装饰豪华和高雅，以欧洲宫殿式为特色，餐具常采用高质量的瓷器和银器，酒具常采用水晶杯。让宾客享受到精制的菜肴，尽善尽美的服务和优雅、浪漫的情调是法式服务的宗旨。法式服务，服务周到、节奏较慢、用餐费用昂贵。

1. 法式服务特点

传统的法式服务在西餐服务中是最豪华、最细致和最周密的服务。是现在所有餐厅服务方式中最繁琐、人工成本最高的一种。通常法式服务用于法国餐厅，即扒房。法国餐厅装饰豪华和高雅，以欧洲宫殿式为特色，餐具常采用高质量的瓷器和银器，酒具常采用水晶杯。通常采用手推车或旁桌现场为顾客加热和调味菜肴及切割菜肴等服务，因此又称为"车式服务"。在法式服务中，服务台的准备工作很重要。通常在营业前做好服务台的一切准备工作。法式服务注重服务程序和礼节礼貌，注重服务表演，注重吸引客人的注意力，服务周到，每位顾客都能得到充分的照顾。但是，法式服务节奏缓慢，需要较多的人力，用餐费用高。餐厅利用率和餐位周转率都比较低。

2. 法式服务方法

（1）法式服务的摆台。

法式服务的餐桌上先铺上海绵桌垫，再铺上桌布，这样可以防止桌布与餐桌间的滑动，也可以减少餐具与餐桌之间的碰撞声。摆装饰盘，装饰盘常采用高级的瓷器或银器等。将装饰盘的中线对准餐椅的中线,装饰盘距离餐桌边缘1—2 cm。装饰盘的上面放餐巾。装饰盘的左边放餐叉,餐叉的左边放面包盘,面包盘上放黄油刀。装饰盘的右边放餐刀,刀刃朝向左方。餐刀的右边常放一个汤匙。餐刀的上方放各种酒杯和水杯。装饰盘的上方摆甜品的刀和匙。

(2) 二人合作式的服务。

传统的法式服务是一种最周到的服务方式,由两名服务员共同为一桌客人服务。其中一名为经验丰富的正服务员;另一名是助理服务员,也可称为服务员助手。服务员请顾客入座,接受顾客点菜,为顾客斟酒上饮料,在顾客面前烹制菜肴,为菜肴调味,分割菜肴,装盘,递送账单等。帮助服务员现场烹调,把装好菜肴的餐盘送到客人面前,撤餐具和收拾餐台等。在法式服务中,服务员在客人面前做一些简单的菜肴烹制表演或切割菜肴和装盘服务。而她的助手用右手从右侧送上每一道菜。通常,面包、黄油和配菜从客人左侧送上,因为它们不属于一道单独的菜肴。从客人右侧用右手斟酒或上饮料,从客人右侧撤出空盘。

传统的法式服务在西餐服务中是最豪华、最细致和最周密的服务,而且相当繁琐。如宾客用完一道菜后必须离开餐台,让服务员清扫完毕后再继续入席就餐,这样耗时很多。餐厅还必须准备许多用具,每餐的食品很多,浪费也很大。现在,这种服务方式已经见不到了。

当今流行的法式服务是将食品在厨房全部或部分烹制好,用银盘端到餐厅,服务人员在宾客面前做即兴加工表演,如戴安娜牛排、黑椒牛柳、甜品苏珊煎饼就是服务员在烹制车上进行最后的烹调加工后,切片装盘端给宾客的。又如凯撒色拉是服务员当着宾客面前制作,装入色拉木碗,然后端给宾客。在法式服务中,除面包、黄油、色拉和其他必须放在客位左边的食品从宾客的左手边上桌外,其他食品饮料一律用右手在客位的右边送上餐桌。

(3) 上汤服务。

当客人点汤后,助理服务员将汤以银盆端进餐厅,然后把汤置于烹调炉上加热和调味,其加工的汤一定要比客人需要量多些,方便服务。当助理服务员把热汤端给客人时,应将汤盘置于垫盘的上方,并使用一条叠成正方形的餐巾,这条餐巾能使服务员端盘时不烫手,同时可以避免服务员把大拇指压在垫盘的上面,汤由正服务员从银盆用大汤匙将汤装入顾客的汤盘后,再由助理服务员用右手从客人右侧服务。

(4) 主菜服务。

主菜的服务与汤的服务大致相同,正服务员将现场烹调的菜肴,分别盛入每一位客人的主菜盘内,然后由助理服务员端给客人。如服务员为顾客服务牛排时,助理服务员从厨房端出烹制成半熟的牛肉、马铃薯及蔬菜等,由正服务员在客人面前调配佐料,把牛肉再加热烹调,然后切开并将菜肴放在餐盘中,正服务员这时应注意客人的表示,看他要多大的牛排。同时,应该配上沙拉,服务员应当用左手从客人左侧将沙拉放在餐桌上。

（二）俄式服务

俄式服务起源于俄国的沙皇时代。同法式服务相似，也是一种讲究礼节的豪华服务。虽然采用大量的银质餐具，但服务员的表演较少。它注重实效，讲究优美文雅的风度，是世界上较好的饭店和旅馆中最受欢迎的餐厅服务方式之一，成了目前世界上所有高级餐厅中最流行的服务方式，俄式服务也被称为国际式服务。

1. 俄式服务特点

俄式服务的餐桌摆台与法式的餐桌摆台几乎相同，但它的服务方法不同于法式。俄式服务讲究优美文雅的风度，将装有整齐和美观菜肴的大浅盘端给所有顾客过目，让顾客欣赏厨师的装饰和手艺，并且也刺激了顾客的食欲；由于是大浅盘里分菜，因此，可以将剩下的，没分完的菜肴送回厨房，从而减少了不必要的浪费；每一个餐桌只需要一个服务员，服务的方式简单快速，服务时不需要较大的空间，使它的效率和餐厅空间的利用率都比较高；由于服务中使用了大量的银器，并且服务员将菜肴分给每一个顾客，使每一位顾客都能得到尊重和较周到的服务，因此增添了餐厅的气氛。俄式服务的银器投资很大，如果使用和保管不当会影响餐厅的经济效益；在俄式服务中，最大的问题是最后分到菜肴的顾客，看到大银盘中的菜肴所剩无几，总有一些影响食欲的感觉。俄式服务主要用于西餐宴会服务，不适用于零点服务。

2. 俄式服务的方法

（1）分发餐盘。

服务员先用右手从客人右侧送上相应的空盘，开胃菜盘、主菜盘、甜点盘等。注意：冷菜上冷盘，即未加热的餐盘；热菜上热盘，即加过温的餐盘，以便保持食物的温度。上空盘依照顺时针方向操作。

（2）运送菜肴。

菜肴在厨房全部制熟，每桌的每一道菜肴放在一个大浅盘中，然后服务员从厨房中将装好的菜肴大银盘用肩上托的方法送到顾客餐桌旁，热菜盖上盖子。站立于客人餐桌旁。

（3）分发菜肴。

服务员将装有整齐和美观菜肴的大浅盘端给所有顾客过目，让顾客欣赏厨师的装饰和手艺，再以胸前托盘的方法，用左手垫餐巾托着银盘，右手持服务叉勺，从客位的左侧按逆时针方向绕台给宾客派菜，分菜时以逆时针方向进行。

派菜时，根据宾客的需求量派给，避免浪费和不足分派，每派一道菜都要换用一付清洁的服务叉勺。汤类菜肴可盛放在大银碗中用勺舀入宾客的汤盆里，也可以盛在银杯中，再从杯中倒入汤盘。所以，俄式服务又称"大盘子服务"。斟酒、斟饮料和撤盘都在客人右侧。

（三）美式服务

美式服务是简单和快捷的餐饮服务方式，餐具和人工成本都比较低，空间利用率及餐位周转率都比较高。美式服务是低档的西餐零点和西餐宴会理想的服务方式，广泛用于咖啡厅和西餐宴会厅，而不适合于高档西餐厅的服务。

1. 美式服务特点

美式服务是快速和廉价的服务方式，一名服务员可以看数张餐台。有利于用有限数量的服务人员为数量众多的宾客提供服务；对服务的技术要求相对较低，非专业的服务员经过短期的训练就能胜任，因而在人工成本上是比较节省的。但是，这种快速服务不太适合有闲阶层的消费者，顾客得到的个人服务较少，餐厅还常常显得忙碌和欠宁静。

2. 美式服务方法

（1）美式服务的餐桌上先铺上海绵桌垫，再铺上桌布，桌布的四周至少要垂下30 cm。但是，台布不能太长，否则，影响顾客入席。有些咖啡厅在台布上铺上较小的方形台布，这样，重新摆台时，只要更换小型的台布就可以了，可以节约大台布的洗涤次数。同时，也起着装饰餐台的作用。通常，每两个顾客使用糖盅、盐盅和胡椒瓶各一个。

将叠好的餐巾摆在餐台上，它的中线对准餐椅的中线，餐巾的底部离餐桌的边缘1 cm。两把餐叉摆在餐巾的左侧，叉尖朝上，叉柄的底部与餐巾对齐。在餐巾的右侧，从餐巾向外，依次摆放餐刀、黄油刀、两个茶匙。刀刃向左，刀尖向上，刀柄的底部朝下，与餐巾平行。面包盘放在餐叉的上方。水杯和酒杯放在餐刀的上方，距刀尖1 cm，杯口朝下，待顾客到餐桌时，将水杯翻过来，斟倒凉水。

（2）美式服务又称为"盘子服务"。在美式服务中，菜肴由厨师在厨房中烹制好，装好盘。餐厅服务员用托盘将菜肴从厨房运送到餐厅，直接从客位的右侧送给每位宾客，脏盘也从右侧撤下。热菜要盖上盖子，并且在顾客面前打开盘盖。传统的美式服务，上菜时服务员在客人左侧，用左手从客人左边送上菜肴，从客人右侧撤掉用过的餐盘和餐具，从客人的右侧斟倒酒水。目前，许多餐厅的美式服务上菜服务从顾客的右边，用右手，顺时针进行。

（四）英式服务

英式服务又称家庭式服务。主要适用于私人宴席。其服务方法是服务员从厨房将烹制好的菜肴盛放在大盘里和热的空盘里，传送到餐厅，送到顾客中的主人面前，由顾客中的主人亲自动手切肉，配上蔬菜，装盘并分盘，服务员充当主人的助手，将主人分好的菜肴依次端送给每一位客人。调味品、沙司和配菜都摆放在餐桌上，由顾客自取或相互传递。

英式服务家庭的气氛很浓，许多服务工作由客人自己动手，用餐的节奏较缓慢。在美国，家庭式餐厅很流行，这种家庭式的餐厅采用英式服务。

项目四　西餐服务基本技能

(五) 综合式服务

综合式服务是一种融合了法式服务、俄式服务和美式服务的综合服务方式。许多西餐宴会的服务采用这种服务方式。通常用美式服务上开胃品和沙拉；用俄式或法式服务上汤或主菜；用法式或俄式服务上甜点。不同的餐厅或不同的餐次选用的服务方式组合也不同，这与餐厅的种类和特色，顾客的消费水平，餐厅的销售方式有着密切的联系。

(六) 自助餐服务

自助餐是宾客支付一定量的钱后，进入餐厅，在预先布置好的食品台上自己动手，任意选菜，自己取回，在座位上享用的一种近于自我服务的用餐形式，称为自助餐。餐厅服务员的工作主要是餐前布置，餐中撤掉用过的餐具和酒杯，补充餐台上的菜肴等。

当今，自助餐和各种冷餐会的用餐方式日趋流行。原因之一是食品台上的菜肴丰富，装饰精美，价格便宜。人们只花少量的钱即可品尝到品种繁多，又具特色的佳肴。原因之二是就餐速度快，餐位周转率高，宾客进入餐厅后，无需等候。适合现代社会快节奏的工作方式和生活方式。服务员只需提供简单的服务，如斟倒酒水，撤脏盘，结账等，这样餐厅可节省人员、节省开支。因此，许多饭店的咖啡厅早餐、午餐多采用自助餐的开餐形式。

(七) 大陆式服务

大陆式服务融合了法式、俄式、英式、美式的服务方式。餐厅根据菜肴的特点选择相应的服务方式。如第一道菜用美式服务，第二道菜用俄式服务，第三道菜用法式服务等等。但不管采用何种方式，都必须遵循方便宾客用餐，方便员工操作这两个原则。

又如，西餐零点餐厅多以美式服务为主。但也可根据点菜情况在宾客面前烹制青椒扒，配制魔鬼咖啡或爱尔兰咖啡，用法式服务来点缀菜肴，烘托整个餐厅的气氛。

近年来，新派西餐逐步在酒店业内流行起来，新派西餐集传统的西餐烹饪方法于一体，是综合了法、意、德、俄、英、美等时尚菜肴的特点而发展出的新潮流。与之相适应的就是大陆式服务。

四、西餐的菜单安排

西餐在菜单的安排上与中餐有很大不同。以举办宴会为例，中餐宴会除几种冷菜外，还要有热菜六至八种，再加上点心甜食和水果，显得十分丰富。而西餐虽然看着有六七道，似乎很繁琐，但每道一般只有一种，下面我们就将其上菜顺序作以简单介绍。

头盘(appetizers)。西餐的第一道菜是头盘(图4-1)，也称为开胃品。开胃品的内容一般有冷头盘或热头盘之分，常见的品种有鱼子酱、鹅肝酱、熏鲑鱼、奶油鸡酥盒、焗蜗牛等。因为是要开胃，所以开胃菜一般都具有特色风味，味道以咸和酸为主，而且数量较少，质量较高。

图 4-1 头盘

图 4-2 汤

图 4-3 副菜

汤(soups)(图 4-2)。与中餐有极大不同的是,西餐的第二道菜就是汤。西餐的汤大致可分为清汤、奶油汤、蔬菜汤和冷汤等四类。品种有牛尾清汤、各式奶油汤、海鲜汤、美式蛤蜊周打汤、意式蔬菜汤、俄式罗宋汤、法式焗葱头汤。冷汤的品种较少,有德式冷汤、俄式冷汤等。

副菜(side orders)(图 4-3)。鱼类菜肴一般作为西餐的第三道菜,也称为副菜。品种包括各种淡、海水鱼类,贝类及软体动物类。通常水产类菜肴与蛋类、面包类、酥盒菜品均称为副菜。因为,鱼类等菜肴的肉质鲜嫩,比较容易消化,所以放在肉类菜肴的前面,叫法上也和肉类菜肴主菜有区别。西餐吃鱼菜肴讲究使用专用的调味汁,品种有鞑靼汁、荷兰汁、酒店汁、白奶油汁、大主教汁、美国汁和水手鱼汁等。

主菜(main courses)(图 4-4)。肉、禽类菜肴是西餐的第四道菜,也称为主菜。肉类菜肴的原料取自牛、羊、猪、小牛仔等各个部位的肉,其中最有代表性的是牛肉或牛排。牛排按其部位又可分为沙朗牛排(也称西冷牛排)、菲利牛排、"T"骨型牛排、薄牛排等。其烹调方法常用烤、煎、铁扒等。肉类菜肴配用的调味汁主要有西班牙汁、浓烧汁、蘑菇汁、白尼斯汁等。

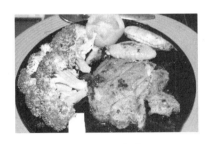
图 4-4 主菜

图 4-5 禽类菜

图 4-6 蔬菜

禽类菜肴(图 4-5)的原料取自鸡、鸭、鹅,通常将兔肉和鹿肉等野味也归入禽类菜肴。禽类菜肴品种最多的是鸡,有山鸡、火鸡、竹鸡,可煮、可炸、可烤、可焖,主要的调味汁有黄肉汁、咖喱汁、奶油汁等。

蔬菜类菜肴(图 4-6)。蔬菜类菜肴可以安排在肉类菜肴之后,也可以与肉类菜肴同时上桌,所以可以算为一道菜,或称之为一种配菜。蔬菜类菜肴在西餐中称为沙拉(salad)。与主菜同时搭配的沙拉,称为生蔬菜沙拉,一般用生菜、西红柿、黄瓜、芦笋等制作。沙拉的主要调味汁有醋油汁、法国汁、千岛汁、奶酪沙拉汁等。沙拉除了蔬菜之外,还有一类是用鱼、肉、蛋类制作的,这类沙拉一般不加味汁,在进餐顺序上可以作为头盘食用。

还有一些蔬菜是熟食的,如花椰菜、煮菠菜、炸土豆条。熟食的蔬菜通常是与主菜的肉食类菜肴一同摆放在餐盘中上桌,称之为配菜。

图 4-7 甜品　　　　　　　图 4-8 饮料

甜品(desserts)。西餐的甜品是主菜后食用的,可以算作是第六道菜。从真正意义上讲,它包括所有主菜后的食物,如布丁、煎饼、冰激凌、奶酪、水果(图 7)、甜点(如曲奇饼、蛋糕)。等等。

饮料(beverages)(图 4-8)。西餐的最后一道是上饮料,一般是咖啡或茶。饮咖啡通常要加糖和淡奶油。喝茶常常要加香桃片和糖。

综合应用

(一)基础知识部分

西餐菜肴的特点;西餐的主要菜式;西餐菜单的主要菜点;西餐服务方法。

(二)操作技能部分

在教师的指导下,将学生分成若干组,一部分学生扮演宾客;另一部分学生扮演服务人员,模拟演练西餐服务常采用的法式服务、俄式服务、美式服务、英式服务和综合式服务等。

模块二　准备用具

 学习目标

最终目标:

西餐餐具、酒具、用具配备及使用的方法。

促成目标:
1. 了解服务用具、客用餐具、餐桌服务用品的种类。
2. 各种餐具、酒具、用具的用途。

学习任务

1. 餐具、酒具、用具基本知识。
2. 服务用具、客用餐具、餐桌服务用品的配备。

任务：西餐餐具、酒具、用具的种类和用途

【知识导入】

一、服务用具

服务用具是指对客服务过程中，服务人员使用的工具，包括某些特殊菜肴使用的特殊工具。常见的服务用具主要有：

（一）勺类用具

（1）长柄汤勺（图4-9），为客人分汤时使用。

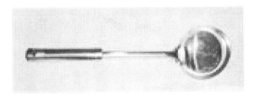
图4-9　长柄汤勺

图4-10　色拉匙

（2）色拉服务匙（图4-10），为客人分派色拉时使用。

（二）刀类用具

（1）服务用鱼刀（图4-11），分鱼或现场烹制鱼类食品时使用；

图4-11　鱼刀

图4-12　奶酪刀

（2）奶酪刀（图4-12），是专门用来切割奶酪的长刃刀具；
（3）蛋糕刀（图4-13），与餐叉相似，主要用来切割蛋糕等糕点；
（4）切割用刀，为客人现场切割大块肉类食品时的专用工具。

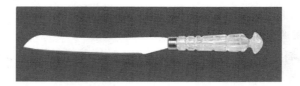

图 4-13 蛋糕刀

（三）叉类用具

(1) 服务用鱼叉，分鱼或现场烹制鱼类食品时使用。

(2) 切割用叉，为客人现场切割大块肉类食品时的专用工具。

(3) 色拉服务叉，为客人分派色拉时使用。

（四）装盛用具

(1) 蔬菜斗，又称沙司斗。

(2) 橘子模，用于加工鲜橘子和柠檬汁。

(3) 盅，有果酱盅、蛋盅、盐盅、洗手盅、白脱盅、糖盅等。

(4) 酒篮、冰桶、花插等。

（五）特殊菜品用具

(1) 蜗牛夹和叉（图 4-14）。

图 4-14 蜗牛夹、叉　　图 4-15 通心面夹　　图 4-16 龙虾夹

(2) 通心面夹（图 4-15）。

(3) 龙虾夹（图 4-16）。

(4) 钳和叉（图 4-17）。

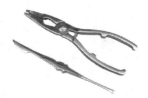 

图 4-17 钳和叉　　图 4-18 坚果捏碎器

(5) 坚果捏碎器等（图 4-18）。

二、客用餐具

客用餐具主要指摆放在餐桌上供客人就餐时使用的各种器具。

（一）餐刀

餐刀按形状大小及用途可分为鱼刀、正餐刀（主菜刀，又称为热菜刀）、开胃品刀（冷菜刀）、黄油刀、甜品刀、面包刀等。

1. 鱼刀

图 4-19 是食用鱼类菜肴的专用餐具。

图 4-19　鱼刀

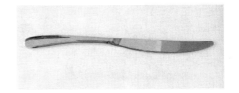
图 4-20　正餐刀

2. 正餐刀

图 4-20 是西餐的主要餐具，主要是在食用主菜时使用。

3. 黄油刀

其外观特点是体形较小，刀片与刀把不在同一水平线上。主要用于分挑黄油或果酱（图 4-21）。

图 4-21　黄油刀　　　　图 4-22　甜品刀　　　　图 4-23　面包刀

4. 甜品刀

图 4-22 是餐后食用甜品时的专用餐具。

5. 面包刀

主要用于切割面包时使用（图 4-23）。

（二）匙。又称为勺，按形状、大小、用途主要有：冰激凌匙：食用冰激凌的专用餐具。

1. 汤匙（勺）

西餐喝汤的专用餐具（图 4-24）。

图 4-24　汤匙

图 4-25　汁匙

2. 汁匙（勺）

在服务色拉或主菜时，帮助客人浇汁的用具（图 4-25）。

3. 咖啡匙

饮用咖啡时的专用工具(图4-26)。

4. 茶匙

饮用红茶时用于搅拌淡奶和糖的工具(图4-27)。

图4-26 咖啡匙　　　　　图4-27 茶匙

5. 甜品匙(勺)

用来食用布丁等各种甜品(图4-28)。

6. 大汤勺

主要用于一些大的汤品(图4-29)。

图4-28 甜品匙　　　　　图4-29 大汤勺

(三) 餐叉

按照大小、形状和用途的不同可以分为海鲜叉、鱼叉、正餐叉、龙虾叉、蜗牛叉、生蚝叉、甜品叉等几种。海鲜叉又叫小号叉,主要用于吃海鲜等菜品,也可用于吃小盘菜、点心、水果等。正餐叉是西餐的主要餐具,主要是在食用主菜时使用。也可作为分菜叉使用。

1. 海鲜叉

海鲜叉见图4-30。

图4-30 海鲜叉　　　　　图4-31 鱼叉

2. 鱼叉

鱼叉见图4-31。

3. 正餐叉

正餐叉见图 4-32。

4. 龙虾叉

龙虾叉见图 4-33。

图 4-32 正餐叉

图 4-33 龙虾叉

5. 蜗牛叉

蜗牛叉见图 4-44。

6. 生蚝叉

生蚝叉见图 4-45。

7. 甜品叉

甜品叉见图 4-46。

图 4-44 蜗牛叉

图 4-45 生蚝叉

图 4-46 甜品叉

（四）杯

西餐特别讲究饮品与杯子的对应。根据不同的使用目的，西餐常用杯子主要可分为水杯，白兰地杯，香槟酒杯，红、白葡萄酒杯，甜酒杯，雪莉酒杯等。水杯和威士忌杯没有脚，较高的一款是水杯，较矮的一款是威士忌杯；高脚杯中杯身最大的是用来喝红葡萄酒的，最小的一款是用来喝烈酒的，介于两者之间的用来喝白葡萄酒的；用来饮用气泡酒或香槟的香槟杯，通常杯身较细长（用来观赏绵延不绝升起的气泡）、杯底收缩成一个类点（让气泡可以反弹）、杯沿向内收拢（以聚集香气）；常见的香槟杯多为高脚设计（或郁金香型），至于圆形呈碗状的香槟杯，则多在特殊场合（喜庆或宴会）时用来堆叠香槟塔，但不适合作为一般饮用香槟时的选择；用于喝白兰地的酒杯狭口肚大，便于置于两手间搓动，用手覆暖杯以产生白兰地酒香。喝鸡尾酒的酒杯口部完全敞开，杯身呈正三角形。当然还有雪莉酒杯、波特酒杯等一些专门酒杯。

1. 水杯

水杯见图 4-47。

2. 白兰地杯

白兰地杯见图 4-48。

3. 香槟酒杯

香槟酒杯见图4-49。

4. 红葡萄酒杯

红葡萄酒杯见图4-50。

图4-47 水杯　　图4-48 白兰地杯　　图4-49 香槟酒杯　　图4-50 红葡萄酒杯

5. 白葡萄酒杯

白葡萄酒杯见图4-51。

6. 甜酒杯

甜酒杯见图4-52。

7. 雪莉酒杯

雪莉酒杯见图4-53。

图4-51 白葡萄酒杯　　图4-52 甜酒杯　　图4-53 雪莉酒杯

（五）盘

根据大小、形状、用途的不同，西餐餐盘可分为装饰盘、面包盘、黄油盘等（图4-54）。

图4-54 各种餐盘　　图4-55 蜗牛夹　　图4-56 糖夹

（六）夹

主要是夹取一些菜肴的用具，包括蜗牛夹（图4-55）、糖夹（图4-56）、坚果夹（图

4-57)等。

三、餐桌服务用品

常见餐桌服务用品主要有：

（一）洗手盅

客人食用带壳食物后的洗手用具（图4-58）。

（二）芥末盅

专门用来装调味品芥末的。

（三）胡椒磨

用来现磨胡椒或花椒的工具，使用时左右拧转即可磨出胡椒等佐料（图4-59）。

图4-57 坚果夹

图4-58 洗手盅

图4-59 胡椒磨

其他常见的还有盐瓶、胡椒瓶、带盖黄油碟、酒瓶垫、油醋架、糖盅、汁酱盅、沙拉碗、茶壶、咖啡杯、汤碗和大汤碗等。

四、物品准备（以6人台为标准）

六人台摆台餐具、用品：西餐长台1张；台布一块；餐盘6个；主菜刀叉、鱼刀叉、头盘刀叉、汤勺各6套；面包盘、黄油刀、甜点叉、匙各6套；水杯、红葡萄酒杯、白葡萄酒杯各6套；餐巾6条；椒盐瓶2个；烟缸2个；蜡烛台2个；牙签杯2个；花瓶1个。（以上逢6随人数变化，逢2按照六人台比例安排，逢1的物品一般不变）

综合应用

（一）基础知识部分

西餐餐具、酒具、用具的基本知识。

（二）操作技能部分

在教师的指导下，学生认识各种餐具、酒具、用具的特点和用途，掌握其使用的正确方法。

项目四 西餐服务基本技能

模块三 西餐服务技巧

 学习目标

最终目标：

掌握西餐服务技巧，熟练操作，运用自如。

促成目标：

1. 学会托盘、托碟、撤碟、铺台布。
2. 掌握西餐分餐的操作程序与操作要领。

 学习任务

1. 托盘、托碟、撤碟、铺台布。
2. 使用分餐叉勺和刀、使用分餐车的操作程序与操作要领。

任务：西餐服务基本技能技巧

【知识导入】

一、托盘

（一）托盘

1. 理盘

根据需要选好托盘，清洁干净后擦干，在盘内垫上手帕或专用垫纸（胶木托盘可不垫），既美观又防滑。

2. 装盘

按照所需托送物品的形状、质量装盘，装盘时必须遵循安全稳妥，便于托送，便于取用的原则。一般来说，在数种物品同时装盘时，应将高物和重物装在托盘的内侧（靠近身体的一侧），低物和轻物装在托盘外侧（四周），后取用的物品在下，且商标朝外。

3. 托盘

左手向上弯曲90度，掌心向上，五指分开，以大拇指端到掌根部位及余四指端托住盘底，手掌自然形成凹形，掌心不与盘底接触；调整好托盘重心，平托于胸前，略低于胸前，并注意左肘不与腰部接触，间距一拳（图4-60）。

4. 起托

起托时,应将左肘和右手放到与托盘同样的平面上,必要时右手帮忙,慢慢将托盘移至左手上,托稳后用右手扶住托盘起身,调整好后松开右手放开,可托盘行走。

5. 托盘行走

托盘行走时必须头正、肩平、盘平,上身挺直、目视前方,脚步轻快而稳健,托盘可随着步伐在胸前自然摆动,但幅度要小,以防菜汁、汤水溢出。

6. 卸盘

托盘行走至目的地后站稳,用右手取用盘内物品,取用时应注意随盘内物品变化,而用左手手指的力量调整托盘重心,且应从前后左右(四周)交替取用。

图 4-60 托盘

(二) 服务餐盘

服务餐盘是正餐使用的盘子,上面盖着一块折叠好的餐巾,目的是避免操作时产生噪音,操作要领是:用左手的掌心托住服务餐盘,用右手完成物品的拿上拿下。

服务餐盘的用途是:第一用于调整餐具,即根据客人所点的菜品及甜点增减原本放在餐桌上的餐具以满足客人具体的用餐需求;第二往桌上放置或从桌上取走刀叉或调味瓶等小型物品时都需要用到服务餐盘。所有的服务区都要配备服务餐盘,服务员在任何时候都不能用手拿着刀叉。

二、托碟

托碟服务是餐厅服务员的基本功,它不但美观好看,而且还能够提高效率。美式上菜服务中,菜做完后从厨房送到餐厅,为了减少运送次数,减轻劳动强度,提高工作效率,服务员要求熟练掌握托碟的技巧。

(一) 托碟的总要求

(1) 各盘都要保持水平或稍向里倾斜,以防止外滑。如发生特殊情况使搁盘内滑时,即可用身体顶住滑动的盘碗,再请另外的服务员帮助调整一下,或轻步上台即可。

(2) 端盘碗时,左手小臂要保持水平,并可根据避让的需要作水平方向的灵活转动。

(3) 徒手端托需要巧妙地运用指力、腕力和臂力。服务员只有在练好指力、腕力和臂力这一基本功的基础上,才能熟练地掌握和运用各种徒手端法。

(二) 两个碟的托碟技巧

(1) 取餐时应注意,上菜时盘中菜最终应是朝向客人面前的,所以要预先调整好盘子放在手中的方向;记住,第一个放在左手上的菜将是最后上到餐桌上的菜。

(2) 将第一盘菜放在左手拇指与食指之间,如果盘子是热的,要垫一块服务巾。

(3) 然后将第二个盘子放在左手前臂的前方,盖住第一盘菜的碟边,用拇指后部及无名指、小指托住碟边。

(4) 这样就可以用右手托第三个碟子,注意用服务巾。

(5) 托碟时,稍向两边展开双臂,肩略向后靠,这样托碟会稍感觉轻松一点。

(6) 只有在空间局限的情况下才将餐碟放到身体的前面。

(7) 将菜送到客人面前,站在客人椅子的右后角,左手托的餐碟稍向后展开,避免碰触客人头部。

(8) 身体略向前倾,用右手从客人右边上菜。

(9) 上菜时应一步到位,将盘中的主菜(鱼、肉等)面朝客人,蔬菜等配菜在餐碟的上部。

(10) 依次服务下一个客人,用右手将左手上的菜从客人右边上菜。

(11) 逆时针方向按程序依次上菜。

(三) 托三个碟的技巧

如果服务要求四个菜同时上到客人的餐桌,这时需要用到三个碟的托碟方法。

(1) 将第一盘菜放在左手拇指及食指中间(同两个碟的托碟方法),如果盘子是热的,用服务巾垫上。

(2) 将第二盘菜放入左手掌心,使第一盘菜的碟边压着第二盘菜的碟边,同时用无名指和小指托住。

(3) 将第三盘菜放在左手前臂,碟边扣在第二盘菜的碟边上。

(4) 用右手托第四盘菜。

(5) 托碟时稍向两边展开双臂,肩略后靠,这样托碟会稍感觉轻松一点。

(6) 只有在空间局限的情况下才将餐碟放到身体前面。

(7) 将菜送到客人面前,站在客人椅子的右后角,左手托的餐碟稍向后展开,避免碰触客人头部。

(8) 身体略向前倾,用右手从客人右边上菜。

(9) 依次服务下一个客人,用右手将左手上的第三盘菜从客人右边上菜。

(10) 逆时针方向按程序依次上菜。

(四) 托碟的步法要求

托碟行走是保证托碟质量的重要一环。它的要求是:上身挺直,略向前倾,视线开阔,动作敏捷,精力集中,步伐稳健,精神饱满。托碟行走时常用以下五种步伐。

1. 常步

即是使用平常行进的步伐,要步距均匀,快慢适宜。

2. 快步

快步的步幅应稍大,步速应稍快,但不能跑,以免泼洒菜肴或影响菜形。主要用于托送需要热吃的菜肴,因上菜迟了会影响菜肴的风味质量。

3. 碎步

碎步就是使用较小的步幅,较快的步速行进,主要适用端汤。这种步伐可以保持上身平稳,避免汤汁溢出。

4. 垫步

垫步即是一只脚在前,一只脚在后,前脚进一步,后脚跟一步的行步方法。此种步伐,一是在穿行狭窄的过道时使用;二是在进步中突然遇到障碍时或靠边席桌需减速时使用。

5. 跑楼步伐

跑楼步伐是服务员端托上楼时所使用的一种特殊步伐。其要求是:身体向前弯曲,重心前倾,一步紧跟一步,不可上一步停一下。

三、撤碟

客人每用完一道菜后都要将餐碟撤掉,正式的用餐场合要求清理餐碟时必须等到所有客人都用完以后一起清理。客人通常将刀叉并排放在餐碟上表示已经用完餐,如果客人没有将刀叉并排放在餐碟上,你必须观察客人并作出判断,如有必要可以询问客人是否用完这道菜了,当确认客人已经用完这道菜后,就可以清理餐碟了。

(一)两个碟的撤碟方法

(1)从主人右边的主宾开始撤碟。站在客人椅子的右后方,身体略微前倾,右手拿起餐桌上的餐碟及刀叉;将餐碟放在左手上,放在左手拇指与食指之间,用大拇指压住餐叉柄的尾部,用餐刀将盘中吃剩的食物刮向餐碟的前部;将餐刀从右角插压在餐叉的下面。

(2)按逆时针方向撤碟,站在下一位客人身后,左手托住餐碟放在客人身后,身体略微前倾,收起餐桌上用过的餐碟及刀叉;把收起的第二个盘子放在左手掌和前臂的位置,碟边要盖过第一个餐碟,用无名指、小指及拇指后部和前臂托住餐碟;然后把餐碟中的餐叉平行放在第一个餐碟中,用餐刀将第二个盘中吃剩的食物刮到第一个餐碟中与其他剩物堆在一起;将餐刀同样平行放在第一个餐碟中。

(3)按逆时针方向顺次服务,照撤第二个餐碟的方法,将其他客人的餐碟收起叠放在第二个餐碟上,然后把刀叉平行摆放在第一个餐碟中。

(二)三个碟的撤碟方法

三个碟的撤碟方法与两个碟的撤碟方法差不多,所不同的是将吃剩的食物和用过的刀叉分别放在两个餐碟上。

(1)从主人右边的主宾开始撤碟。站在客人椅子的右后方,身体略微前倾,用右手拿起餐桌上的餐碟及刀叉;将餐碟放在左手上,放在左手拇指与食指之间,用大拇指压住餐叉柄的尾部,用餐刀将盘中吃剩的食物刮向餐碟的前部;将餐刀从右角插压在餐叉的下面。

(2)按逆时针方向站在下一位客人身后,左手托住餐碟放在客人身后,身体略微前倾,收起餐桌上用过的餐碟及刀叉;将第二个碟子放入左手掌心,使第一个餐碟碟边压着第二个餐碟碟边,同时用无名指和小指托住,然后把餐叉平行放在第一个餐碟上,用餐刀将第一个餐碟中吃剩的食物刮到第二个餐碟中,再把餐刀平行放在第一个餐碟上。

(3) 按逆时针方向顺次撤碟,将收起的第三个餐碟放在前臂搁第二个餐碟碟边上面,把餐叉平行摆放在第一个餐碟中。再用餐刀将吃剩的食物刮到第二个餐碟中,将餐刀同样平行放在第一个餐碟中。

(4) 照撤第三个餐碟的方法,按逆时针方向将其他客人的餐碟收起叠放在第三个餐碟上,然后把餐碟中的餐叉平行放在第一个餐碟中,用餐刀将吃剩的食物刮到第二个餐碟中,将餐刀同样平行放在第一个餐碟中。

四、铺台布

台布是餐厅摆台所必备的物品之一。台布的规格及色泽的选择,应与餐台的大小、餐厅的风格协调一致。

(一) 台布的种类

台布的种类很多,因纯棉台布吸湿性能好,大多数餐厅均使用纯棉提花台布。台布的图案有团花、散花、工艺绣花及装饰布等;台布的颜色通常有白色、黄色、粉色、红色、绿色等,但多数选用白色,因为在西餐服务白色象征高贵。选择台布的颜色,要与餐厅的风格、装饰、环境相协调。台布的形状有正方形和长方形,正方形常用于方台,长方形则多用于西餐各种不同的餐台。

(二) 台布铺设

台布铺设是将台布舒适平整地铺在餐桌上的过程。西餐摆台的台布铺设方法一般都使用推拉式与抖铺式方法,特别是第二块以后的台布铺设尤其如此。

1. 散座台布铺设

选择尺寸合适的台布,台布须洁净、熨烫平整、无破损、无折皱、无毛边,持台布立于餐桌客人席位的一侧,距餐桌边 40 cm,将台布轻轻地推拉开,覆盖在桌面上,台布须平整、无褶皱,无破洞、无污迹,中股缝向上且居中,台布的四周下垂的部分须相等,台布四角须盖住桌腿。铺好台布后,须再次检查台布质量及清洁程度。

2. 宴会餐台的台布铺设

宴会餐台铺台布一般由二人合作进行,因餐台较长,单人铺设容易将台布弄皱或弄脏,同时也不便操作。如果是一人进行铺台布,应特别注意两块台布之间的接缝。

一般是一块台布的话,则站在长台中间的位置上,将台布打开,正面朝上,用大拇指和食指抓住台布靠近身体的一边,其余三指快速抓住台布其余部分,用力向对面抛出。台布正面朝上,中心线对正,下垂部分要均匀,美观整齐。

如果有两块台布,一人两端铺设,则先在餐台里端使用同上的方法铺设一块台布,再在餐台的外端铺设另一块台布。两人铺设的话,两人分立于餐台的两边的 1/2 处铺设(两块台布则在 1/4 处)。台布正面朝上,中心线对正,下垂部分要均匀,接缝处一致、平整,美观整齐。

长餐台往往用多个台布拼铺而成。铺设时,应从餐厅里往外铺,让每张台布的接缝朝里,使步入餐厅的客人看不见接缝为原则;要求台布中线相连,成一条线;台布的横向缝与餐台长边垂直,台布下垂部分的四个边要平行相等,台布下沿正好接触到椅面为宜。一般由两人或多人共同完成。

五、使用分餐叉勺和刀

（一）叉勺分菜服务

将勺子和餐叉至于右手，均正面朝上，餐叉在上，勺子在下，两者末端对齐，横跨中指、无名指和小指，且与小指根部相齐，形成支撑。用拇指和食指捏住叉柄，中指、无名指和小指持住勺子；食指在勺子和餐叉之间滑动到适当位置，用拇指和食指的指尖将餐叉抬高，与勺子分离，同时小指夹住两样餐具手柄的末端；用勺子从侧面盛起食物，再用餐叉以适当的力度和角度将食物夹紧，将食物移至客人的餐盘；如果食品的形状大而圆，你可以把餐叉转过来正面朝下，裹住食物；如果食品的形状太薄或太小，可以将食指移开，使勺子和餐叉更紧地夹住食品，放下时用食指的指尖将餐叉抬高，放下食物。

（二）餐刀分菜服务

拿起质软或块大的食物时，勺子和餐叉可能应付不了，这时候要用到两把餐刀，最好是鱼刀。

用拿勺子和餐叉相同的方式拿起两把餐刀；散开成一定的角度以便给食品更强的支撑；将两把餐刀都插入食品下面，移动食品时注意要拿稳。

六、使用分餐车

分餐车（图4-61）除了用于上菜之外，还可以用来在餐厅内做服务准备工作及食物准备工作。

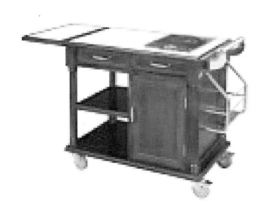 

图4-61 分餐车

分餐车可以是一部用高档木材精心设计制作的小木推车，包括整体设计的炉具和昂贵的银器，也可以是一张简单木板桌。

使用分餐车服务是将上菜或备菜用的全套用具配备在分餐车上，一定要配齐；在服务的过程中，服务员不能离开分餐车；将一摞干净的热菜餐盘放在分餐车上；将厨房准备好的食品放在服务盘中，让客人过目后放在分餐车上；服务员右手拿勺，左手拿叉；盛起食品时，勺子的位置应低于餐叉；把主要食品放在盘子的前端，蔬菜置于主要食品的外围和后面,在不同食品之间留下一定的距离;沙司的服务可以直接在餐桌上进行,也可以在分餐车上完成,但都要用到银盘式服务技巧;把装好盘的菜肴从右侧摆在客人的面前,这时使用的是餐盘式服务技巧。

使用分餐车向客人展示食品的制作过程是一种十分有效的推销方法,这在传统的高档餐厅是常用的。分餐车最多的是用来制作沙拉、切肉、水果,很大程度上是一种制作过程的表演。

为了避免在客人面前表演制作过程时出现差错和疏漏,充分的餐前准备工作非常重要,餐前准备工作要根据菜式的制作食谱,包括所有餐具的准备以及食品的准备,也包括制作过程中所需要用到的配料及其他原料的准备。

综合应用

(一)基础知识部分

托盘、托碟、撤碟、铺台布、使用分餐叉勺和刀、使用分餐车服务的基础知识和操作方法。

(二)操作技能部分

1. 托盘、托碟、撤碟、铺台布的操作方法。
2. 分餐叉勺和刀、分餐车的用途及使用方法。

模块四　摆台服务

 学习目标

最终目标:
西餐主要菜式及服务方法。
促成目标:
1. 掌握西餐便餐摆台的服务规程。
2. 掌握西餐宴会摆台的服务规程。

学习任务

1. 按照餐厅的规格及菜单,进行西餐便餐早、午、晚餐摆台。
2. 按照宴会主题或客人的要求,进行西餐宴会摆台。

摆台是指将宾客在用餐过程中所需的各种餐酒用具按标准摆放在餐桌上,以供在就餐时方便地取用。西餐摆台分为便餐摆台和宴会摆台两种。

任务1：西餐便餐摆台

【知识导入】

西餐便餐摆台分早餐摆台,午、晚餐摆台两种。

一、早餐摆台

(一)摆台前的准备

西餐早餐摆台一般是在咖啡厅内提供的,可分为美式早餐、欧陆式早餐及零点早餐等,它们的摆台方法略有差异。

1. 仪表仪容

按规定着装,戴正工号牌,面容整洁,女服务员淡妆上岗;精神饱满,面带微笑,站姿规范;动作大方,美观轻巧;头发梳理整洁,发型符合酒店要求;手、指甲干净,并要消毒。

2. 物品准备

准备摆台需要的各种餐具、不锈钢刀叉、玻璃器皿、台布、口布等,并保证用具有一定的周转量。各类餐具要清洁,不锈钢器皿要清洁光亮,不得有污渍及破损。台布、口布须干净,不得有损坏和褶皱。调味品不能缺货,盛放调味品的瓶盅表面要清洁。桌椅必须牢固可靠、无破损、无污渍。

(二)西餐早餐摆台操作程序

西餐早餐摆台(图4-62)的基本摆法：

1. 铺台布

台布须干净整洁,台布的位置应与正门相对,中缝应与台面中缝重合。台布四边下垂,长短一致,台布四角与台脚直线垂直。

图4-62 西餐早餐摆台

2. 餐盘与刀、叉、匙

在餐椅正对处摆放直径为24 cm的餐盘,餐盘离桌沿2 cm,将已折好的餐巾花摆放在餐盘上;餐盘的左侧放一把餐叉,叉面朝上,右侧放餐刀,刀口向餐盘方向,汤匙放餐刀的右侧,匙面朝上,刀叉距餐盘1—2 cm,餐刀与汤匙之间的距离也是1—2 cm,刀、叉、勺下端在一条直线上,距桌沿2 cm。

3. 面包盘与黄油刀

面包盘在餐叉左侧,相距餐刀和桌沿各1—2 cm。黄油刀刀口朝左,摆放与面包盘右侧,与餐叉平行。

4. 水杯

餐刀正前方2 cm处摆放水杯。

5. 咖啡杯具

汤匙右侧摆放咖啡杯和咖啡碟,杯把和匙柄朝右。

6. 摆椅子

须整洁、完好,坐椅要与席位对应。注意事项:摆台操作时一律使用托盘;摆台后要检查台面摆设有无遗漏,摆放是否规范、符合要求,整个餐厅铺台布、摆餐具和椅子整齐划一。

7. 其他

在餐桌中央放烟缸、胡椒盅、糖缸、淡奶壶等。调味盅、牙签筒、烟灰缸等摆放在餐台中心位置上。

附:西餐早餐自助餐台摆台的工作程序与标准(表4-1)。

表4-1 早餐自助餐台摆台的工作程序与标准

序号	程序	标准
1	准备用具	① 准备摆台所需要的各种用具,包括:台布、台裙、主盘、汤碗、服务用叉勺、布菲炉、酒精炉、装饰品等,要求洁净、齐全。 ② 根据厨房提供的菜单,打印菜牌
2	摆台	① 先铺好台布、围上台裙,且台布面须平整、无褶皱。 ② 把自助餐酒精炉摆放在水盆底座中央后,将水盆整齐地摆放在台面的热菜盆下,并向水盆内注水。 ③ 服务叉、勺要摆在布菲炉前面的盘中。 ④ 主食盘、汤碗须摆在自助餐台上指定的地方,以方便客人取用。 ⑤ 将装饰品摆在适当的位置上,摆放时须牢固、美观
3	检查台面	对整个台面进行检查,检查摆放的各种餐具和用具是否齐全和符合标准

二、午、晚餐摆台

(一)摆台前的准备

1. 仪表仪容

按规定着装,戴正工号牌,面容整洁,女服务员淡妆上岗;精神饱满,面带微笑,站姿规范;动作大方,美观轻巧;头发梳理整洁,发型符合酒店要求;手、指甲干净,并要消毒。

2. 物品准备

准备摆台需要的各种餐具、不锈钢刀叉、玻璃器皿、台布、口布等,并保证用具有一定的周转量。各类餐具要清洁,不锈钢器皿要清洁光亮,不得有污渍及破损。台布、口布须干净,不得有损坏和褶皱。调味品不能缺货,盛放调味品的瓶盅表面要清洁。桌椅必须牢固可靠、无破损、无污渍。

（二）西餐午晚餐摆台操作程序

1. 铺台布

西餐铺台布前，先在台面上放上垫布，在垫布上铺台布。台布须干净整洁，台布的位置应与正门相对，中缝应与台面中缝重合。台布四边下垂，长短一致，台布四角与台脚直线垂直。

2. 摆台

（1）根据餐厅正门的位置确定主位。按照距离主位的远近分别摆放烟缸、火柴、椒盐瓶、花瓶、烛台。烛台仅限晚餐摆台时使用；花瓶位于台面正中；盐瓶在左；胡椒瓶在右且与主位相对；火柴摆放在烟缸上，火柴盒如有店标朝上，磷面不允许直对客人。

（2）摆放展示盘、面包盘、口布，展示盘置放于每个餐位正中，盘边距桌边 2 cm，面包盘位于展示盘左侧，与展示盘间距 5 cm，口布摆放于展示盘内，右侧向远离客人方向斜放过 45°，展示盘和面包盘必须洁净、无水渍、无指印。

（3）在装饰盘右侧放餐刀（刀口向左）和汤匙，两者之间相距 1 cm，离餐桌边均为 2 cm。餐刀距离装饰盘 1—2 cm。在装饰盘左侧放餐叉，餐叉距装饰盘 1—2 cm。餐叉左侧放色拉叉，叉尖向上，两者相距 1 cm，距桌边 2 cm。面包刀摆放在面包盘上，刀刃朝向左侧，餐具必须与桌面垂直，餐具保持清洁。

（4）摆放红、白葡萄酒杯，红酒杯摆放于主刀上方 2 cm 处，白酒杯摆放于红酒杯右下方 45°，距红酒杯 1 cm，酒杯要洁净、无破损、无水渍、无指印。

（5）西餐午、晚餐摆台是在早餐摆台的基础上，撤去咖啡杯具而增加茶匙和甜点叉。甜点叉横放于餐盘正上方，叉柄朝左。在甜点叉的上方，与甜点叉平行摆放茶匙，匙柄朝右（图 4－63）。对于有预定的餐桌，应放预定卡，并按客人要求摆台。

3. 摆椅

椅子须整洁、完好，坐椅要与席位对应。注意事项：摆台操作时一律使用托盘；摆台后要检查台面摆设有无遗漏，摆放是否规范、符合要求；整个餐厅铺台布、摆餐具和椅子须整齐划一。

图 4－63　西餐午、晚餐摆台

附：西餐午、晚餐摆台工作程序与标准（表 4－2）

表 4－2　午、晚餐摆台工作程序与标准

序号	程　　序	标　　准
1	准备用具	① 将摆台所需的一切用具：垫盘、口布、主刀、汤勺、面包盘、黄油刀，分类依次整齐放入服务托盘。 ② 各类餐具必须经过高温消毒，擦拭洁净、光亮、无异物、无破损、无水迹、无污染、无指印

(续表)

序号	程　序	标　准
2	铺台布	① 选择尺寸合适的台布,台布须洁净、熨烫平整、无破损、无褶皱、无毛边。 ② 持台布立于餐桌客人席位的一侧,距餐桌边 40 cm,将台布轻轻地推拉开,覆盖在桌面上,台布须平整、无褶皱、无破洞、无污迹,中股缝向上且居中,台布的四周下垂的部分须相等,台布四角须盖住桌腿。 ③ 铺好台布后,须再次检查台布质量及清洁程度
3	摆台	① 摆放胡椒瓶、盐瓶、糖盅:在餐桌的中央处从左至右依次摆放糖盅、胡椒瓶、盐瓶,三者间的距离均为 2 cm,且糖盅、胡椒瓶、盐瓶须在同一直线上。 ② 摆放餐盘:餐盘的摆放须从主人位按顺时针方向依次开始摆放,摆放的餐盘距桌边的距离为 2 cm,且依次摆放的餐盘间距须相等,餐盘中的图案须对正 ③ 摆放餐刀、餐勺、餐叉:餐刀须垂直摆放在距餐盘右侧 1 cm 的餐桌上,且餐刀的刀刃须朝左侧,餐刀的底边与桌边的距离为 2 cm,餐勺须垂直摆放在餐刀的右侧,且餐勺的底边与桌边的间距为 2 cm,餐刀、餐勺的间距为 0.5 cm;餐叉须垂直摆放在餐盘的左侧,叉尖向上,距离餐盘为 1 cm,且餐叉的底边与桌边的间距为 2 cm。 ④ 摆放面包盘、黄油刀:面包盘须摆放在距离餐叉右侧 2 cm 处,且面包盘的底边与桌边的间距为 2 cm;黄油刀须垂直摆放在面包盘的中心处,且黄油刀的底边与桌边的间距为 2 cm,刀刃须朝向左侧。 ⑤ 摆放杯垫、冰水杯:杯垫须摆放在距餐刀正上方的 2 cm 处,且杯垫上的店徽须面向客人,冰水杯须摆放在杯垫上。 ⑥ 摆放烟灰缸:烟灰缸须摆放在服务盘的正上方,且烟灰缸、胡椒瓶、盐瓶须呈倒"品"字形摆放在餐桌上。 ⑦ 摆放鲜花:鲜花须摆放在餐桌的正中央处,且鲜花须新鲜,造型艺术美观,无枯萎败叶现象
4	摆台的最后检查	摆台须符合以上标准

任务 2：西餐宴会摆台

【知识导入】

西餐宴会与中餐宴会不同,它一般采用长方形餐桌。

(一) 座次安排

1. 一般家庭式西餐宴会的座次安排

主人的座位应正对厅堂入口。便于其纵观全厅。长台两端分别设主人位和副主人位(女主人位),男女宾客穿插落座,夫妇穿插落座。这样的席位安排只有主客人之分,没有职务之分(图 4-64)。

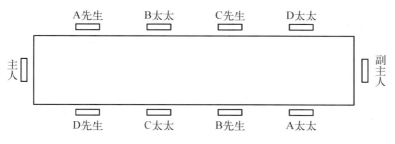

图 4-64 家庭式西餐宴会座次安排

2. 正式宴会的座次安排

双方都有一位重要人物参加,那么第一主宾要坐在第一主人的右侧,第二主宾坐在第二主人右侧,次要人物由中间向两侧依次排开(图 4-65)。

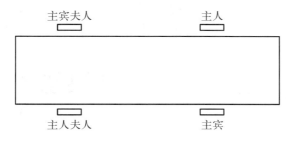

图 4-65 法式座次安排

3. 正式宴会双方首要人物都带夫人参加的,法式座次安排

主宾夫人坐在主人右侧,主宾坐在主人夫人右侧。英式座次安排:主人夫妇各坐两头。主宾夫人坐在主人右侧位,主宾坐在主人夫人右侧位,其他男女穿插依次坐中间(图 4-66)

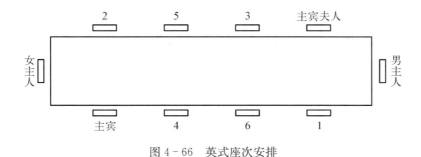

图 4-66 英式座次安排

(二)餐具的准备工作

需要准备服务用具、客用餐具、餐桌服务用品三大类。客用餐具包括餐具、酒具、用具等,每道菜要配一种酒,每上一道菜就相应的要撤去用完的那套餐具和酒具,所以西餐餐具品种较多。

(三) 铺台布、摆餐椅

西餐宴会一般使用数张方桌拼接而成。铺台布的顺序应由里向外铺，目的是要让每张台布的接缝朝里，避免步入餐厅的客人看见。铺好的台布要求中线相接，成一条直线，台布两侧下垂部分美观整齐，两边均匀。

(四) 摆餐具

西餐宴会摆台(图4-67)时要按照一底盘、二餐具、三酒水杯、四调料用具、五艺术摆设的程序进行。

(a) 示意图　　　　　　　　　　　　　(b) 实物照相

图4-67　西餐宴会摆台

1. 摆餐盘

与中餐摆台一样，从主人位开始顺时针方向在每个席位正中摆放餐盘；注意店徽等图案摆正，盘边距桌沿2 cm，盘与盘之间的距离相等。

2. 摆刀叉

在餐盘的右侧从左到右依次摆放主餐刀、鱼刀、汤匙、开胃品刀，刀口朝左，匙面向上，刀柄、匙柄距桌沿2 cm。餐盘左侧从右到左依次摆放主餐叉、鱼叉、开胃品叉，叉尖朝上，叉柄距桌沿2 cm。鱼刀、鱼叉要向前突出4 cm。

3. 摆水果刀叉(或甜品叉)、甜品匙

在餐盘的正前方横摆甜品匙，匙柄朝右。甜品匙的前方平行摆放水果叉(或甜品叉)，叉柄朝左。水果叉的前方平行摆放水果刀，刀柄朝右。

4. 摆面包盘、黄油刀和黄油盘

开胃品叉的左侧摆放面包盘，面包盘中心与餐盘中心在一条线上，盘边距开胃品叉1—2 cm，在面包盘上右侧边沿处摆放黄油刀，刀刃朝左。黄油盘摆放在黄油刀尖上方3 cm处。

5. 摆玻璃杯具

冰水杯摆放在主餐刀顶端，依次向右摆放红葡萄酒杯、白葡萄酒杯，三杯呈斜直线，与水平线呈45°角；如果有第四种杯子则占白葡萄酒杯的位置，白葡萄酒杯顺次向后移动,杯子依然成斜直线,各杯相距 1—2 cm。

6. 摆餐巾花

将叠好的盘花摆放在餐盘正中,注意主人位上放置有高度的盘花,另外注意式样的搭配。

7. 其他

盐瓶、胡椒瓶、牙签筒按四人一套的标准摆放在餐台中线位置上。烟缸从主人右侧摆起,每两人之间放置一个,烟缸的上端与酒具在一条线上。菜单最少每桌摆放两张,高级宴会可每座摆放一张。插花或烛台等装饰品摆放在长台的中线上。

(五)摆台后的检查工作

摆台结束后要进行全面检查,发现问题及时纠正。要达到全台看上去整齐、大方、舒适的效果。

三、西餐摆台与撤台的注意事项

餐具不能直接用手拿,银器皿要用口布包着摆放,以免留下指纹不清洁,刀叉不能交叉摆放;台花、蜡烛等装饰物品应适当放得低些,以免妨碍客人的视线,而且,台花应该用鲜花或绢花;餐桌上的水杯不能撤去,只有待客人离座后方能撤走;餐桌正中央应留有充分余地,以便摆放菜盆及其他零星台料。

综合应用

(一)基础知识部分

1. 西餐便餐的操作程序。
2. 西餐宴会摆台操作程序。

(二)操作技能部分

西餐早餐摆台,午、晚餐摆台;西餐宴会摆台模拟操作的训练的操作。

项目考核:

考核得分记入表 4-3 中。

表 4-3 西餐宴会摆台考核成绩表

考核项目	评分细则	标准分	扣分	得分
铺台布	中凸线对开(中线吻合)	2分		
	四次整理成形	2分		
	两块台布中间重叠 5 cm(整块台布也可)	3分		
	四周下垂匀称	3分		
拉椅定位	椅子之间距离基本相等	2分		
	椅子与下垂台布距离 1 cm	2分		

(续表)

考核项目	评分细则	标准分	扣分	得分
展示盘	盘边距桌边1 cm	3分		
	店徽一致(在上方)	3分		
刀、叉、勺	摆放顺序由里往外	8分		
	摆放位置	8分		
面包盘、刀、黄油碟	摆放顺序(盘、刀、碟)	6分		
	摆放位置	4分		
摆酒杯、水杯	摆放顺序(白、红、水)	8分		
	位置准确	8分		
	手拿杯位置(下部、颈部)	8分		
口布花（盘花）	造型美观、大小一致	10分		
	在盘中位置一致、左右一条线	10分		
花瓶	位置准确压中线	3分		
整体印象		7分		
总成绩		100分		

考核时间： 考核人：

模块五 餐前准备

 学习目标

最终目标：

西餐厅营业前的工作内容。

促成目标：

1. 了解班前会和营业前的检查工作。

2. 掌握西餐厅餐前准备的内容和要求。

 学习任务

1. 班前会和营业前的检查工作内容。

2. 西餐厅餐前准备的工作内容与要求。

任务：西餐餐前准备

【知识导入】

一、班前会

班前会是落实酒店各项工作任务的重要环节，酒店所有政策、制度、工作都要通过班前会逐级落实贯彻给员工。

（一）班前会范围

厨房、酒吧、西餐厅、后勤、饼房等部门必须召开班前会。

班前会内容由各部门负责人员传达到各领班，再由领班召开该班次班前会。班前会出席对象：各班次当班全体员工。各班班前会在每天营业前召开，时间为10到20分钟。

（二）班前会主要内容

1. 检查

检查员工的仪容仪表和个人卫生。

2. 布置任务

简要传达酒店有关文件或会议精神，详细布置当班工作，明确本班要完成的工作指标并分工到个人，分析完成工作任务的有利条件和不利因素，增强当班员工完成工作任务的信心和决心；讲述当日产品供应情况及西餐供应情况；下达工作指令。

3. 明确服务质量要求

各岗位服务员应掌握预定情况。详细了解预定的人数、标准、台型设计、宾主身份、单位或个人、付款方式、特殊要求、菜单内容和服务要求等。根据上一班工作完成情况，对出现的问题或可能存在的隐患进行点评、解析，提出应急措施和整改办法。

二、接待准备工作

（一）营业前的检查工作

营业前，店长的主要工作是做好营业的相关准备，例如，检查并保证物料齐全、设备正常运行、环境卫生、人员到岗等，为西餐厅开展正常而有序的经营打好基础。

1. 上班前的例行检查

（1）温度高低。

一般来说西餐厅内的温度不是一成不变的。基本要求是冬季暖和，夏季凉爽，室内温度大体保持在25℃左右为宜。

（2）灯光亮度。

1）根据天气调试灯光亮度（白天）。

晴天：可适当开一些灯，主要突出店内装饰或摆放物品。阴天：由于天气阴暗，给人压抑感，多开一些灯，能够使店内氛围更加温馨和舒适。

2）根据当地情况调节灯光亮度。有的地方倾向于较温和的灯光。有的地方倾向于较暗的灯光,主要指较小城市和县级市,因为客人们彼此之间较为熟悉。

3) 根据时段调节灯光亮度。晚饭时刻可使店内光线较亮,便于客人进餐。晚饭后 8 时左右,可使灯光暗一些,便于客人聊天。

(3) 音乐和音量。

在不同的营业时段播放不同风格的音乐,同时将音量控制在合理的范围之内。

(4) 物品位置。

检查桌椅摆放的位置是否整齐,植物及其装饰品摆放是否得当等。

(5) 清洁卫生。

按照既定的巡视路线对店内的服务区、吧台、厨房等处的卫生情况进行认真细致的检查并做好记录,对于不合格的要纠正,同时要进行评估以便加大执行力度。

附:餐厅清洁卫生的工作程序与标准(表 4-4)

表 4-4 餐厅清洁卫生的工作程序与标准

序号	程 序	标 准
1	开餐前的清洁卫生	① 公共区域: 　a. 公共区域的卫生由当班经理、领班安排公共区域服务员进行清洁。 　b. 地面、墙壁、装饰物及镜子等须洁净,无灰尘、无污迹、无杂物等。 　c. 清洁完毕后,由餐厅当班经理、领班检查、验收。 ② 餐厅区域: 　a. 餐厅区域的卫生由餐厅服务员清扫。 　b. 保持沙发、桌椅、门、窗、玻璃、地面等洁净,无灰尘、无污物、无杂物。 　c. 各用具表面须保持洁净,无污迹。 　d. 展示台和备餐台表面须保持洁净,无灰尘、无杂物。 　e. 清洁自助餐台及餐台上的器具,且器具须洁净、无水迹、无污迹、无油迹。 　f. 服务台内外须保持洁净,无灰尘、无污迹、无杂物;柜内用具须摆放整齐、规范。 　g. 吧台内的卫生由酒水员清洁,并保持其洁净、无杂物;酒水展示柜内须洁净、无灰尘、无污迹、无杂物;所陈列的各种酒水须洁净,且摆放整齐、规范。
2	餐后卫生清洁	由餐厅服务员、调酒员负责清洁,标准同上

(6) 供货情形。

查看急需物料是否需要跟踪叫货,现有物料是否足够等,如有缺少应及时补充。

(7) 出勤人数。

有无特殊请假情况,现有人员安排是否能够完成当天的预期工作量。

(8) 服装仪容。

检查员工的仪容仪表是否符合西餐厅服务规范,工作人员精神面貌是否良好。

(9) 召开例会。

召开管理人员例会,鼓励和督促工作进程。

(10) 资讯提供。

为店内工作人员提供及时和必要的资讯,帮助员工提高工作效率。

2. 设备检查

按西餐厅检查一览表逐条检查。

(1) 西餐厅的环境卫生状况良好。

(2) 西餐厅各种设施设备应保持完好。

(3) 台面应该符合规定:餐具整齐、摆放统一、干净、无缺口,桌布无洞无污渍。

(4) 台椅摆放整齐:椅子干净无尘、坐垫无污渍、台椅纵横对齐或摆成图案。

(5) 工作台摆放有序:餐柜摆设符合要求、托盘叠放整齐划一、餐具布置规范。

(6) 自助餐,特别是预定自助餐各项准备工作已经完成。

(7) 餐具准备充分、完好、清洁。

(8) 各种调料准备充分。

(9) 冰水、饮料准备充足,并达到规定的温度标准。

(10) 各种服务用具和餐布准备齐全。

(11) 地毯整洁卫生,做到无任何杂物纸屑。

(12) 环境舒适:灯光、空调设备完好正常。

(13) 空调应提前半小时开放(一般在上午 11 时和下午 2 时)。

附:餐厅设施设备检查工作程序与标准(表 4-5)。

表 4-5 餐厅设施设备检查工作程序与标准

序号	程 序	标 准
1	检查各种电器	① 灯光、电器类设备须安全,导线须完好、无破损、无短路隐患,电源插头须完好、牢固、安全,电器附近无易燃、易爆和腐蚀性物品。 ② 背景音乐及灯光开关须完好、安全、灵敏。 ③ 空调须正常工作。 ④ 咖啡机须完好、安全、正常工作,且表面清洁
2	检查餐车	① 清洁和检查餐车的工作须由酒水员负责。 ② 车轮须完好,且转动灵活、无异声。 ③ 餐车严禁推送重物等
3	地毯的检查	① 餐厅各处地毯须保持洁净、完好、无起鼓、无破损。 ② 地毯的衔接处无开缝、无卷起现象
4	门的检查	① 门须完好、使用正常,且表面无脱漆、无开裂、无破损。 ② 开门时须自如,且无异声。 ③ 门把手、门锁须完好,使用正常
5	桌椅的检查	① 各餐桌、桌椅、沙发须安全、牢固、完好、无脱漆、无开裂、无破损。 ② 餐椅、沙发表面及椅套须完好、无破损、无污迹

3. 员工检查

（1）了解各部门员工的出勤情况，确认缺勤人员的缺勤原因。

（2）检查各部门员工的仪容服饰是否干净、整齐、符合规定。

（3）参加大厅班前例会，听取前一天管理例会上布置的工作安排，评述得失，指明员工努力的方向。

（4）检查员工用餐情况，听取员工各方面的意见与建议，并督促做好员工餐以达到一定用餐标准。

（5）监督并检查各部门人员是否依照规定工作。

（6）是否有人员不足导致准备不充分的部门。

（7）吧台人员是否准时出勤、准备就绪。

4. 产品检查

（1）检查当日所需食材是否备齐。

（2）检查大厅餐具是否配备。

（3）检查食物原料质量是否可靠，存储是否得当。

（4）检查库存量是否在安全量范围，是否需要临时叫货。

5. 环境卫生检查

（1）音乐是否控制适当。

（2）灯光是否控制适当。

（3）开店前5分钟音乐是否准时播放。

（4）西餐厅入口处是否清洁。

（5）地面、玻璃、收银台清洁是否已做好。

（6）卫生间是否清洁干净。

（二）西餐服务餐前准备

1. 按要求摆台

按规定要求摆好餐台，准备好各种酒水饮料和冰、开水。摆台前要洗手消毒，搞好个人卫生。摆台时用托盘盛放要用的餐具，边摆边检查餐叉酒具、餐盘是否干净、光亮。手拿餐具（如：刀、叉）时，要拿其柄部；拿餐盘、面包盘时手不应接触盘面。拿杯具时手指不能接触盛酒部位。摆好台后要全面检查是否有漏项或错摆现象，检查花瓶、蜡烛台是否摆放端正。西餐早餐、午餐和晚餐摆台应符合标准（图4-68）。

图4-68 餐前准备就绪的西餐厅

2. 准备酒类饮料

一般应在餐厅一侧设置吧台（或固

定或临时)。吧台内备齐本次宴会所需的各种酒类饮料和调酒用具,并根据酒水的供应温度提前降温,还应备好酒篮、冰桶、开瓶器、开塞钻等用具。吧台应有调酒师在岗,以便为客人调制鸡尾酒。另外,还应备好果仁、虾条、面包条等佐酒小吃。

小资料:可可奶制作、服务的程序与标准(表4-6)。

表4-6 可可奶制作、服务的程序与标准

序号	程序	标准
1	热可可奶	① 取一洁净、无水迹、无破损的小瓷壶,将热牛奶加至小瓷壶的3/4处。 ② 在小瓷壶内加入一定量的可可粉,搅拌均匀。 ③ 服务时,服务员须准备一套咖啡杯、咖啡碟、咖啡勺摆放在客人餐具右侧,且咖啡杯、咖啡碟、咖啡勺须洁净、无破损、无水迹、无污迹。 ④ 将热可可奶倒入杯中,将瓷壶放在咖啡杯的右侧
2	冷可可奶	① 制作冷可可奶须使用长饮杯,且长饮杯须洁净、无水迹、无破损。 ② 将牛奶加至杯中2/3处,加入适量的可可粉。 ③ 在杯中加入适量的冰块使可可奶冷却。 ④ 服务时须配吸管、糖水及杯垫。 ⑤ 须先将杯垫摆放在客人餐盘的右侧,杯垫上的店徽面向客人,然后将盛有冷可可奶的长饮杯放在杯垫上,杯子右侧摆放吸管,糖水放在长饮杯右侧,以方便客人自己取用

3. 面包、黄油服务

在餐前开始5分钟,将面包、黄油摆放在客人的面包盘和黄油碟内,所有客人的面包、黄油种类和数量都应是一致的。同时,为客人斟好冰水和矿泉水。单桌和小型宴会可在客人入席后进行此项服务。

附:餐前准备的工作程序与标准(表4-7)。

表4-7 餐前准备的工作程序与标准

序号	程序	标准
1	准备工作	① 开餐前,服务员须整理所在区域的服务边柜,使各类餐具、瓷器、冰水壶、酱料容器的摆放整齐划一,且各类餐具、瓷器、冰水壶须洁净卫生。 ② 准备齐全的咖啡粉、茶叶,且咖啡粉、茶叶须新鲜、无异物。 ③ 准备充足的翻台用具(口布、餐具、托盘、烟缸),各种用具须洁净、卫生。 ④ 清洁各种酱、料瓶确保洁净、无污迹,并做好各种配料的准备工作。 ⑤ 准备充足的牙签、火柴。 ⑥ 准备充足的食品单、酒水单。 ⑦ 补充胡椒、盐和各类袋糖,且胡椒、盐须新鲜、无杂质
2	检查	① 检查台面上的花瓶、牙签盅、胡椒瓶、糖盅、烟缸须洁净、无破损、无油迹、无污迹。 ② 检查各类袋糖须无漏洞、无污迹

项目四 西餐服务基本技能

（三）迎领服务

客人到达餐厅门口时，迎领员应主动上前表示欢迎，礼貌问候后，将客人引领至休息区域，并根据需要接挂衣帽。

（四）宴前鸡尾酒服务

客人进入休息区域后，服务员应向客人问候，并及时向客人送上各式餐前酒。送酒水前应先做介绍并征求客人意见。如客人是坐饮，则应先在客人面前的茶几上放上杯垫，再上酒水；如客人是立饮，则应先递给客人餐巾纸，然后递上酒水；如客人需要鸡尾酒，则应将客人引至吧台前，由调酒师根据客人要求现场调制，或是先请客人入座，再去吧台将客人所需鸡尾酒托送至客人面前。在客人喝酒时，休息室服务员应托送果仁、虾条等佐酒小吃巡回向客人提供。休息室服务时间一般为半小时左右，当客人到齐，主人示意可以入座时，则应及时引领客人到餐厅。

（五）拉椅让座

当客人到达本服务区域时，服务员必须主动上前欢迎、问好，然后按先女后男、先宾后主的顺序为客人拉椅让座（方法与中餐宴会相同）。待客人坐下后，为客人铺餐巾，并点燃蜡烛以示欢迎。

综合应用

（一）基础知识部分

1. 西餐厅班前会及营业前的检查工作的内容。
2. 西餐厅接待准备工作基础知识。

（二）操作技能部分

学生分组，按照时间顺序，进行班前会、营业前的检查工作、西餐服务餐前准备等各种服务程序的场景模拟练习。

（三）综合能力测试：情景模拟

情景一：2001年6月，中国领导人与中亚五国首脑在上海会面。俄罗斯总统普京的夫人忙里偷闲，赴上海老饭店品尝上海菜。服务人员怕普京夫人不会用（不习惯）筷子，特地放置了一副吃西餐用的刀叉。谁知普京夫人为了表示友好，几乎自始至终都在努力地使用筷子，只是在品尝干烧明虾时用了一次刀叉。试问：在接待外国用餐者时，如何摆台合适？在接待既有外国用餐者，又有内宾的时候，该如何摆台？如果我们的西餐厅接待的绝大多数都是这样的客人，假如您是这家餐厅的主管该怎么做？

情景二：小李是某饭店西餐厅上岗不久的服务员，一天，餐厅宴会部接待了一次大型宴会，小李被叫去做餐厅摆台的准备工作，席间有两位客人示意要餐具，小李觉得很奇怪：餐具应该都摆齐了呀。试问如果您是小李该怎么办？如果是客人的原因导致这种现象，请问客人为什么会这么做？

项目五 西餐零餐服务程序

【导入语】

西餐零餐服务是指在西餐厅内为零散用餐的宾客供应西餐,并为之提供相应的服务。在餐饮业零餐服务的流程各不相同,一般根据餐厅的不同风格来具体确定,无论是传统的、现代的、亦或是独创的,保持这些服务风格的一致性是关键的。

 项目目标与要求

最终目标:

了解西餐零点服务的菜单内容和服务程序;掌握西餐零点服务的操作技巧;正确做好零点服务工作。

促成目标:

1. 掌握西餐零点服务的菜单内容。
2. 能正确地进行西餐零点服务的接待工作。
3. 能做好餐前酒水推销和服务工作。
4. 能做好客人就餐和结账服务工作。
5. 能做好餐后送客服务及餐厅清洁和整理的结束工作。

 项目载体

范　例	西餐厅零餐服务
学生学习载体	菜单;服务用具;便餐摆台台面

 项目服务流程图

操作要求讲解——操作程序和操作规范——动作姿势练习——注意事项

项目学习任务书

项目模块(14学时)	学 习 任 务	备 注
接待服务 (学时2)	1. 西餐厅迎接客人的程序和规范。 2. 呈递菜单、酒水单及餐前酒水服务规范	
推荐食品、酒水 (学时4)	1. 西餐菜品服务的规程。 2. 西餐主要佐餐酒服务方法	菜品和酒水的推销技巧
就餐服务 (学时4)	1. 西餐就餐服务的程序、方法和规范。 2. 了解不同规格和特色餐厅的主要菜式和酒水的服务方法	西餐主要菜品和酒水的服务方法
结账服务 (学时2)	1. 现金结账的服务程序。 2. 信用卡、支票结账的服务程序	
餐后服务 (学时2)	1. 送客服务程序和规范。 2. 整理和清洁工作程序	

模块一 接 待 服 务

 学习目标

最终目标：
接待服务的程序和服务的规范。
促成目标：
1. 西餐厅迎客的程序和规范。
2. 掌握餐前酒水的服务规程。

 学习任务

1. 西餐厅迎接客人的程序和规范。
2. 呈递菜单、酒水单及餐前酒水服务规范。

任务：西餐厅接待服务

【知识导入】

西餐零餐服务是指在西餐厅内为零散用餐的宾客供应西餐，并为之提供相应服

务。西餐零餐服务具有以下特点：

1. 菜单是宾客订餐的依据

零点菜单内容应包括所有零点厨房所能提供的食品。宾客享用零点服务时，首先要依据菜单来选择所需的菜肴，然后，通过服务员接受、传送订单，厨师烹饪，服务员上菜等程序，来满足宾客的需求。

2. 注重质量标准，以获得稳定的客源

零点餐厅必须遵循服务操作程序，注意质量标准并坚持一贯性，以确保所供应的食品和饮料质量相一致。所有的操作程序与标准，都必须以宾客的需要为依据。零点服务就是要成功地满足宾客各种各样的需求，以使宾客再次光顾，使餐厅能够获得稳定的客源。

3. 零点服务时间性强

零点服务时间通常与人们的用餐时间习惯相吻合，换言之，零点服务时间的确定，应为早、午、晚餐三个时段。在这三个时段中，翻台率很高，因此，要求餐厅服务员能够准确地预计宾客的需求，以期高效率完成服务工作。

一、迎接

客人进入餐厅时，即预示着服务流程的开始，服务员必须面带微笑以 30 度的鞠躬招呼："早上好/中午好/晚上好/欢迎光临！"对于熟识的客人，可称呼："X 先生/X 小姐，欢迎光临！"对于正规的餐饮服务还应询问："请问先生/小姐几位？"声音要响亮亲切，态度要诚恳热情。

（一）餐厅电话预订

（1）要求在电话铃响三声之内拿起电话听筒，电话铃响不能超过三声。

（2）接听电话首先用英文问好："XX western restaurant, May I help you?" "XX 西餐厅，我可以为您服务吗？"

（3）如遇对方没有反应，即用中文问好："您好，请问需要帮忙吗？"

（4）在接受订座时，必须登记客人姓名、人数、就餐时间、房间号码等及特殊要求。

"How many people, please?"（sir/madam）"请问宾客共有几位？"；"For what time, please?"（sir/madam）"订何日几时的座位？"；"May I have your name, please?（sir/madam）""请问，您是以何名字订的位子？"

（5）重复宾客的预订，让宾客确认你所重复的是否正确，并致谢。"Thank you, Mr. XX/Mrs. XX, goodbye."

（6）等宾客挂上电话后，预订员才能挂电话。

（二）准备工作

开餐前半小时做好一切准备工作：

（1）根据宾客预定人数选定餐桌，在餐桌上放置留座卡。

（2）了解当日特别菜肴及其推销服务。

（3）将餐厅门打开，领位员站在门口迎接客人。

(4) 服务员站在桌旁,面向门口。

（三）迎宾、入座

客人来到餐厅,领位员应面带微笑,主动上前问好、表示欢迎:"Good evening! Welcome to the 'XXX', Have you made a reservation? May I have your name, please?""晚上好,请问您是否有订座？请告诉我您的名字好吗？"

(1) 如客人已订座,领位员应热情地引客人入座。

(2) 如果客人没有预订,领位员应礼貌地将客人引领至适当的餐桌。

（四）带位

(1) 询问客人就餐人数后,礼貌地将客人带到客人满意的餐台前。"How many people are there in your party?""请问你们有几位？""This way, please","请这边走。""How about this table?","这张台怎么样？"

(2) 带客时应走在客人前方约1 m处,且不时回头,把握好客人与自己的距离。切忌只顾自己走在前面,而把客人落在后头。

(3) 离开前,向客人说:"请享用。""Enjoy your lunch (dinner), please!"

领位员带位应遵循下列原则:

(1) 尽量先将宾客带入靠橱窗的位置,按照先外后里的原则,这样外面的顾客会看到此餐厅的人源较旺,满足随众心理,以吸引更多的客人。

(2) 依宾客的意愿带位。

(3) 根据宾客的人数带入合适的座位。

(4) 尽量将宾客集中在某一区域,这样做的好处是使服务员的走动范围小,以提高效率和节约电力能源。

（五）铺席巾

(1) 按先女士后男士,先客人后主人的次序顺时针方向依次进行。

(2) 站于客人的右手边拆开餐巾,左手提起餐巾的一角,使餐巾的背面朝向自己。

(3) 用右手拇指和食指捏住餐巾的另一角。

(4) 采用反手铺法,即右手在前,左手在后,轻快地为客人铺上餐巾,这样可避免右手碰撞到客人身体。

（六）拉椅让座

当迎宾员把客人带到餐台边时,服务员应主动上前协助为客人拉椅让座。

(1) 站在椅背的正后方,双手握住椅背的两侧,后退半步,同时将椅子拉后半步。

(2) 用右手做一个"请"的手势,示意客人入座。

(3) 在客人即将坐下的时候,双手扶住椅背两侧,用右膝盖顶住。

(4) 拉椅、送椅动作要迅速、敏捷、力度要适中,不可用力过猛,以免撞倒客人。

（七）点蜡烛（晚餐）

(1) 服务员退后半步,点燃火种,身体前倾把餐台上蜡烛点燃后,立即熄灭火种。

(2) 注意火种不能碰到客人。

注：领位员离开时应与负责该桌的看台服务员联系好,并对宾客说"希望您用餐愉快!"然后回自己原来的地点。一个餐厅应有两名以上领位员,以便在宾客多时可以轮流引导宾客入座。安排宾客到什么地方入座可参照中餐零点服务中引位员的服务程序去做。

附：迎接客人（领位员）的工作程序与标准（表5-1）。

表5-1 迎接客人（领位员）的工作程序与标准

序号	程 序	标 准
1	迎接客人	① 领位员须保持正确的站姿,注意个人的仪容仪表,在领位台迎接客人。 ② 问好客人须遵循先宾后主、女士优先的原则。 ③ 使用酒店礼貌用语问候客人;如果知道客人的姓名或职务,须称呼客人的姓名和职务
2	引领客人入座	① 领位员须问清客人是否选择无烟区。 ② 须问清客人是吃点菜还是自助餐,引领客人到不同的就餐区域。 ③ 领位员须右手拿菜单,左手为客人指示方向,四指并拢、手心向上,严禁用一个手指为客人指示方向。 ④ 领位员引领客人进餐厅时,须与客人保持1m左右的距离。 ⑤ 领位员将客人引领到预订的餐桌前,须征询客人意见。 ⑥ 根据客人人数、吸烟与否及客人的特殊要求,为客人安排餐桌,并询问客人是否满意。 ⑦ 按先女士、后男士;先客人、后主人的次序为客人搬开桌椅,请客人入座;当客人临近餐椅即将落座时,将餐椅轻轻前送。 ⑧ 领位员须将客人介绍给餐厅服务员。 ⑨ 就餐高峰期间领位员须准确、迅速完成客人的引座任务
3	介绍区域服务员	① 将区域服务员介绍给客人。 ② 区域服务员须自我介绍
4	道别归位	① 领位员离开客人时须预祝客人好胃口。 ② 领位员须适时进餐厅将菜单收回放置到领位台

二、呈递菜单、酒水单

客人入座后,应及时奉上茶水和菜单（先女士后男士）,不可让客人等待超过2分钟。客人等待太久应致歉:"对不起,让您久等了!"

附：英国茶服务的工作程序与标准（表5-2）。

表5-2 英国茶服务的工作程序与标准

序号	程 序	标 准
1	准备用具	① 茶壶须洁净、无茶锈、无破损、无水迹、无指印。 ② 茶杯、茶碟、茶勺须洁净、无茶锈、无水迹、无破损。 ③ 奶缸、糖盅须洁净、无异物、无破损。奶缸内倒入2/3的新鲜牛奶,糖盅内放入白砂糖及蔗糖及健康糖;袋糖须无凝固、无破漏、无污迹、无污迹、无水迹

(续表)

序号	程序	标准
2	准备茶水	① 沏茶的水须是沸水。 ② 在茶壶内放一袋无破漏、洁净的英国茶。 ③ 沏茶时,须将沸水倒入壶中 4/5 处
3	茶水服务	① 服务员将酒水员制作好的茶及准备好的茶具等依次摆放在托盘内,且托盘须洁净、无破损、无水迹、无污迹。 ② 服务员须将茶杯、茶碟、茶勺依次摆放在客人面前的吧桌台面上,且茶勺把儿须朝右,茶杯把儿须与客人平行;将奶盅、糖盅摆放在台面的中央处,由客人自己添加糖和牛奶。 ③ 服务茶水时,服务员须按先宾后主、女士优先的原则,从客人右侧将茶水倒入杯中,茶水须倒至茶杯的 4/5 处,并四指并拢、手心向上,用手示意并请客人慢慢饮用;为客人斟倒完茶水后,将茶壶放置在台面的中央处。 ④ 当茶壶内茶水剩 1/3 时,服务员须主动上前为客人添加开水

(一)微笑问好

看台服务员走到宾客面前时,首先给宾客以友好的微笑,并说"您好,先生/夫人"。应设法记住常来的宾客姓名,并可用名字称呼,使他们感到亲切,例如"早安,史密斯先生,您今天早上好吗?"

(二)呈递菜单、酒水单

宾客坐下后,看台服务员应把手中的菜单、酒水单递给宾客,如是一对夫妇一起吃饭,把菜单、酒水单递给女士,如很多人在一起用餐,最好把菜单、酒水单递给主宾(主宾一般总坐在主人的右边),然后按逆时针方向绕桌送上菜单、酒水单(一般:不把菜单送给小孩,除非有孩子的特别菜单或父母同意让孩子有一张菜单)。询问客人是否需要餐前鸡尾酒、饮料和餐前小吃。

附:上菜单的工作程序与标准(表5-3)。

表5-3 上菜单的工作程序与标准

序号	程序	标准
1	菜单的准备	① 领位员在开餐前需认真检查菜单,保证菜单干净、整洁、无破损、无涂改、无折痕等,并在菜单的第一页配有厨师长的特荐菜单。 ② 菜单不少于 10 份
2	为客人递送	① 领位员需按客人人数,拿取相应数量的菜单。 ② 当客人入座后,领位员打开菜单的第一页,站在客人右侧,征询客人意见后,将菜单用双手送至点菜客人的手中,并等候客人点菜

(续表)

序号	程序	标准
3	介绍菜单	① 在客人浏览菜单时,服务员须向客人简单介绍菜单上的菜。 ② 在确认客人所点的菜品后,服务员须认真记录客人点的菜和先后顺序。 ③ 记录客人的点菜要用正楷写清菜品的名称,字迹须清晰、工整。 ④ 完成客人的第一次点菜后,在客人用餐的过程中,服务员须再一次询问客人是否还需要其他菜点

（三）点开胃酒

当所有宾客入座后,服务员开始接受点开胃酒或鸡尾酒。接受宾客点酒时,应介绍餐厅的开胃酒或鸡尾酒的特色,记下每位客人所点的酒水,并向宾客复述。开好酒单后交给此区服务员,服务员拿酒单交给收银员,拿酒单去酒吧取饮料。送酒水时应事先核对以免出差错。未点酒的宾客应在客人入座前5分钟为其倒上冰水。

附：推销酒水的工作程序与标准（表5-4）。

表5-4　推销酒水的工作程序与标准

序号	程序	标准
1	推销酒水	① 服务员须熟练掌握各种酒水知识。 ② 向客人推销酒水时,服务员须面带微笑,热情地为客人介绍酒水。 ③ 如客人在晚餐后光临酒吧,须向客人推销含酒精的饮品,如鸡尾酒、杜松子酒、威士忌、白兰地等。 ④ 根据客人的国籍推荐不同的酒水,服务员须适时地向客人介绍本星期的特选,如特制鸡尾酒等。 ⑤ 如客人一时难以决定喝何种饮料或酒水时,服务员须主动向客人介绍饮料或酒水的品种,并注意饮料或酒水的品种须适合于客人的国籍、民族和性别;例如德国客人,可向他们推荐生啤等新鲜啤酒。 ⑥ 服务员推销及建议饮料或酒水的品种时,须注意使用礼貌用语,不准强迫客人接受

（四）餐前饮品服务

按照宾客饮用要求准备好各种饮品。服务鸡尾酒时,应用托盘送上,并报出名称。酒水员在客人右侧上餐前饮品,并报上饮品名称。

餐前酒（aperitif）：餐前酒也称开胃酒,是指在餐前饮用的、喝了后可以刺激人的胃口、使人增加食欲的饮料。开胃酒通常由药材浸制而成。主要品种有味美思（Vermouth）、比特酒（Bitters）、茴香酒（Anisette）等。

开胃酒服务程序如下。

1. 准备

根据客人的订单准备好吸管、搅棒、杯垫;将盛放酒的酒杯放于托盘右侧,盛有配酒的特制玻璃樽放杯左侧。

2. 服务

服务酒水时,在客人右侧用右手进行,按顺时针方向服务,女士优先,先宾后主;倒配酒时须用搅棒把开胃酒调均匀,然后把配酒放于一旁,示意客人开胃酒已调好;再次为客人服务开胃酒时,须准备新的酒杯和配酒。

(五)上面包、黄油

通常,西餐服务中的面包、黄油应在客人订食品单之前提供。宾客到达前5分钟,根据宾客数量,将黄油、面包分别摆放在黄油、面包盘内;服务员必须为客人提供新鲜的热面包和冷冻黄油,并使用清洁的面包篮和黄油碟,注意先给女士上黄油和面包(图5-1)。

(1)黄油碟放于面包碟正上方约1.5 cm处。

(2)备饭匙、大叉各一,置于面包篮的一端,饭匙柄、叉柄向右,面包篮里备好各款面包。

(3)上面包在客人的左侧进行,左手持面包篮身体微前倾,将面包篮送到客人的左前方,礼貌地请客人选择喜欢的面包品种,然后右手持饭匙和大叉将面包夹送至客人的面包碟里。

(4)面包服务按逆时针方向进行。

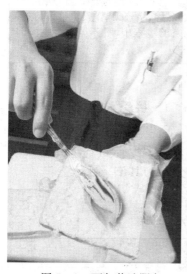

图5-1 面包黄油服务

(5)面包篮递送位置要恰当,不可过高或过低。

(6)每服务完一位客人要将饭匙和大叉放回篮子里,同时后退一步再转身去为下位客人服务,千万不可将面包篮直接从客人头上绕过去。在服务另一位客人时再拿起饭匙和大叉。高级西餐厅往往在鸡尾酒服务前先供应一份清汤如洋葱胡萝卜汤、芹菜西红柿鸡汤等,其作用是保护胃壁,减少酒精刺激。如无清汤供应,西餐厅一般都有冰水供应,宾客人座后,即应斟满冰水。与此同时,另一名服务员应开始端送面包黄油,面包黄油碟摆放在宾客左首,因此面包应从左边送上,用一把叉、一把匙夹送。

附:食品服务的程序与标准(表5-5)。

表5-5 食品服务的各种程序与标准

序号	程　　序	标　　准
1	面包、黄油的服务	① 当客人点完菜后,服务员须为客人服务面包和黄油。 ② 服务时,须站在客人的左侧,按先宾后主、女士优先的原则逆时针方向进行,服务员须左手托面包篮,右手拿面包夹,身体微微前倾,向客人介绍面包种类,询问客人选择何种面包
2	食品服务	① 服务员根据客人所点的菜品,须将配套餐具准备好。 ② 服务食品时,服务员须用右手从客人的左侧服务,礼貌地告诉客人所服务食品的名称。 ③ 如果餐盘较热,服务员须事先提醒客人。

(续表)

序号	程　序	标　　准
2	食品服务	④ 服务员须从客人右侧服务各种配汁、配料及调料，配汁、配料及调料底部要配有面包盘及花纸垫。 ⑤ 各道菜之间的时间控制要根据客人进餐的速度灵活掌握
3	客人就餐过程中的服务	① 每服务一道菜前，须先给客人倒饮料，更换脏烟缸，并撤下客人用过的菜盘和餐具。 ② 及时征询客人对每道菜的意见

综合应用

（一）基础知识部分

迎客服务程序；点菜、点酒水服务程序；开胃酒服务程序；面包黄油服务。

（二）操作技能部分

在教师的指导下，模拟演练迎客服务；点菜、点酒水服务；开胃酒服务和面包黄油服务。

模块二　推荐食品酒水

学习目标

最终目标：

掌握西餐食品、酒水服务的程序和服务规范。

促成目标：

1. 了解西餐菜品服务的规程。
2. 掌握西餐主要佐餐酒服务方法。

学习任务

1. 西餐菜品服务的规程。
2. 西餐主要佐餐酒服务方法。

任务：西餐厅食品酒水服务

【知识导入】

推荐食品、酒水是一个比较重要的服务过程，推荐食品、酒水之前应作好以下准备：熟记当天的例汤、沽清、急推、新品等项目。图5-2为一款西餐的菜品与酒水。

图5-2　一款西餐菜品和酒水

一、介绍菜品、酒水

值台服务员呈递菜单、酒水单后应离开餐桌一会儿，让宾客从容地选择。5—10分钟后再回到桌边来接受宾客点菜、点酒。客人点菜，一般由餐厅领班负责。

（一）点单

客人确认点单时，应手持点单本，身体微微前倾，站在客人右侧，或中心位置进行。服务人员应向客人介绍当日厨师特选和当日特殊套菜；套菜包括头盘（冷头盘或热头盘或汤）、主菜（三种选择）、甜食（六种选择）、咖啡或茶；清楚记录客人所点菜式、酒水的名称、数量、有何特殊要求等。

（二）点菜次序

当桌上不止一位宾客时，应从主人右侧的宾客开始，按顺时针方向轮转接受每位客人的点菜；西餐点菜的一般次序是：先女士后男士，先客人后主人，先年长后年轻，按顺时针方向进行。

（三）菜单记录

将宾客位置记在点菜单相应的编号上。对宾客所点菜的特殊要求记在点菜单上。如宾客对牛排、羊排的生熟程度、跟色拉的色拉汁等。每位宾客点菜完毕，应立即为其复述一遍，确保无误后，开出点菜单。

附：为客人点菜单的工作程序与标准（表5-6）。

表5-6　为客人点单的工作程序与标准

序号	程　　序	标　　　　准
1	准　　备	客人点菜时，服务员须站在客人右后侧，准备为客人点菜
2	点　　单	① 服务员须将身体微微前倾，讲话声音适中，不可打扰客人。 ② 耐心介绍各种菜品的口味和特色。 ③ 让客人有时间充分考虑，避免催促客人。 ④ 客人点菜时，点菜员须给客人以相应的帮助和建议；并问清客人所点菜品的火候及配料

(续表)

序号	程序	标准
3	重复菜单	① 向客人重复一遍点好的菜单,避免出现错误,并再次询问、确认客人有无特殊要求。 ② 客人点菜结束后,服务员须将菜单收回并向客人致谢

(四)在宾客点下列菜肴时的注意事项

1. 点牛排、羊排,问生熟程度

"How would you like your steak, sir? Well done, medium well, medium, medium rare or rare?"

2. 点色拉问配何种色拉汁

"What kind of salad dressing would you like to have, oil vinegar, French dressing, thousand island dressing, or Roquefort dressing?"

3. 点法国洋葱汤问清是否配 parmesan cheese

"Would you like to have some parmesan cheese with your onion soup?"

(五)记录、推荐

写上时间、台号、坐标、服务员名字,并随时准确回答客人关于菜式、酒水的各种询问,适时向客人介绍或推销急推菜式和特色菜、新品菜式等(建议销售)。

(六)询问

当客人点完菜、酒水后,应主动询问:"请问一下,您还有什么其他需要吗?"(饮料、酒水、甜品等)。

(七)确认

点完单后,应清晰的向客人复单,重复客人所点菜品、酒水的内容,在得到客人肯定的答复之后,应向客人表示"请稍等"。

附:食品单确定的工作程序与标准(表5-7)。

表5-7 食品单确定的工作程序与标准

序号	程序	标准
1	到客人餐桌征询客人	待客人看完菜单后,须主动询问客人是否可以点食品单
2	推荐	① 为客人推荐食品时,须使用礼貌用语,为客人介绍菜单以及西餐厅的特色菜,使客人了解菜品的主配料、味道及制作方法,不可强迫客人接受。 ② 须有推销意识,及时推荐高档菜品及厨师长特荐菜品。 ③ 必要时向客人提出合理化建议,最好先建议高中价的菜品,再建议低价位的菜品,同时考虑菜量大小、食品搭配的情况。 ④ 就餐高峰期,尽量少点一些加工手续繁琐的造型菜,以避免因上菜速度造成客人投诉。 ⑤ 若客人所点的菜肴厨房没有备足,点菜员须委婉地对客人讲:"对不起,刚好卖完。"并建议客人用口味相近的其他菜

(续表)

序号	程　序	标　准
3	上传食品单	① 点菜员在上传食品单时，须检查菜品的道数、分量、客人人数、台号是否准确。 ② 将标准程序上传食品单，打印三份，厨房、传菜员、服务员各给一份。 ③ 食品单上的有些菜品根据运作要二次打印
4	重述客人订单内容	须为客人重复食品单内容，请客人再次确认

（八）传送点菜单、酒水单

迅速地将点菜单、酒水单按规定要求传送到各部门（收银、酒吧、传菜、厨房），然后根据所点菜式、酒水，及时收拾台面多余物品，正确摆放各菜式配备的餐具、酒具。

注意：运用各种推销技巧以增加点单金额；切勿强行向客人推销，应采取建议推销方式，以免造成客人的反感和投诉；当客人点单时间较长或犹豫不决时，切勿露出不耐烦的表情，应耐心细致的向客人介绍和建议推销。

附：点菜单及酒水单填写的工作程序与标准（表5-8）。

表5-8　点菜单及酒水单填写的工作程序与标准

序号	程　序	标　准
1	点菜单	确保打印的菜单洁净、清楚、整齐，上传纸准备充足，保证日常营业所需。打印三张，厨房、传菜员、服务员各一张
2	填写订餐单	① 填写订餐单时，服务员须用正楷填写清楚服务员姓名、客人就餐人数、餐台号、日期；字迹须书写清楚、工整，各道菜之间须用间隔线分开。 ② 服务员填写订餐单时，须按照汤、前菜、主菜、甜品的顺序填写。 ③ 根据客人的要求、喜好，服务员须注明各种菜所需配汁和调料。 ④ 在订餐单上须注明肉类制作的火候

二、酒水服务

西餐服务中一般把点酒与酒水服务独立出来，是西餐服务的一个重要的组成部分，因为西餐用酒水种类很多，占餐饮收入的很大比重。

（一）递酒单、订佐餐酒

从客人右侧用右手递送，女士优先；根据宾客所点的菜肴，介绍推销与其相配的佐餐酒；下酒单。

佐餐酒，是在进餐时饮的酒，常用葡萄酒（wine）。西方人就餐时通常只喝佐餐酒。佐餐酒包括红葡萄酒、白葡萄酒、玫瑰红葡萄酒（玫瑰露酒）和葡萄汽酒。白葡萄酒、玫瑰露酒和葡萄汽酒应冰镇，红葡萄酒用酒篮盛放。

附：酒水单展示及葡萄酒推销的工作程序与标准（表5-9）。

表 5-9　酒水单展示及葡萄酒推销的工作程序与标准

序号	程　　序	标　　准
1	餐前检查	① 领位员在开餐前需认真检查酒水单,保证酒水单洁净、无破损,检查酒水车上摆放的酒水品种及保质期,并保证酒水样品洁净、无杂质。 ② 主管在开餐前须检查吧台内各种饮品的储存量及保质期,保证各种饮品的供应
2	推荐	① 客人订完食品单后,服务员须主动为客人推荐酒水。 ② 须主动地站立在主人的右侧,将酒水单从右侧递送到主人面前,为客人推荐酒水。 ③ 如果主人接受服务员的推荐,服务员须礼貌地打开酒水单第一页,右手拿酒水单上端,左手拿酒水单底部,将酒水单从主人右侧递至主人手中,并主动地介绍酒水
3	葡萄酒的推销	主动为客人推荐葡萄酒,介绍酒的产地、年份、味道及酒的特点
4	收回酒水单	① 待客人订完酒后,重述订单内容,请客人确认。 ② 礼貌地收回酒水单,放置在服务台上

（二）接受点酒

（1）酒水员推酒车到客人面前问酒,在开酒瓶之前,一定展示商标,待客人确认后再开启。

（2）若客人点白葡萄酒应放入冰桶内。如客人不喝酒,应把台上的酒杯及时收掉。

（3）红葡萄酒放入酒篮,在客人台上开,在开瓶之前,一定要先给客人看酒瓶上的商标,然后倒主人酒杯约一口的量,主人尝酒说可以,继续服务。

附：饮品单确定的工作程序与标准(表 5-10)。

表 5-10　饮品单确定的工作程序与标准

序号	程　　序	标　　准
1	订单前的准备工作	准备好饮品单,并将饮品单上面的各项目用正楷填好,包括：服务员的姓名、客人人数、台号及日期,字迹须工整、清晰
2	为客人订单	① 走近客人台边,站正身体,礼貌地询问客人是否可以点饮品。 ② 建议性地向客人推销葡萄酒、鸡尾酒或其他酒水；服务员在推荐饮料或酒水的品种时,须注意使用礼貌用语,不准强迫客人接受。 ③ 如客人一时难以决定喝何种饮料或酒水时,服务员须主动向客人介绍饮料或酒水的品种,并注意饮料或酒水的品种须适合于客人的国籍、民族和性别。 ④ 将客人的需求认真、工整、清晰地填写在订单上
3	复述订单内容	须向客人重述饮料和酒水的品种,请客人再次确认

（续表）

序号	程　序	标　　准
4	填写饮品单	① 服务员须向客人重述所点饮料或酒水的品种,请客人确认。 ② 服务员须将客人多点的饮料或酒水的品种整齐地写在饮品单上,字迹须清晰,并写清服务员的姓名、客人就餐的人数、宴会厅的名称或台号及日期等

（三）酒水开瓶程序

1. 准备

备好酒钻、毛巾。

图 5-3　开瓶

2. 开瓶

开瓶时,要尽量减少瓶体的晃动。将瓶放在桌上开启,动作要准确、敏捷、果断。开启软木塞时,万一软木塞有断裂迹象时可将酒瓶倒置,利用内部酒液的压力顶住木塞,然后再旋转酒钻;开拔瓶塞越轻越好,防止发出突爆声（图 5-3）。

3. 检查

拔出瓶塞后检查瓶中酒是否有质量问题,检查的方法主要是嗅辨瓶塞插入瓶内部分的气味。

4. 擦瓶口、瓶身

开启瓶塞之后,用干净的餐巾仔细擦拭瓶口,香槟酒要擦干瓶身。擦拭时,注意不要让瓶口积垢落入酒中。

5. 摆入

开启的酒瓶、酒罐可以留在宾客的餐桌上;使用暖桶的加温酒水和使用冰桶的冰镇酒水要放桶架上,摆在餐桌的一侧;用酒篮盛放的酒要连同篮子一起放在餐桌上;随时将空瓶、空罐从餐桌上撤下。

6. 注意事项

开瓶后的封皮、木塞、盖子等杂物,可放在小盘子里,操作完毕一起带走,不要留在餐桌上;开启带汽或冷藏过的酒罐封口时,常有水汽喷射出来,因此在宾客面前开启时,将开口避开客人并用手挡遮,以示礼貌;开香槟酒的方法:香槟酒的瓶塞大部分压进瓶口,有一段帽形物,需轻轻转动上拨,靠瓶内的压力和手的力量将瓶塞拔出来。操作时,应尽量避免晃动,以防酒液溢出。

（四）白葡萄酒服务程序

1. 递酒单

将酒单打开首页递给客人,顺序为先女后男,先宾后主。

2. 记单

在订单上准确记下客人所点的酒品名牌、数量。

3. 请客人验酒

白葡萄酒要置于冰桶内,上面用餐巾遮盖,放在客人右侧,10 分钟后再把酒瓶取出,左手以餐巾托底部以防滴水,右手用拇指与食指捏紧瓶颈,标签面向客人,请客人验酒,并使用敬语"请您验酒",声音轻柔、清晰。

4. 开瓶

与酒水的开瓶相同。

5. 请客人试酒

在主人杯中倒入少许白葡萄酒,请其检验酒的质量,在主人认可后再给客人斟酒。

附:白葡萄酒服务的工作程序与标准(表 5 - 11)。

表 5 - 11　白葡萄酒服务的工作程序与标准

序号	程序	标准
1	准备工作	① 客人订完白葡萄酒后,须立即到吧台取酒,时间不准超过 5 分钟。 ② 在冰桶中放入 1/3 的冰块和 1/2 的水后,将冰桶放在冰桶架上,并配有一条叠成 8 cm 宽的条状口布。 ③ 将白葡萄酒放入冰桶中,商标须向上。 ④ 在桌上放一个洁净的杯垫,店徽须面向客人,然后将酒杯摆放在杯垫上,且酒杯须洁净、无缺口、无破损
2	白葡萄酒的展示	① 将准备好的冰桶架、冰桶、酒和口布一次性拿到客人座位的右侧。 ② 左手持口布,右手持葡萄酒,将酒瓶底部放在条状口布的中间部位,再将条状口布两端拉起至酒瓶商标以上部位,并使商标全部露出。 ③ 右手持用口布包好的酒,用左手四指托住酒瓶底部,送至客人面前,请客人看酒的商标,并询问客人是否可以开启
3	白葡萄酒的开启	① 得到客人允许后,将白葡萄酒放回冰桶中,左手扶住酒瓶,右手用开酒刀割开铅封,并用一块洁净的口布将瓶口擦干净。 ② 将酒钻垂直插入木塞,注意不准旋转酒瓶,待酒钻完全钻入木塞后,轻轻拔出木塞,木塞出瓶时不准有声音。并请客人闻一下木塞,然后把它放在小碟中
4	白葡萄酒的服务	① 服务员右手持条状口布包好酒,商标须面向客人,从客人右侧倒入主人杯中 1/5 的白葡萄酒,请客人品酒。 ② 客人认可后,按先宾后主、女士优先的原则依次为客人倒酒,倒酒时须站在客人的右侧,将白葡萄酒倒至杯中 2/3 处即可。 ③ 每倒完一杯酒须将酒瓶按顺时针方向轻轻转一下,避免瓶口的酒滴落在台面上;倒酒时,酒瓶商标须面向客人,瓶口不准粘贴杯口,以免有碍卫生及发出声响。 ④ 倒完酒后,将白葡萄酒放回冰桶内,商标须向上
5	白葡萄酒的添加	① 随时为客人添加白葡萄酒。 ② 当整瓶酒倒完时,询问客人是否需要再加一瓶,如客人不需要加酒,则观察客人,待客人喝完后,立即将空杯撤掉。 ③ 如客人同意再添加一瓶,服务程序与标准同上

(五)红葡萄酒服务程序

1. 递酒单

与"白葡萄酒的服务"相同。

2. 记单

同上。

3. 请客人验酒

酒篮内铺垫干净的餐巾;从酒吧取出客人所点的酒,将酒瓶擦拭干净;将酒瓶轻轻卧放于酒篮内,商标朝上。双手递上酒签,请客人检验。使用敬语"请您验酒",声音应清晰。

4. 开瓶

与"开瓶"服务程序相同。

5. 试酒

与"白葡萄酒的服务"相同。

附:红葡萄酒服务的工作程序与标准(表 5-12)。

表 5-12 红葡萄酒服务的工作程序与标准

序号	程 序	标 准
1	准备工作	① 客人订完红葡萄酒后,须立即到吧台取酒,时间不准超过 5 分钟。 ② 准备好酒篮,将一块洁净的口布铺在酒篮中。 ③ 将红葡萄酒放在酒篮中,商标须向上。 ④ 在桌上放一个洁净的杯垫,店徽须面向客人,然后将酒杯摆放在杯垫上,且酒杯须洁净、无缺口、无破损
2	红葡萄酒的展示	① 服务员须右手拿起装有红葡萄酒的酒篮,走到客人座位的右侧,向客人展示红葡萄酒。 ② 服务员右手拿起酒篮上端,左手轻轻托住酒篮的底部,呈 45 度倾斜,商标须向上,请客人看清酒的商标,并询问客人是否可以开启
3	红葡萄酒的开启	① 得到客人允许后,红葡萄酒立于酒篮中,左手扶住酒瓶,右手用开酒刀割开铅封,并用一块洁净的口布将瓶口擦净。 ② 将酒钻垂直钻入木塞,注意不准旋转酒瓶,待酒钻完全钻入木塞后,轻轻拔出木塞,木塞出瓶时不准有声音。木塞请客人闻一下,然后放在小碟中
4	红葡萄酒的服务	① 服务员将打开的红葡萄酒放回酒篮,商标须向上,同时用右手拿起酒篮,从客人右侧倒入客人红葡萄酒杯中 1/5 处的红葡萄酒,请客人品尝。 ② 客人认可后,开始按先宾后主、女士优先的原则,依次为客人倒酒,倒酒时须站在客人的右侧,倒入客人杯中的 3/5 处即可。 ③ 每倒完一杯酒须轻轻转一下酒篮,避免酒滴在桌布上;倒酒时,酒瓶商标须面向客人,瓶口不准粘贴杯口,以免有碍卫生及发出声响。 ④ 倒完酒后,把酒篮放在客人酒具的右侧,注意不准将瓶口对着客人
5	红葡萄酒的添加	① 随时为客人添加红葡萄酒。 ② 当整瓶酒倒完时,须询问客人是否再加一瓶,如果客人不再加酒,即观察客人,待客人喝完后,立即撤掉空杯。 ③ 如客人同意再添加一瓶,服务程序与标准同上。

（六）佐餐酒服务

1. 确认

用餐巾托起瓶身向主人展示酒的牌子，让主人确认是他所点的酒后，放回冰箱里。

2. 开瓶

在宾客面前用开瓶器将木塞取出，木塞直接递给主人，主人闻闻木塞，待其确认酒品没有问题后再用餐巾擦拭瓶口。

3. 试酒

用餐巾包裹瓶身，但需露出牌子。先在主人杯子里倒入少许让主人品尝，然后先女后男斟酒，最后再给主人斟至标准量。

4. 摆入

将斟后的酒瓶放回冰箱，上面覆盖餐巾，随时准备替客添加酒水。如果酒瓶空了，征求宾客意见是否再订一瓶，说"Excuse me, sir, would you like to have another one？"

西餐菜肴与酒水搭配一般有以下惯例。

（1）开胃酒，选用鸡尾酒（Cocktail）、味美思（Vermouth）、比特酒（Bitters）或雪莉酒（Sherry）。

（2）头盆（开胃菜），选用低度、干型白葡萄酒。

（3）汤类，一般不用酒，但也可配较深色雪莉酒或玛德拉（Madeira）。

（4）副盆，选用干白葡萄酒、玫瑰露葡萄酒或低度干红葡萄酒。

（5）主菜，海鲜类选用无甜味的干白葡萄酒；鸡肉等白色肉类最好选用酒度不高的干红葡萄酒；牛肉、猪肉和羊肉等红色肉类最好选用酒度较高的红葡萄酒。

（6）奶酪类，选用甜味葡萄酒，也可继续使用正菜的酒品。

（7）甜食，选用甜葡萄酒或葡萄汽酒。

（8）餐后酒，可选用甜食酒、白兰地、利口酒或鸡尾酒等。

附：饮料服务的工作程序与标准（表 5-13）。

表 5-13 饮料服务的工作程序与标准

序号	程　序	标　　准
1	取饮料	① 服务员去吧台取饮料，取饮料的时间不准超过 5 分钟。 ② 在托盘中摆放饮料：根据客人座次顺序摆放，第一客人的饮料须放在托盘远离身体侧，重的饮料放在托盘的里侧
2	饮料服务	① 饮料取回后，按先宾后主、女士优先的原则，依次从客人右侧服务。 ② 客人餐具前的酒杯和饮料杯须从大到小摆放，软饮杯和啤酒杯须放在便于客人取到的位置。 ③ 斟倒饮料的速度不宜过快，瓶口不准对着被服务的客人，避免可乐、啤酒等含气体的软饮料溢出泡沫溅着客人，同时饮料的商标须对着客人。 ④ 同一桌客人须在同一时间段内按顺序提供饮料服务。 ⑤ 右手从托盘中取出饮料，在客人右侧倒至杯子的 3/4 处，将所剩的饮料瓶和饮料罐放在杯子的右上方，并四指合拢，手心向上用手示意请客人慢慢饮用

(续表)

序号	程 序	标 准
3	添加饮料	随时观察客人的饮料杯,当发现客人杯中仅剩1/3饮料时,须立即询问主人是否须添加,如主人同意添加,开具饮料单为客人添加饮料,如客人不再添加饮料,等客人喝完饮料后,须从客人的右侧撤走空饮料杯

综合应用

(一) 基础知识部分

介绍菜品、酒水的方法技巧;酒水服务。

(二) 操作技能部分

在教师的指导下,模拟演练白葡萄酒服务程序、红葡萄酒服务程序、佐餐酒服务程序。

模块三 就餐服务

学习目标

最终目标:

就餐服务的程序和服务规范。

促成目标:

西餐就餐服务的原则、程序和服务方法。

学习任务

1. 西餐就餐服务的程序、方法和规范。
2. 了解不同规格和特色餐厅的主要菜式和酒水的服务方法。

任务:西餐就餐服务

【知识导入】

传菜员应将食品、饮料准确无误地上至准确的台号,并准确地按坐标上给点该食品、饮料的客人,将菜式或饮品轻轻地放到客人面前,逐一报上名称:"您好 XXX——请慢用",同时配合使用请的手势,当送至最后一道菜时应向客人表示"您好,你所点的菜已上齐,请慢用"。

一、上菜

(一)服务头盘

头盘有冷、热之分,应注意凉菜要凉,热菜要热,并用相应温度的餐盘。

1. 上头盘

端上菜肴时,要告诉宾客菜名,一般情况下,上菜时值台员用右手从宾客右边端上,直接放入装饰盘内(图5-4)。

图5-4 头盘

2. 撤盘、收盘

头盘吃完后(客人全部放下刀、叉后),询问客人是否可以撤盘,得到客人允许后才能撤盘;收盘时,用右手从宾客的右边撤下,然后按先女后男、顺时针方向依次撤下每位宾客的空盘,刀叉放在空盘里一同撤下。

西餐服务要求徒手撤盘,只有玻璃杯具、烟灰缸、面包盘、黄油盅等小件物品用托盘撤送。

头盘与下一道菜不应中断,但也无需匆忙用餐,因此,应在客人开始享用头盘数分钟后,请厨师制作下一道菜。

(二)服务汤或色拉

服务汤时,汤盅应配汤碟或垫上餐巾折成的餐巾花。服务员应小心地把汤放在客人餐台上,并准确报出汤的名字。同一餐台的客人,同时提供汤的服务。

1. 上汤盅

汤盅需垫上餐巾折成的小荷花,这样既美观又可保温,色拉木碗与汤盅一样需垫小荷花,以使冷食品保持低温,色拉汁、奶酪粉等调配料一律从宾客左手分派。

2. 撤盘

汤或色拉吃完后,空菜盘应连同装饰盘一起撤下,餐位上只留下吃主菜的刀叉用具、面包碟及刀等。

3. 整理

宾客用完色拉以后,服务员应对餐桌稍作整理,以便上主菜。

(三)服务主菜

上主盘(图5-5)以前,要提供系列的餐中服务。如客人需要,应为客人添加面包和黄油。客人的酒杯仅剩1/3酒时,要为客人添加酒(图5-6),客人配餐时,如喝矿泉水,也要随时为客人添加。另外,烟缸内不能超过2个烟蒂。更换时,应用干净烟缸盖在脏烟缸上,同时撤下,再将干净烟缸放于台上烟缸原来的位置。

图5-5 主盘

图5-6 添酒

(1)服务主盘时,要准确地按订单为客人服务,不能再次询问客人。

(2)在宾客右侧上菜,上菜时用右手拇指根部卡住盘边,按先宾后主原则,从客人右侧服务;上完后要报菜名,要告知牛、羊排几成熟;如餐盘过热,应提示客人注意。

(3)放盘时,让主菜、肉类靠近宾客面前,蔬菜则放到桌心方向。

(4)从客人右侧服务各种配汁、配料及调料,且配汁、配料及调料容器底部要配有花纸垫和面包盘。

(5)主菜用完后,待客人全部放下刀叉,征得主人同意,按先女后男的次序撤走主菜盘刀叉,服务员用面包碟将桌上面包碎屑扫干净并征求宾客对主菜的意见。

上菜的顺序:上菜的顺序一般为:头盘—汤—沙律(或直接上主菜)—主菜。

出菜时间控制:

(1)西菜的出菜时间要求恰到好处,出菜太早,菜式在厅面滞留时间长,容易影响到食物的色、香、味,出菜太慢则易引起客人不满。

(2)服务员应掌握客人所点菜式所要求的烹调时间,在前一道菜将用完时通知厨房制作下一道菜,对烹制时间较长的菜式应提前通知厨房准备。

(3)出菜时间控制原则:① 同一台客人所点菜式道数相同,则每道菜要求同时出菜,如客人各自所点菜式道数不同,则头盘及主菜应同时出。② 第一道菜应尽快出。③ 每道菜间隔时间原则不超过 5 分钟,出主菜前间隔时间不超过 8 分钟。④ 午餐出菜间隔时间可稍短,晚餐出菜间隔时间可稍长。

二、撤碟

客人用餐时,所属区域的服务员应随时注意观察用餐客人动向,并保持走动巡视各台;需要站立服务时,应站在 2 m 以外的距离注视所在区域的宾客,主动发现问题,主动解决问题(当宾客招手示意需要服务时,一定要同样伸出右手回应,并快速走到宾客面前)。

撤盘时用一个圆形的头盘盘子,上面放上一条折叠好的干净餐巾,将准备好的餐具放入餐巾中;撤换餐具时应先撤一支,再摆放一支;撤换餐具时不可将客人所要用的餐具全部一次性摆上台,而应在下一道菜未上前及时撤换一套相应的餐具。

(一)餐间服务包括:(巡台)

1. 添饮料、面包、黄油

水杯里的水少于 1/3 时就要添加;添酒:酒杯里的酒不能少于 1/3,发现客人酒杯剩 1/3 时,须上前征得客人同意后再为客人添酒,如酒瓶已空,要展示给客人看,主动推销葡萄酒要展示给客人看主动推销葡萄酒。待主人认可后,方可将空瓶撤下;添面包、添黄油:如客人还在吃面包,而黄油碟内黄油已少于 1/3 时可添。

附:为客人服务第二杯饮料的工作程序与标准(表 5-14)。

表 5-14 为客人服务第二杯饮料的工作程序与标准

序号	程　序	标　　准
1	掌握时机	在客人第一杯酒水或饮料喝到 1/3 时,须主动询问客人是否需要添加饮料;如客人同意添加,须开具酒水、饮料单为客人添加酒水、饮料
2	推销	① 抓住时机,建议性地推销,服务员在推销及建议酒水或饮料品种时,须注意使用礼貌用语,不准强迫客人接受。 ② 如客人不需要同样的酒水或饮料,可以推荐其他饮品
3	服务第二杯酒水、饮料	① 当客人同意用第二杯酒水、饮料时,须立即为客人服务。 ② 服务员在为客人服务第二杯酒水、饮料时,须为客人更换洁净、无破损的酒水杯或饮料杯。 ③ 服务员须用右手从托盘中取出饮料,从客人右侧将酒水、饮料倒至客人杯子的 3/4 处,将所剩的饮料瓶或罐放置在客人杯子右侧的杯垫上,报出酒水名称,并四指并拢、手心向上用手示意并请客人慢慢饮用

2. 换骨碟烟盅

在骨碟中堆满 2/3 的杂物时,应予以更换。烟盅超过 2 支烟头予以更换。

3. 加座

更换餐具,加餐具,加位,加辅料(如辣椒酱、豉油、急汁、辣椒仔等);就餐客人临时增加人数,服务员要立即请在座的客人向两侧稍微挪位,再把补充的餐椅摆在空位上,并请刚到的客人入座;补上相应的餐具;如有小孩就餐,要马上搬来儿童椅,并帮助小孩入座。

4. 加单

客人要求增加菜式、饮料、酒水、饭等,按点单程序进行。服务员要小声询问客人是否需要加菜,如客人须加菜,则为客人开单并送厨房。

5. 转台

当客人要求转台时,应尽量予以满足,同时要及时更改点单本、收银、水吧、厨房、出餐处的台号。

6. 收台

撤空餐具,收拾桌面,客人边吃边回收,当客人台面出现空盘、空杯、骨渣、纸巾应随时收走,以保证客人方便和舒适的用餐;在撤食品之前应询问"您好,请问这个 XX 可以收了吗?"在得到允许后方可撤下,未经客人允许,不得收走食品。

(二)撤餐具的要求

(1)当宾客用完所订的菜肴后,服务员才可撤去桌上餐具(按照西餐习惯,当宾客用完一道菜时,如把刀叉放在盘子上,即表示服务员可以撤下这道菜的盘子),但撤盘时仍应询问一下客人。

(2)撤餐具应按逆时针方向进行,从宾客的左侧用左手把盘子撤下。如餐桌上有女宾,应从女宾开始撤盘。用过的餐刀、餐叉等餐具应放在盘子上面一并撤下。撤餐具时,要按顺序一个一个地拿,用左手收,用右手接,一次不宜过多,以免发生意外。

(3)撤下的餐具要放到就近的服务桌上的托盘里,绝不允许在餐桌上当着宾客的面刮盘子内的剩菜或把盘子在餐桌上堆起来再撤掉。

(4)在主菜盘撤下、上甜品水果之前,要用一块叠好的干净餐巾(或用台刷),把洒落在桌子上的菜、面包屑等扫进一个小盘或银制小簸箕里,同餐桌上所用过的餐具一并撤下,以保持餐桌清洁。

(5)在上各道菜时,水杯一直留在餐桌上,并应经常斟满。烟灰缸里如发现有了2个烟头时,就应换上干净的烟缸。

(6)宾客离去,服务员收拾餐具时,应先把银器放在托盘的一边,把所有玻璃器皿放在托盘的另一边,把大盘放在托盘的中间,餐巾放在盘子最上。

在遇有下列情况之一时,餐具须及时更换:

(1)用过一种酒水,更换另一种酒水时。
(2)装过有鱼腥味食物的餐具,再上其他菜时。
(3)吃甜菜和甜汤前。
(4)风味特殊和调味特别的菜肴之后。
(5)吃带芡汁的菜肴之后。
(6)当餐具脏时。

（7）盘内骨刺残渣较多，影响美观时。

询问客人意见：当菜上到1/3左右时，领班应主动上前询问客人对食品及服务质量的意见。

上菜应注意以下几点：

（1）一定要记住所传菜式的名称和将要上菜的准确台号，客人坐标，在没弄清的情况下，绝对不能随意将菜品上台。

（2）品检所出食品是否有品质问题，例如异物、变质等现象。如发现问题应退回重新制作改善，不得将有问题的食品上台。

（3）根据客人要求的先后次序上菜，若无特别要求，按正常程序上菜；上菜在客人的右侧进行，上配料汁酱、柠檬、面包片、沙律汁、胡椒粉等，从客人左边进行；上菜时，重复客人所点的菜式名称，将每道菜观赏面或主菜朝向客人；一般顺序为：头盘—汤类—主菜—饮料（有些要求在饭后上）—甜品或水果。

（4）上菜时不可将菜式或饮料举过客人头顶，不可将手指伸入汤中或接触菜式；上菜完毕后再一起揭开菜盖，并请客人慢用（图5-7）。

对传菜员的基本要求：

（1）熟悉本餐厅每一餐桌的确切位置，熟悉每桌各餐位的编号，了解本餐厅所经营的各种菜点名称、分量、样式、配料及菜式所用器皿。把宾客的订菜单交给厨师，从厨房取回宾客所订的菜点，适时送到宾客面前。

（2）当传菜员手中有几张订单，同时为一桌以上宾客送菜时，要特别记住订单的先后顺序，做到先来的宾客先服务、后到的宾客后服务。传菜员在为一桌四五位宾客传菜时，要按照餐位编号一一为宾客传菜，应根据宾客所订主菜全部同时上桌这一原则服务。

图5-7　盘中菜

传菜服务注意事项：

（1）使用托盘取菜，要做到菜点的拼摆图案不因送菜到桌而受到破坏，并注意将托盘内冷菜和热菜分开摆。在取热菜时要把盘盖盖好，做到热菜必须热上，冷菜必须冷上。

（2）从餐厅到厨房要注意靠右侧行走，不冲、不跑不在同事当中穿来穿去。走菜时，要注意观察前后左右的情况，并保持身体的平衡，保证菜点和汤汁不滴、不洒。

（3）对于厨师做出的菜肴要做到五不取。数量不足不取，汤汁温度不适不取，颜色不正不取，调料、配料不全不取，器皿不洁、破损或不符合规格不取。

附：从厨房取菜的程序与标准（表5-15）。

表 5-15　从厨房取菜的程序与标准

序号	程　序	标　　　　准
1	托盘的准备	准备好与菜量相符的服务用圆托盘、方托盘,托盘必需洁净、无异物、无破损、无水迹
2	食品服务顺序	① 服务员从厨房取菜品时,在菜品上桌前须再次验证客人所在餐桌及所点菜品。 ② 按照汤、前菜、主菜、甜品的顺序上菜。 ③ 最后上水果及咖啡
3	取　菜	① 服务员须牢记每张订单的时间、台号及菜名。 ② 根据客人就餐的速度及每道菜的准备时间,从厨房按顺序取菜。 ③ 服务员须及时告知厨师要菜的台号和菜名。 ④ 取菜时须检查菜点,是否按客人所需标准制作,即要保证客人所点菜的色、香、味、型,对不符合标准的菜品须立即退回厨房
4	送菜品进餐厅	① 把做好的菜放到服务托盘上。 ② 菜品的各种配汁、配料须与客人的要求相符;菜品的摆放应整齐、准确。 ③ 所有摆在服务托盘上的菜品须平稳。 ④ 所有菜品的数量须与订单上的数量相符。 ⑤ 将取好的菜从服务员订单上划掉
5	服务菜品到桌	① 服务员在服务菜品时,依据先宾后主、女士优先的原则用右手从客人左侧上菜。 ② 在递送热菜时一定要有垫盘,凉菜一定要新鲜。 ③ 服务员须根据客人所点的菜品配送与之相应的面包。 ④ 服务三明治时须配好调味品和佐料

三、奶酪、甜品

1. 征询客人,清理餐台

(1) 当客人吃完所有的菜品后,服务员应主动为客人提供干净的甜食菜单,在客人右边送上甜品单。

(2) 推销奶酪和甜点,先向客人展示放在各式奶酪的木板或手推车,将宾客点的奶酪当场切割装盘、摆位,并配上胡椒、盐盅、黄油、面包、凉蔬菜;待宾客吃完奶酪后,将用具托盘撤下,只留下甜品叉、勺及有酒水的杯子、餐巾、烟灰缸、花瓶、蜡烛;同时推销时令水果、雪糕、芝士以供选择。

(3) 客人订甜食后,征求客人意见是否可以清台。如客人同意清台,服务员一手拿甜品盘,一手拿餐巾,按逆时针方向从客人左边清理台面,服务员撤去桌面上所有餐具,留下酒杯和水杯。

2. 上餐具

清理桌面后,根据客人所点甜品,摆上相应的餐具。如点的是甜点心则摆上甜品叉;

如点的是水果则上水果刀叉。从客人右侧为其摆上甜食叉、勺,叉在左侧,勺在右侧。

3. 上甜食、水果

(1) 摆完台后,使用托盘将奶酪或甜品从客人左侧按顺时针方向送上,女士优先,先宾后主;摆在餐桌正中,礼貌地请客人用奶酪或甜品,并告诉客人食品的名称;同桌客人的甜食必须同时服务。

(2) 如果客人点的是甜汤,则要垫上碟垫并配上汤匙,汤匙放在碟垫上。

(3) 如果客人点的是大盘水果拼盘,则按中餐上菜程序操作。

图 5-8 上桌的咖啡

附:甜品服务的工作顺序与标准(表 5-16)

表 5-16 甜品服务的工作程序与标准

序号	程 序	标 准
1	推销	① 客人用完主菜后,服务人员须主动、及时地向客人推荐各种甜品。 ② 向客人推荐至少两种品名的甜品,以方便其选择
2	准备餐具	① 服务员根据客人所订甜品,为客人准备好相应的餐具。 ② 站在客人右侧按先宾后主、女士优先的原则顺时针进行服务,将准备好的餐具,从客人的右侧摆放在餐台上。 ③ 服务人员从厨房取出甜品、送入餐厅。 ④ 服务冰激凌、水果、沙拉、奶酪等杯盛食品时,应配备好垫有花纸的面包盘,服务杯盛食品时须配备吸管
3	服务甜食	① 服务甜品时,服务员须站在客人左侧,按先宾后主、女士优先的原则顺时针方向服务。 ② 左手托住服务托盘,用右手从服务托盘中取出甜食从客人左侧将甜点放在客人餐台的正中,并告知客人食品的名称
4	离开餐桌	离开客人餐桌时,请客人品尝甜品

四、咖啡及茶

许多西餐厅在记账时,将咖啡和茶的收入算入食品账目,这也是因为客人习惯把咖啡和茶当做用餐的最后一道。

(一) 咖啡及茶服务

为客人服务咖啡和茶时,应先将糖缸、奶罐摆放在客人便于取到的餐台上,询问客人用咖啡还是用茶,然后接新鲜的热咖啡和茶为客人服务。

(1) 客人餐台上,糖缸内应放 3 种糖,1 种白砂糖,1 种咖啡糖,1 种减肥糖。

(2) 糖必须保证新鲜、无结块,糖量为缸容量的 4/5,奶罐内应注入新鲜的冷冻淡奶,如客人要求用鲜奶,则为客人准备鲜奶。

(3) 咖啡用具要配套使用,咖啡碟上摆咖啡杯,杯柄朝向右下方,咖啡勺斜放于咖啡杯右上侧(图5-8)。如客人只喝咖啡、茶,杯具放于客人正前方;如客人同时食用甜食,杯具放于客人右手侧。

(4) 给客人服务的咖啡要保证新鲜、滚热,使用的咖啡壶也要干净、无破损。服务时用右手从客人右侧按顺时针方向进行,女士优先,先宾后主。咖啡、茶斟至杯的3/4处即可。

(5) 先问清宾客喝咖啡还是茶(Would you like to have coffee or tea?),随后送上糖缸、奶壶或柠檬片,准备咖啡具、茶具,咖啡配糖和淡奶,柠檬茶配糖和柠檬片。

(6) 用托盘撤走盛甜点的用具,将咖啡或茶杯移到宾客面前,不等宾客呼叫,随时准备添加。

(7) 客人用完第一杯咖啡或茶后,要为客人加第二杯咖啡或茶。

附1:普通咖啡制作、服务的工作程序与标准(表5-17)。

表5-17 普通咖啡制作、服务的工作程序与标准

序号	程　　序	标　　　准
1	准备工作	① 根据客人点单,在相应数量的洁净的奶缸中倒入七分满的鲜奶或淡奶。 ② 将插满白糖、黄糖、健康糖的糖盅和奶缸放在垫有压花纸的托盘中,且托盘须洁净、无破损、无水迹、无污迹。 ③ 准备好相应数量的咖啡杯、咖啡碟、咖啡勺,且咖啡杯、咖啡碟须洁净、无破损、无咖啡渍,咖啡勺须洁净、光洁、无水印
2	普通咖啡的制作	① 准备好制作咖啡用的咖啡粉,且咖啡粉须新鲜、无杂质、无异味。 ② 先将咖啡机中盛装咖啡粉的容器取下,在容器内铺垫一张咖啡过滤纸,然后将一定量的咖啡粉倒入容器,并放回到咖啡机内。 ③ 按下操作按钮。 ④ 咖啡制作好后,咖啡机自动关闭。
3	服务咖啡	① 服务员将酒水员制作、准备好的咖啡及准备好的咖啡器具等依次摆放在服务托盘内,且托盘须洁净、无破损、无水迹、无污迹。 ② 服务咖啡时,服务员须按先宾后主、女士优先的原则,从客人右侧将咖啡杯、咖啡碟、咖啡勺等器具依次摆放在客人面前的台面上,且咖啡勺把须朝向右侧;并将制作好的咖啡倒入咖啡杯中,约八分满,严禁将咖啡撒在咖啡碟上,同时四指并拢、手心朝上用手示意并请客人慢慢饮用
4	添加咖啡	① 当客人咖啡杯中的咖啡仅剩1/5时,服务员须主动询问客人是否再制作、添加一杯咖啡。 ② 如客人需要,须迅速为客人制作、添加咖啡,标准同上。 ③ 如客人不需要再添加,待客人饮用完后,将空咖啡杯及咖啡用具等及时撤掉
5	注意事项	① 服务咖啡时,服务员不准用手触摸杯口。 ② 同一桌的客人使用的咖啡杯,须大小一致,配套使用。 ③ 服务员须主动、及时征询客人,为客人制作咖啡,向其提供添加咖啡的服务

附2：表5-18 无咖啡因咖啡服务的工作程序与标准(表5-18)。

表5-18 无咖啡因咖啡服务的工作程序与标准

序号	程 序	标 准
1	准备用具	① 根据客人订单，准备好相应数量的咖啡杯、咖啡碟、咖啡勺，且咖啡杯、咖啡碟、咖啡勺须洁净、光亮，无破损，无污迹，无水滴，无水迹，无咖啡渍。 ② 向咖啡壶中注入一定量的热水，然后将两袋无咖啡因咖啡摆放在一个垫盘上。 ③ 准备装有白砂糖、黄糖、减肥糖的糖盅和倒有七分满奶的奶盅
2	服务无咖啡因咖啡	① 服务员将调酒员制作好的咖啡和咖啡用具摆放在服务托盘内，且托盘须洁净、无破损、无水迹、无污迹。 ② 服务员在为客人服务咖啡时，须按先宾后主、女士优先的原则，将无咖啡因咖啡和咖啡杯从客人的右侧上，依次摆放在客人面前的吧桌台面上，且咖啡勺把须朝右；再将糖盅、奶盅、咖啡碟、咖啡壶放置在吧桌台面中央，由客人自己取用，并四指并拢、手心向上用手示意并请客人慢慢饮用
3	添加无咖啡因咖啡	① 当客人咖啡杯中的咖啡仅剩1/5时，服务员须主动询问客人是否再添加咖啡。 ② 如客人同意添加，须开具饮料单为客人准备，标准同第1项。 ③ 服务员在为客人服务第二杯咖啡时，须为客人撤换咖啡杯，再进行第二杯咖啡服务，服务标准同第2项。 ④ 如客人不再添加咖啡，服务员须观察客人，待其用完咖啡后，将空咖啡杯和咖啡用具等及时撤掉
4	注意事项	① 服务员在服务咖啡时，不准用手触摸杯口。 ② 同一桌的客人使用的咖啡杯，须大小一致，配套使用。 ③ 服务员须主动、及时征询客人，为客人制作咖啡，向其提供添加咖啡的服务

（二）餐后酒服务

1. 准备

(1) 检查酒车上酒和酒杯是否齐备。

(2) 将酒和酒杯从车上取下，清洁车辆，在车的各层铺垫上干净的餐巾。

(3) 清洁酒杯和酒瓶的表面、瓶口和瓶盖，确保无尘迹，无指印。

(4) 将酒瓶分类整齐摆放在酒车的第一层上，酒标朝向一致；将酒杯放在酒车的第二层上。

(5) 将加热白兰地酒用的酒精炉放在酒车的第三层上。

(6) 将酒车推至餐厅明显的位置。

2. 餐后酒服务

(1) 酒水员必须熟悉酒车上各种酒的名称、产地、酿造和饮用方法。

(2) 酒水员将车轻推至客人桌前，酒的商标朝向客人，建议客人品尝甜酒。

(3) 积极向客人推销酒水,对于不了解甜酒的客人,向他们讲解有关知识,推销名牌酒;给客人留有选择的余地,根据客人的国籍,给予相应的建议;尽量推销价格高的名酒,然后是普通的酒类;向女士建议饮用柔和的酒。

(4) 斟酒时用右手在客人的右侧服务。

(5) 不同的酒类使用不同的酒杯。

(三)餐后甜酒

图 5-9 餐后甜酒和甜点

餐后甜酒又叫利口酒(liqueur)是餐后饮用的,是糖分很多的酒类,人喝了之后有帮助消化的作用(图 5-9)。这类酒有很多种口味,原材料有两种类型:果料类和植物类。制作时用烈性酒加入各种配料(果料和植物)和糖配制而成。

主要有以下六种品种:

(1) 本尼狄克丁(Benedictine D. O. M);

(2) 谢托利斯(Chartreuse);

(3) 乔利梳(Curacao);

(4) 金万利(Grand Marnier);

(5) 君度(Cointreau);

(6) 薄荷酒(Creme de Menthe)。

附1:早餐服务的工作程序与标准(表 5-19)。

表 5-19 早餐服务的工作程序与标准

序号	程　　序	标　　准
1	上菜	① 开餐前30分钟,将用保鲜纸包好的色拉、甜品等摆放到自助餐台指定的位置上。 ② 及时从厨房端取热菜,放到自助餐盆内,将盖盖好后点上酒精炉。 ③ 开餐前5分钟,将凉菜、甜品的保鲜膜摘下。 ④ 上菜工作结束后,服务员须及时站位,迎接客人就餐
2	迎接客人	① 领位员须保持正确的站姿和良好的仪容仪表,在领位台迎接客人。 ② 领位员须使用酒店礼貌用语,向客人微笑并致以问候;领位员须婉转地请客人出示房卡及早餐券。 ③ 客人若无早餐券,须问清客人的房间号和人数并记录在账单上。 ④ 核对过房卡及早餐券后,领位员须称呼客人的姓名以示尊敬。 ⑤ 礼貌地询问客人是否抽烟(引领时引至相关用餐区)
3	引领客人入座	① 领位员须用右手为客人指示方向,并四指并拢,严禁用一个手指为客人指示方向。 ② 领位员引领客人进餐厅时,须与客人保持1m左右的距离。 ③ 领位员将客人引领到桌前,须征询客人的意见。 ④ 依据先宾后主、女士优先的原则为客人搬开座椅,并协助客人入座。 ⑤ 领位员须将客人介绍给服务员

(续表)

序号	程序	标准
4	早餐服务	① 领位员须向客人问候,并询问、确认客人要咖啡还是茶。 ② 客人在就餐过程中,服务员须及时为客人撤掉空盘和空杯,并适时添加咖啡或茶。 ③ 服务员须及时为客人更换烟缸(烟缸内烟头不准超过2个)。 ④ 服务员须及时备足区域所需用品,及时撤走离开客人用过的餐具,保持桌面的清洁、干净、无污迹,以方便来客继续用餐
5	补菜	① 传菜员须适时控制酒精炉的燃烧程度,及时补充酒精。 ② 对于需求量大的菜品及时通知厨房准备
6	结账并送客	① 客人提出结账前,服务员须提前检查账单,确保账单填写清楚无误,并准备好笔和账单夹。 ② 客人结账时,服务员按结账服务程序与标准,礼貌地请客人出示房卡,核对房卡无误后,主动将笔和账单呈给客人;待客人签字后,礼貌地感谢客人,同时将账单收回。 ③ 迅速将账单交给收银员,以便其输入电脑存档。 ④ 客人起身离开餐厅时,服务员须及时检查餐桌上、下有无客人遗留的物品,并将客人送至餐厅门口,欢迎客人再次光临

附2:午、晚餐服务的工作程序与标准(表5-20)。

表5-20 午、晚餐服务的工作程序与标准

序号	程序	标准
1	迎接客人	① 领位员须保持正确的站姿和良好的仪表仪容,在领位台迎接客人。 ② 客人前来就餐时,领位员须使用酒店礼貌用语,向客人微笑并致以问候。 ③ 若是住店客人前来就餐,服务员须问清客人的房间号和人数并记录在账单上。 ④ 礼貌地询问客人是否抽烟(引领时引至相关用餐区)
2	引领客人入座	① 领位员须用右手为客人指示方向,且四指并拢,手心向上;严禁用一个手指为客人指示方向。 ② 领位员引领客人进餐厅时,须与客人保持1m左右距离。 ③ 领位员将客人引领到餐桌前,须征询客人的意见。 ④ 依据先宾后主、女士优先的原则为客人搬开座椅,并协助客人入座。 ⑤ 如有小孩,及时安排婴儿椅,并根据家长的要求,为其提供相应的帮助。 ⑥ 领位员须将客人介绍给服务员
3	铺口布	① 在客人就座后服务员须上前为客人铺口布,并依据先宾后主、女士优先的原则。 ② 一般情况下须在客人右侧铺口布,若在不方便的情况下(客人一侧靠墙),可以在客人左侧铺口布。 ③ 服务员在为客人铺口布时,须站立于客人的右侧,拿起口布,将口布轻轻对角打开,并注意右手在前,左手在后,将口布轻轻地铺在客人腿上。 ④ 当需要从左侧铺口布时,须站立于客人左侧,并注意左手在前,右手在后(胳膊肘不能碰到客人)。 ⑤ 如有儿童用餐,须根据家长的要求,帮助儿童铺口布

（续表）

序号	程　序	标　准
4	介绍菜单	服务员递送菜单时，向客人简单介绍菜单上的菜品、自助餐的品种及每日例汤
5	服务饮料	① 客人就座，为客人铺好口布后，服务员须主动地走到主人桌前，询问、确认主人需要饮用的饮料或酒水品种。 ② 主人点完饮料后，须从客人的右侧为客人提供饮料、酒水服务，所有的饮料、酒水，服务员须在10分钟内斟倒完毕
6	服务食品	① 服务员须及时为客人订食品单，并询问、确认客人所点食品的火候和配料。 ② 服务员须将客人订好的菜单为其复述一遍，以免错误；须将订好的食品单及时传送至厨房。 ③ 服务员须根据客人所订食品，给客人提供相应的服务。 ④ 服务员在为客人服务食品的过程中，须及时为客人撤掉空盘、空杯、添加饮料、更换烟灰缸（烟灰缸内的烟头不超过2个）
7	结账	① 服务员须提前将客人的账单检查、准备好。 ② 客人结账时按结账服务程序与标准，将账单递送给客人；待其确认后，将账单送至收款处进行结算。 ③ 客人结账后，服务员须征求客人对食品、服务的意见。 ④ 客人离开时，服务员须将客人送至餐台门口，并欢迎客人再次光临

综合应用

（一）基础知识部分

头盘、汤或色拉、主菜、奶酪、甜品、咖啡及茶、餐后酒服务程序和服务方法。

（二）操作技能部分

在教师的指导下，模拟演练头盘、汤或色拉、主菜、奶酪、甜品、咖啡及茶、餐后酒服务。

模块四　结账服务

学习目标

最终目标：
理解西餐厅餐后结账服务的程序和方法。

促成目标：
掌握西餐厅结账服务程序和服务方法。

 **学习任务**

1. 现金结账的服务程序。
2. 信用卡、支票结账的服务程序。

任务：西餐厅结账服务

【知识导入】

　　一般宾客都希望在提出结账时即能立即收到账单。假如宾客对餐厅的食物、服务员的工作态度都感到满意，同样也希望结账时会很顺利。如果因结账而等候许久，则会产生不满情绪，而将原有的良好印象破坏殆尽。所以，在结账的整个服务过程中，要做到快捷妥当。

　　通常，在将宾客所点菜肴酒水上齐后即应清点酒水单、点心单、点菜单，核对单上所点菜点是否与餐台上的菜点相符，然后到收款处为宾客准备好账单。当从收款员处接过账单时，要核对账单上所列的项目的价格和总额是否准确无误。

　　当宾客要求结账时，应先派送香巾，请客人稍等，然后再递送账单；将取回的账单夹在结账夹内，走在客人右侧，呈递账单时使用账单夹或小托盘送上；打开结账夹，右手轻托账夹上端，左手轻托账夹下端，将账单字迹朝下递至主人面前，告诉宾客应付金额数；请主人过目，注意不要让其他客人看到账单。

　　向宾客道谢，如找回的余款数量较大，应站在一侧，待宾客查点并收妥后方可离去。

一、现金

　　(1) 如客人付现金，应在客人面前清点钱数，并请客人等候，将账单及现金送还收银员。

　　(2) 收银员收完钱后，服务员将账单第一页及所找零钱夹在结账夹内，送回主人。

　　(3) 服务员站立于客人右侧，打开结账夹，将账单第一页及所找零钱交给主人，同时真诚地感谢客人。

　　(4) 客人确定所找钱数正确后，服务员迅速离开客人餐桌。

二、信用卡、支票

1. 信用卡结账

　　(1) 如客人使用信用卡结账，服务员请客人等候，并将信用卡和账单送回收银员。

　　(2) 收银员做好信用卡收据后，服务员检查无误后将收据、账单及信用卡夹在结账夹内，拿回餐厅。

　　(3) 将结账夹打开，从主人右侧递给主人并为客人递上笔，请客人分别在账单和信用卡收据上签字，并检查签字是否与信用卡上的签字一致。

　　(4) 将账单第一联，信用卡收据中的客人存根页及信用卡递给客人，并真诚地感谢客人。

(5) 将账单第二联及信用卡收据另外三页送回收银员处。

(6) 接受信用卡付款的餐厅要随时进行安全检查,即查阅信用卡发放公司提供的"注销名册"(俗称"黑名单")以防注销卡、过期卡或被窃卡蒙混过关,给餐厅带来重大的经济损失。

2. 支票结账

(1) 如客人支付支票,应请客人出示身份证或工作证及联系电话,然后将账单及支票证件同时送收银员。

(2) 收银员结完账并记下证件号码及联系电话后,服务员将账单收据第一联及支票存根校对后送还客人,并真诚地感谢客人。

(3) 如客人使用密码支票,应请客人说出密码后,记录在纸上,结账,等服务员把账单第一页及支票存根交还客人时,在客人面前销毁密码号,并真诚地感谢客人。

三、签单

(1) 如果是住馆客人,服务员在为客人送账单的同时,为客人递上笔,并礼貌地提醒客人需写清房间号、用正楷姓名签字。

(2) 客人签好账单后,服务员将账单重新夹在结账夹内,拿起账夹,并真诚地感谢客人。

(3) 将账单交还收银员处。

综合应用

(一) 基础知识部分

现金结账服务程序;信用卡、支票结账服务程序;签单结账服务程序。

(二) 操作技能部分

在教师的指导下,模拟演练现金结账服务程序;信用卡、支票结账服务程序;签单结账服务程序。

模块五 餐后服务

学习目标

最终目标:
西餐餐后结束工作的程序和服务规范。

促成目标：
1. 掌握送客服务程序和规范。
2. 餐后整理和清洁等结束工作。

学习任务

1. 送客服务程序和规范。
2. 整理和清洁工作程序。

任务：西餐厅餐后服务工作

【知识导入】

一、送客

宾客离座时，要提醒宾客携带好随身物品。如有没吃完的菜肴，可主动用食品袋或食品盒为其包装，并征求意见由宾客决定是否带走。

拉椅照料宾客离座后，应注意检查餐位附近有无宾客遗留下来的物品，如发现有，要马上送还给宾客或上交领导处理。热情送客、道谢后要迅速收拾好台面上的餐具，清洁台面，按规格重新摆上餐位，以迎接下批宾客。

（一）协助客人离开座位

当客人结账完毕并有意离开餐厅时，服务员应迅速来到客人身后，帮助客人搬开椅子，便于客人站立。

（二）向客人致谢

（1）服务员面带微笑、有礼貌地对客人说"谢谢您、再见！"；如客人提出要求把没有吃完的食物打包带走，值台员应及时提供打包服务。

（2）客人离开座位并走出餐厅后，服务员方可拿托盘走到餐桌边清理餐具并检查是否有客人遗留物品，如有，应迅速追还客人，如已无法追及，则送交大堂副理处并登记。

（三）送客人离开餐厅

迎宾员应将客人送出餐厅，并再次对客人的光临表示感谢。"谢谢光临！"、"欢迎下次再来！"。

二、整理和清洁

（一）撤台要求

（1）零点撤台须在该桌客人离开餐厅后进行。

（2）收撤餐具要轻拿轻放，不得损坏餐具，尽量不要发生碰撞声响。

（3）收撤餐具要为下道工序创造条件，叠碗时大碗在下，小碗在上。

(4) 收撤时,要把剩有汤或菜的餐具集中起来放置。

（二）撤台

(1) 按摆台规范要求对齐餐椅。

(2) 将桌面上的花瓶、调味瓶和台号牌收到托盘上,暂放于服务桌。

(3) 用托盘开始收撤桌面上的餐具,并送至洗碗机房清洗。收撤的顺序是：毛巾—餐具—玻璃器皿—银器—钢器—瓷器。

(4) 收台时应分类摆放,坚持使用托盘,并注意安全和卫生；桌面清理完后,立即更换台布。

(5) 用干净抹布把花瓶、调味瓶和台号牌擦干净后按摆台规范摆上餐桌。

(6) 如餐桌上使用转盘,则须先取下已用过的转盘,然后更换台布,再摆好转盘,套上干净的转盘罩。

(7) 整理备餐间搞好备餐间的卫生,补充各种消耗用品,将脏的餐巾、台布等分类清点后送洗,并办理好相关手续；码齐桌椅,等候迎接下一批客人的到来或继续为其他客人服务。

（三）撤台注意事项

(1) 只有待所有就餐客人离开餐厅后,才能进行大范围的餐厅整理工作。如尚有客人在用餐,不得以关灯、吸尘、拖地等行为来干扰客人。

(2) 餐厅营业结束工作需餐厅内各部门通力合作方能在短时间内顺利完成。

(3) 餐厅营业结束工作做好后应使餐厅恢复至开餐前的状况,待值班领导检查合格后才能关灯、关门。

附：菜单的酒单保管的工作程序与标准（表5-21）。

表5-21 菜单和酒单保管的工作程序与标准

序号	程　序	标　　准
1	菜单、酒单的检查	领位员在开餐前须认真检查菜单、酒单,保证其干净、整洁、无破损、无涂改、无折痕等,并在菜单的第一页配有厨师长的推荐菜单
2	菜单、酒单的数量	① 将餐厅所有的各类菜单、酒单,根据每日用餐客人人数准备充足。 ② 菜单、酒单不少于10份。 ③ 服务员须随时检查菜单、酒单,若有破损、涂改、掉页等现象,须上报经理进行补充、更换
3	菜单、酒单的分类	① 须将菜牌、菜单分类存放。 ② 根据客人的不同就餐要求,向客人提供不同的菜单、酒单。 ③ 客人订餐完毕后,领位员须把菜单、酒单整齐地摆放在领位台上。 ④ 领位员须适时进餐厅将菜单、酒单收回放置在领位台上。 ⑤ 再次检查菜单、酒单的数量、整洁程度及菜单第一页是否有厨师长推荐菜单

综合应用

（一）基础知识部分

送客服务程序；撤台的程序；撤台注意事项。

（二）操作技能部分

在教师的指导下，模拟演练送客服务；撤台操作。

第六章 西餐宴会服务程序

【导入语】

西餐宴会是一种按西方国家饮食习俗举办的宴会。西方国家的宴会用餐多种多样,有的只需供应简单的三明治以及咖啡和茶水;有的则是一顿丰盛的节日大餐。宴会的场所也是从室内到室外,从私人花园到大礼堂,多种多样。在我国西餐宴会一般都在酒店举办,宴会注重就餐的环境和氛围,摆台正式规范,菜品丰富,讲究食品与酒水的搭配,服务讲究程序和规范,有较高的礼仪要求。

 项目目标与要求

最终目标:

熟悉西餐宴会前的准备工作、迎宾及休息室服务、餐前鸡尾酒服务、宴会中的席面服务和宴会结束工作五个环节的服务内容和服务程序;掌握西餐宴会服务的操作技巧;正确做好宴会服务工作。

促成目标:

1. 掌握西餐宴会单内容和西餐宴会预订服务。
2. 能正确地进行西餐宴会的准备工作,重点是宴会厅的布置和摆台。
3. 熟练地完成西餐宴会服务的接待工作。
4. 能做好西餐宴会撤台、清场工作。
5. 熟练地完成冷餐会的准备、迎宾、酒水服务,餐中、餐后的服务工作。

 项目载体

范　例	西餐厅宴会服务
学生学习载体	宴会单;服务用具;宴会摆台台面

项目服务流程图

操作要求讲解——操作程序和操作规范——动作姿势练习——注意事项

 项目学习任务书

项目模块(14学时)	学 习 任 务	备 注
宴会单 (学时2)	1. 西餐宴会的种类、内容和形式。 2. 西餐宴会预订服务的程序	
宴会前的准备工作 (学时4)	西餐宴会厅布置,餐具、酒具、用具配备,宴会摆台等服务的程序、服务操作规范和注意事项	
宴会的服务工作 (学时4)	1. 宴会开餐准备工作、迎宾服务。 2. 餐前鸡尾酒服务的程序及服务规范。 3. 西餐宴会服务操作要求和注意事项	西餐主要菜品和酒水的服务方法
餐后服务 (学时2)	西餐宴会撤台、清场工作的程序和注意事项	
冷餐会服务 (学时2)	1. 冷餐会餐前准备、迎宾服务的程序和规范。 2. 冷餐会的酒水服务,餐中、餐后服务操作要求和注意事项	

模块一 宴 会 单

 学习目标

最终目标:
理解西餐宴会单的相关知识,独立完成西餐宴会预订服务。
促成目标:
1. 西餐宴会的种类、内容和形式。
2. 西餐宴会预订服务的程序。

 学习任务

1. 西餐宴会的种类、内容和形式。

2. 西餐宴会预定服务的程序。

任务：宴会单

【知识导入】

西餐宴会是一种按西方国家饮食习俗举办的一种宴会。西餐宴会摆台正式规范，菜品丰富，服务讲究程序和规范，讲究食品与酒水的搭配，有较高的礼仪要求，注重就餐的环境和氛围。西餐宴会服务环节较多，要求也较为严格。西餐宴会服务可分为五个环节：宴会前的准备工作、迎宾及休息室服务、餐前鸡尾酒服务、宴会中的席面服务和宴会结束工作。

图 6-1　宴会厅一角

一、宴会的类型

（一）宴会的种类

根据不同的分类方式，宴会有如下种类。

1. 按内容和形式分类

宴会按内容和形式的不同可分为中餐宴会（图 6-1）、西餐宴会、冷餐酒会、鸡尾酒会、茶话会等。

2. 按进餐标准和服务水平分类

宴会按进餐标准和服务水平的高低可分为高档宴会、中档宴会、一般（普通）宴会等。

3. 按进餐形式分类

宴会按进餐形式的不同可分为立餐宴会、坐餐宴会、坐餐和立餐混合式宴会等。

4. 按礼仪分类

宴会按礼仪可分为欢迎宴会、答谢宴会、告别宴会等。

5. 按主办人身份分类

宴会按主办人身份的不同可分为国宴、正式宴会、非正式宴会（便宴）、家庭宴会等。

6. 按规模分类

宴会按其规模大小（出席者的人数多少）可分为大型宴会（200人以上）（图6-2）、中型宴会（100—200人）、小型宴会（100人以下）等。

7. 按菜肴特点分类

宴会按菜肴特点的不同可分为海鲜宴、燕窝宴、野味宴、全羊席、满汉全席、火锅宴、饺子宴、素席等。

图6-2 大型宴会厅

（二）宴会的内容形式

宴会的种类不同，其内容和形式也各不相同。

1. 国宴

国宴是一个国家的国家元首或政府首脑为国家的庆典（如国庆），或为欢迎来访的外国元首、政府首脑，或是来访的外国元首（政府首脑）为答谢东道国政府而举办的一种正式宴会，这是规格最高的一种宴会形式。

2. 中餐宴会

中餐宴会是按中国传统举办的一种宴会形式。中餐宴会根据中国的饮食习惯，吃中国菜点，喝中国酒水，用中国餐具。菜点品种和数量根据进餐标准高低而不同。

3. 西餐宴会

西餐宴会是按西方传统举办的一种宴会形式。西餐宴会根据西方的饮食习惯，吃西式菜点，喝外国酒水，根据菜点不同使用多套的餐具，讲究菜点与酒水的搭配。

4. 冷餐酒会

冷餐酒会是按自助餐的进餐方式而举办的一种宴会形式。冷餐酒会的菜点以冷菜为主，也有部分热菜，且既有西菜西点，又有中菜中点，客人可根据其饮食爱好自由取食。酒水通常放在吧台上由客人自取，或由酒水员托送。这种宴会形式因其灵活方便而常为政府部门、企业界、贸易界举办人数较多的欢迎会、庆祝会、开业或周年庆典、新闻发布会所采用。

5. 鸡尾酒会

鸡尾酒会是欧美社会传统的聚会交往的一种宴会形式。鸡尾酒会以供应酒水（特点是鸡尾酒和混合饮料）为主，配以适量的佐酒小吃，如三明治、果仁、肉卷等。鸡尾酒会可在一天中的任何时候单独举办，也可在正式宴会前举办（作为宴会的一部分）。

二、宴会单的内容

宴会预定是一项具有较强专业性又有较大灵活性的工作。

（一）宴会预订方式

1. 直接预订

直接预订（面谈）是宴会预订较为有效、实用的方式。在宴会规模较大、宴会出席者的身份较高或宴会标准较高的情况下，宴会举办单位或个人一般都要求当面洽谈，直接预订。饭店宴会销售员或预订员应根据客人要求详细介绍宴会场地和所有细节安排，如厅堂布置、菜单设计、席位安排、服务要求等，应尽量满足客人提出的各项要求，并商洽付款方式、填写宴会预订单、记录预订者的联系地址、电话号码等以便日后用信函或电话等方式与客人联络。

2. 电话预订

电话预订是另一种较为有效的宴会预订方式，常用于小型宴会的预订、查询饭店宴会资料、核实宴会细节等，在饭店的常客中尤为多见。此外，大型宴会面谈、宴会的落实或某些事项的更改等通常也是通过电话来传递相关信息的。与直接预订相同，预订员应在电话中向客人介绍、推销餐饮产品，落实有关细节，填写宴会预订单等。

除上述两种主要的宴会预订方式外，客人还可通过信函、传真等方式来进行宴会预订，饭店应想方设法与客户联络，尽力扩大宴会销售业务，努力提高宴会设施利用率，从而为饭店创造良好的社会效益和经济效益。

附：电话预订程序与标准（表6-1）。

表6-1 电话预订程序与标准

工作流程	服 务 标 准
问候客人	1. 电话铃响三声之内接听电话。 2. 主动向客人礼貌问好，并准确报出餐厅名称。如：您好，XX西餐厅，我是预订员小张。 3. 及时表示愿意为客人提供服务，如：有什么事情需要帮忙？或很高兴为您服务
了解需求	1. 对报出姓名的客人，服务员应称呼其姓名，以示对客人的尊重。 2. 仔细聆听客人的介绍，了解客人的身份、用餐日期及时间、宴请对象、人数、台数及其他要求。 3. 征得客人的同意后为其安排相应的包房或餐台，并告知客人房号或台号
接受预订	1. 复述预订的内容，并请客人确认。 2. 请客人留下电话、姓名。 3. 告知客人，预订餐位最后的保留时间。 4. 向客人致谢并道别
预订通知	1. 填写预订单。 2. 订好菜单的预订或大型宴会的预订，立即通知餐厅经理、厨师长、采购部门。 3. 未订标准或菜单的预订，只通知餐厅即可。 4. 有特殊要求的预订，要及时通知餐厅总领班和厨师长
预订记录汇总	将预订的详细内容记录在预订登记本上或录入电脑
预订变更处理	1. 接到客人变更通知，首先确认客人身份并对变更内容进行详细记录，并根据相关规定予以确认。 2. 将变更内容及时通知相关岗位人员

(二)宴会预订程序

1. 接受预订

(1) 热情应接。

(2) 仔细倾听。

(3) 认真记录。

1) 宴会的类型,是中餐宴会,还是西餐宴会,或是冷餐酒会。

2) 宴会的举办日期和时间。

3) 宴会的出席人数(包括最低保证人数)和餐桌数。

4) 宴会的名称、性质和客人身份等。

5) 宴会的举办单位或个人、联络人、联络地址和电话号码等。

6) 计划安排的宴会厅名称,厅堂布置和台形设计的要求。

7) 菜单的主要内容、酒水的种类和数量。

8) 收费标准和付款方式。

9) 宴会的其他要求,如休息室、请柬、席位卡、致词台等。

10) 接受预订的日期和预订员的签名,宴会预订单(表6-2)填写好以后,应向客人复述,并请预订客人签名。

表6-2 宴会预订单 宴会编排通知单 宴会更改通知单

预定日期		预订人姓名	
地　　址		电传·电话	
单　　位		饭店房号	
宴会名称		宴会类别	
预定人数		保证人桌数	
宴会消费标准		食品人均消费	
		酒水人均消费	
具体要求	宴会菜单		酒水
	宴会布置	台型 主桌型 场地 设备	
确认签字		结账方式	预收定金
备　　注	承办人:		

(4) 礼貌道别。

2. 宴会预定的落实

(1) 填写宴会活动记录簿。

(2) 签订宴会合同。
(3) 收取定金。
(4) 建立宴会预定档案。
(5) 宴会预定的更改或取消。

综合应用

（一）基础知识部分

西餐宴会单的种类；西餐宴会单的内容和形式；西餐宴会预订服务的程序。

（二）操作技能部分

练习西餐宴会预订服务；填写西餐宴会预定单。

模块二 宴会前的准备工作

学习目标

最终目标：

西餐宴会前准备工作的内容和注意事项。

促成目标：

1. 西餐宴会厅布置。
2. 宴会准备的服务程序、规范和注意事项。

学习任务

西餐宴会厅布置，餐具、酒具、用具配备，宴会摆台等服务的程序、服务操作规范和注意事项。

任务：西餐宴会前准备工作

【知识导入】

一、宴会厅布局

（一）掌握宴会情况

宴会前，应详细了解宴会的人数，标准，台形设计，宾主身份，举办单位或个人，付款方式,特殊要求,菜单内容,酒水内容和服务要求等。

(二) 布置宴会厅

1. 设计要点

西餐宴会厅(图 6-3)的环境布置应具有欧美文化艺术特点,如挂油画,设壁炉等。同时,布置各种绿色植物,准备好背景音乐。

2. 设计台形

宴会采用何种台形,要根据参加宴会的人数、餐厅的形状及主办单位的要求来决定。餐台由长台拼合而成,椅子之间的距离不得少于 20 cm,餐台两边的椅子应该对称摆放。

西餐宴会的台形主要有以下几种常见形式:

(1) "一"字形长台。"一"字形长台通常设在宴会厅的正中央,与宴会厅四周的距离大致相等,但应留有较充分的位置,以便于服务员操作。

图 6-3 西餐宴会厅

(2) "U"字形台。"U"字形台又称马蹄形台,一般要求横向长度应比竖向长度短一些。

(3) "E"字形台。"E"字形台的三翼长度应相等,竖向长度应比横向长度长一些。

(4) "回"字形台。"回"字形台一般设在宴会厅的中央,是一个中空的台形。

除上述基本台形外,还有"T"字形台、鱼骨形台、星形台等。现在许多西餐宴会也使用中餐的圆桌来设计台形。总之,西餐宴会的台形应根据宴会规模,宴会厅形状及宴会主办者的要求灵活设计。

3. 西餐宴会台面布置。西餐宴会大多采用长台,有以下几种形式:

(1) 一字花式。

台子的两端不设座位,具体摆放法是:用青草在台子的中间,摆一长龙,在距台子两端约 40 cm 处叉开,各向长台的两角伸延 15 cm 即可。然后在青草上插些鲜花、花瓣均可。花的品种与色泽要均匀。

(2) 花环式。

在宾客的水杯前面,用青草围一圈,然后再插花。

(3) 花坛接花环式。

在台的中间先摆一小花坛,两边用花环连接。如餐台较长,除中间设一花坛外,可两侧对称设两个小的花坛。

(4) 台面插花式。

餐台不摆台布,只在餐具的下面垫餐巾纸。桌面摆放插花。插花常以瓷盆内放一个带钉的锡垫(称剑山),把花基插在铁钉上,花随铁钉而挺拔、直立,以花为主,衬托小叶,显得自然、飘逸。

(三) 席位安排

西餐席位的安排上与中餐有着明显的区别,有的以夫人为第一主人,先生为副主人。一字形长台席位安排,有两种:一种是以主人为主宾的席位安排的餐台的横向中间。即主人坐在正上方,第二主宾坐在主人的右侧,第三主宾坐在左侧,副主人坐在主人的对面,第二副主宾坐在副主人的右侧,第三副主宾坐在左侧。另一种坐法是主人和副主人坐在长台纵向的两端,主人坐在长台的上方,第一主宾坐在主人的右侧,第三主宾坐在主人的左侧;副主人坐在长台的下方,第二主宾坐在副主人的右侧,第四主宾坐在副主人的左侧。T字形餐台席位安排总体上与圆桌相同,主人一般都安排在横向餐台的中间位置,主要宾客则安排在主人的两侧。U字台中产处往往不安排座位,主方、客方交叉坐。

西餐宴会的席位安排也应遵循"高近低远"的原则。主人大都坐在餐台中央,主宾在主人右侧,他们面对其他来宾而坐,其他来宾距主人越近,则表示其身份地位越高。

(1) 宴会主人坐背对门的位置,而面对门的位子则是上位,由最重要的客人坐。

(2) 长型桌排列时,男女主人分坐两头,门边男主人;另一端女主人。男主人右手边是女主宾,女主人右手边是男主宾,其余依序排列。

(3) 桌子是"T"型或"U"型排列时,横排中央位置是男女主人位,身旁两边分别位男女主宾座位,其余依序排列。

图 6-4 部分西餐餐具

(4) 西餐排座位,通常男女间隔而坐,用意是男士可以随时为身边的女士服务。

(5) 西餐宴会也使用席次卡,一般需要中英文。

二、餐、酒用具配备

1. 不锈钢类

主要有头盘刀、头盘叉,汤匙,鱼刀、鱼叉,主餐刀、主餐叉,黄油刀,甜品叉、甜品勺,水果刀、水果叉,咖啡勺,服务叉、服务勺等。

2. 瓷器类

主要有装饰盘,面包碟,咖啡杯,咖啡碟,椒盐瓶,牙签筒,烟灰缸,花瓶等。

3. 杯具

应根据宴会客人所选用的酒类而定。主要有水杯,红葡萄酒杯,白葡萄酒杯,香槟杯,鸡尾酒杯,利口酒杯等。

4. 布草类

主要有台布,餐巾,桌裙,净布等。

5. 服务用具

主要有托盘、开瓶器、席位卡、冰桶、烛台、蜡烛、火柴、洗手盅、餐巾纸等。

三、宴会摆台

西餐宴会摆台与中餐宴会摆台不同,它一般采用长方形餐桌。摆台时要按照一底盘、二餐具、三酒水杯、四调料用具、五艺术摆设的程序进行。

（一）座次安排

（1）一般家庭式西餐宴会的座次安排。主人的座位应正对厅堂入口。便于其纵观全厅。长台两端分别设主人位和副主人位（女主人位）,男女宾客穿插落座,夫妇穿插落座。这样的席位安排只有主客人之分,没有职务之分。

（2）若属于正式宴会,双方都有一位重要人物参加,那么第一主宾要坐在第一主人的右侧,第二主宾坐在第二主人右侧,次要人物由中间向两侧依次排开。

（3）若正式宴会双方首要人物都带夫人参加。法式座次安排：主宾夫人坐在主人右侧；主宾坐在主人夫人右侧。英式座次安排：主人夫妇各坐两头；主宾夫人坐在主人右侧位,主宾坐在主人夫人右侧位,其他男女穿插依次坐中间。

（二）餐具的准备工作

西餐餐具品种较多,每上一道菜就相应的要撤去用完的那套餐具。

（三）台布、摆餐椅

西餐宴会一般使用数张方桌拼接而成。铺台布的顺序应由里向外铺,目的是要让每张台布的接缝朝里,避免步入餐厅的客人看见。铺好的台布要求中线相接,成一条直线,台布两侧下垂部分美观整齐,两边均匀。

（四）摆餐具

西餐餐具摆放有以下注意事项。

1. 顺序

先摆餐盘（装饰盘）定位,后摆各种餐刀、叉、匙,再摆面包盘等,最后摆各种酒杯及花瓶、调味品等（图6-4）。

摆台前,应将摆台所用的餐、酒用具进行检查,发现不洁或有破损的餐具要及时更换,用时要保证用品符合干净、光亮、完好的标准。摆台时,要用托盘盛放餐具、酒具及用具。

2. 基本要领

左叉右刀,先里后外,刀口朝盘,各种餐具成线,餐具与菜肴配套。

餐具摆好后,在餐盘中摆上餐巾花,桌子中间摆上花瓶、胡椒粉瓶和盐瓶,还有糖缸和蜡烛台等。

3. 其他

（1）摆台时注意手拿瓷器的边沿,刀叉匙的把柄,在客人右侧摆刀匙,左侧摆叉。

（2）摆放金、银器皿时,应佩戴手套,保证餐具清洁,防止污染。

（3）手不可触摸盘面和杯口。

（4）破损或脏的餐具要及时挑出来。

（五）摆台后的检查工作

摆台结束后要进行全面检查，发现问题及时纠正。要达到全台看上去整齐、大方、舒适的效果。

综合应用

（一）基础知识部分

西餐宴会厅布置，餐、酒用具配备，宴会摆台操作规范和注意事项。

（二）操作技能部分

在教师的指导下，学生分成若干组，按照不同等级规格和餐厅特色，进行西餐宴会准备的模拟操作训练。模拟演练西餐宴会餐具、酒用具配备，宴会摆台等服务的程序、服务操作规范和注意事项。

模块三　宴会的服务工作

学习目标

最终目标：
西餐宴会服务操作的程序和服务规范。

促成目标：
1. 西餐宴会迎客及餐前鸡尾酒服务的程序和规范。
2. 西餐宴会服务的服务规程。

学习任务

1. 宴会开餐准备工作、迎宾服务。
2. 餐前鸡尾酒服务的程序及服务规范。
3. 西餐宴会服务操作要求和注意事项。

任务：西餐宴会的服务工作

【知识导入】

宴会开餐准备工作：一是在宾客来到餐厅前的 10 分钟，把开胃品摆放在餐桌上，一般是每人一盘,在少数情况下也有把开胃品集中摆在餐桌上,由宾客自取,或由服务员帮助分派。在摆开胃品时应考虑其荤菜、特色、品味的搭配,盘与盘之间要留出一定距离。二是为宾客杯中斟好冰冻的水或矿泉水,将已准备好的酒水饮料该冷冻的放入冰箱,保证各种饮料达标使用。三是开餐前应对各项准备工作进行一次全面检查,服务员应检查各自的仪表仪容,操作的服务员应戴白手套。

一、迎宾服务

有礼貌地热情接待来宾,同时引领宾客到休息室休息,并为宾客送上餐前饮料及餐前酒品,若宾客为坐饮,要先在宾客的面前送上杯垫,然后放上饮料;若宾客为立饮,要先给宾客送上餐巾纸,再送饮料。当宾客到齐后,主人表示可以入席时,服务员要立即打开通往餐厅的门,引领宾客入席。

(一)迎接客人

(1)迎宾员须保持正确的站姿,注意个人的仪容仪表,在领位台迎接客人。

(2)问候客人须遵循先宾后主、女士优先的原则。

(3)使用酒店礼貌用语问候客人;如果知道客人的姓名或职务,须称呼客人的姓名和职务。

附:迎接、引领客人的工作程序与标准(表6-3)。

表6-3 迎接、引领客人的工作程序与标准

序号	程　序	标　准
1	与客人打招呼	① 遇见客人首先微笑并友善地目视客人,然后有礼貌地打招呼。 ② 向客人表示欢迎,尽可能称呼客人的姓名或其他尊称
2	引领客人入座	① 引领客人至桌前,并按先宾后主、女士优先的原则,为客人搬开椅子,待客人就座时,将椅子轻轻送回,协助客人入座。 ② 如果酒吧客满,请客人稍等,然后巡视整个酒吧,看是否有已结账即将离开的客人,告诉客人需要等候的时间。 ③ 如果酒吧客满,向客人介绍酒店内其他的酒吧。 ④ 如果客人太多,而座椅不够或临时有其他客人加入,可以从最近一张空台上暂撤座椅

(二)引领客人入座

(1)迎宾员须问清客人是否选择无烟区。

(2)须问清客人是吃点菜还是自助餐,引领客人到不同的就餐区域。

(3)迎宾员须右手拿菜单,左手为客人指示方向,四指并拢、手心向上,严禁用一个手指为客人指示方向。

(4)迎宾员引领客人进餐厅时,须与客人保持1m左右的距离。

(5)迎宾员将客人引领到预订的餐桌前,须征询客人意见。

(6)根据客人人数、吸烟与否及客人的特殊要求,为客人安排餐桌,并询问客人是否满意。

(7) 按先女士、后男士；先客人、后主人的次序为客人搬开桌椅,请客人入座;当客人临近餐椅即将落座时,将餐椅轻轻前送。

(8) 迎宾员须将客人介绍给餐厅服务员。

(9) 就餐高峰期间迎宾员须准确、迅速完成客人的引座任务。

（三）介绍区域服务员

(1) 将区域服务员介绍给客人。

(2) 区域服务员须自我介绍。

（四）道别归位

(1) 迎宾员离开客人时须预祝客人好胃口。

(2) 迎宾员须适时进餐厅将菜单收回放置到领位台。

二、餐前鸡尾酒服务

在宴会开始前半小时或15分钟,通常在宴会厅门口为先到的客人提供鸡尾酒会式的酒水服务;当宾客陆续到来时,先到厅内聚会交谈,由服务员托盘端上饮料、鸡尾酒,巡回请客人选用,茶几或小圆桌子上备有虾片、干果仁等小吃,主宾到达时,由主人陪同进入休息厅与其他宾客见面,随后进入宴会厅,宴会即正式开始。

（一）鸡尾酒会前的服务

(1) 根据宴请通知单的具体细节要求摆放台型、桌椅,准备所需各种设备。常见的台型有：V型、T型、S型长台等。

(2) 鸡尾酒会临时设的酒吧台,由酒吧服务员负责在酒会前准备好。根据通知单上的"酒水需要"栏,准备各种规定的酒水、冰块、调酒用具和足够数量的玻璃杯具等。

(3) 将足够数量（一般是到席人数的3倍数量）的甜品盘、甜品叉匙放在食品台的一端或两端,中间陈列小吃、菜肴。高档鸡尾酒会还准备肉车为宾客切割牛柳、火腿等。

(4) 小桌放在餐厅四周,桌上放花瓶、餐巾纸、烟灰缸、牙签盅等物品,少量椅子靠墙放置。

(5) 宴会厅主管根据酒会规模配备服务人员,一般以一人服务10—15位宾客的比例配员。

(6) 专人负责托送酒水、照管和托送菜点及调配鸡尾酒,提供饮料,做到明确分工。

（二）服务工作

(1) 鸡尾酒会开始后,各岗位的服务人员都应尽自己所能为宾客提供尽善尽美的服务。

(2) 负责托送酒水的服务员,用托盘托送斟好酒水的杯子,自始至终在宾客中巡回,由宾客自己选择托盘上的酒水或另外点订鸡尾酒。一般酒水托盘中放一只口纸杯,每杯饮料均用纸裹着递送给客人。

（3）专设服务员负责收回宾客放在小桌子上的空杯子、空盘子、废牙签、脏口纸等，送至洗涤间并将小桌重新布置。

（4）负责菜点的服务员要保证有足够数量的盘、碟、勺、叉。帮助老年宾客取食、添加点心菜肴，必要时用托盘托送特色点心供客人选择。

（5）吧台服务员负责斟倒酒水和调配宾客所点的鸡尾酒，在收费标准内保证供应。对带气的酒和贵重酒类应随用随开，减少浪费。

（6）酒会中，每个服务人员都应勤巡视，递送餐巾纸、酒水和食品，不要碰着客人和客人手中的酒杯。

（三）结束工作

（1）鸡尾酒会一般举行一个半小时左右。

（2）宾客结账离去后，服务员负责撤掉所有的物品。

（3）余下的酒品收回酒吧存放。

（4）脏餐具送洗涤间，干净餐具送工作间重新消毒后备用。

（5）撤下台布，收起桌裙，为下一餐做好准备。

（四）鸡尾酒会服务的注意事项

有些鸡尾酒会不是包价的，其收费方式有两种：一种是记账，最后由主办单位一次付清；另一种是每位宾客点喝一杯，当时付一杯酒水的钱，如 cash bar 就是零杯卖酒，当场收费。管理人员在分工时，要向服务员讲明收费方式。

三、席间服务

席间服务（图6-5）具体包括：为宾客拉椅让座，顺序为女士、重要的宾客、行动不便的宾客和一般宾客；待宾客坐下后，为宾客打开餐巾，然后托着各种饮料的托盘，逐一为宾客说明名称，待宾客选定后，为宾客斟饮料。

当宾客准备用开胃冷菜时，服务员应配好相应的酒水（例：冷菜开胃品一般与烈性酒相配），当宾客基本用完开胃品时就可撤盘（看到全体宾客都放下刀叉开始撤），从主宾的位置开始撤，在宾客的右手方向用右手连同刀叉一并撤下。

图6-5 席间服务

上汤时汤盘应加垫盘，然后应从宾客的左手方向用左手把汤上到宾客面前。上汤的顺序是先女士后男宾再主人（上菜、斟酒顺序亦然）。

（一）席间服务操作程序

（1）在宴会开始前几分钟摆上黄油，分派面包。

（2）安排宾客就座后，先女后男，最后给主人斟上佐餐酒，征求是否需要其他酒品。

（3）按上菜顺序上菜，顺序是：冷开胃品、酒、鱼类、副盘、主菜、甜食、水果、咖啡或茶。

（4）上头盘：上头盘时，按照先宾后主、女士优先的原则，从客人右侧上餐；当客人全部放下刀叉后，询问客人是否可以撤盘，得到客人的允许后，从客人的右侧将盘和刀叉一同撤下。

（5）上汤：将汤碗放在汤碟上面，从客人的右侧送上；待多数客人不再饮用时，询问客人是否可以撤汤，得到客人的允许后，要从客人的右侧将汤碗、汤碟和汤勺一同撤下。

（6）上葡萄酒时先请主人试酒，然后再为客人服务倒酒；应询问客人是否还用白酒，如不用，将白酒杯撤下，其他与"斟酒"服务程序相同。

（7）上主菜（同上头盘）。

（8）清台：用托盘将面包盘、面包刀、黄油碟、面包篮、椒盐瓶全部撤下，并用服务叉、勺将台面残留物收走。

（9）上甜食：先将甜食叉、勺打开，左叉、右勺，然后从客人右侧为客人送上甜食（图6-6），待客人全部放下刀叉后，询问客人是否可以撤盘，得到客人的允许后，从客人的右侧将盘和甜食叉勺一同撤下。

附：蛋糕服务的工作程序与标准（表6-4）。

图6-6 西餐甜食

表6-4 蛋糕服务的工作程序与标准

序号	程序	标准
1	帮助客人挑选蛋糕	客人在订蛋糕时，服务员须主动、热情地向客人介绍蛋糕的名称、制作原料、味道和特点等
2	服务蛋糕	① 将客人选好的蛋糕，铲在甜食盘内，且甜食盘须洁净、无水迹、无破损；在蛋糕的右侧摆放一把洁净的甜食叉。 ② 服务员须使用托盘将蛋糕托到客人桌前，按照先宾后主、女士优先的原则，从客人右侧为客人服务蛋糕。 ③ 甜食盘中的蛋糕尖端须正对着客人
3	蛋糕打包服务	① 准备好与蛋糕规格相一致的蛋糕盒，且蛋糕盒须洁净、平整、无污迹，并在蛋糕盒上垫上压花纸。 ② 用蛋糕铲将客人选好的蛋糕放入垫有压花纸的蛋糕盒的正中央处，且蛋糕摆放须整齐、美观。 ③ 用丝带扎好蛋糕盒，以确保在提拿蛋糕盒时平稳。 ④ 待客人结账后，服务员须将蛋糕盒主动递给客人，并向客人道谢

（10）上水果：先为客人送上水果刀叉、洗手盅，然后为其送上准备好的水果盘。

（11）上咖啡或茶：先在每位客人右手边摆上一套咖啡用具（咖啡杯、垫盘，盘上右侧放一把咖啡勺）或茶具，然后用托盘送上淡奶壶、糖罐，站在客人右侧，拿咖啡壶或茶壶依次一一斟上。

（12）在客人用餐期间，随时观察，主动为客人添加酒水；当烟灰缸内烟蒂超过2个时，应及时更换烟灰缸。有些高档宴会需推酒水车问送餐后酒和雪茄。

（13）西餐宴会多采用美式服务，有时也采用俄式服务。

（14）按菜单顺序撤盘上菜：

1）从客人的右侧为客人上菜，先给女宾和主宾上菜。每上一道菜之前，应先将用完的前一道菜的餐具撤下。

2）客人如果将刀叉并拢放在餐盘左边或右边或横于餐盘上方，是表示不再吃了，可以撤盘。

3）客人如果将刀叉呈"八"字形搭放在餐盘两边，则表示暂时不需要撤盘。

4）西餐宴会要求等所有宾客全部放下餐具后，询问客人是否可以撤盘，得到客人允许后，方可从客人右侧将盘和餐具一同撤下。

（二）服务中注意事项

1. 上鱼虾海鲜菜肴前

先撤下汤盘和汤匙，为宾客斟好白葡萄酒，然后上菜。

2. 上主菜时

一般配有几样蔬菜，此外还有色拉，盛主菜应用大号餐盘，盛色拉应用头菜盘（也可以用小吃盘）。主菜（又称大菜）上桌之前，先为宾客斟倒好红葡萄酒。

3. 上点心

吃点心用的餐具要根据点心的品种而定，热点心，一般用点心匙和中叉；烩水果用水果叉；冰激凌应将专用的冰激凌匙放在垫盘内同时端上去。吃点心时若主人讲话，此时应上香槟酒。斟香槟酒一定要在上点心或宾客讲话之前全部斟好，以方便宾客举杯祝酒。

4. 上干酪

干酪也叫"芝士"，一般由服务员分派，先用一只银盘垫上餐巾，摆上几种干酪，应撤掉外台上餐具、酒具、水杯和饮料不动。

5. 上水果

先上水果盘和洗手盅，然后将已装盘的水果端至宾客面前，请宾客自己选用。

6. 上香巾

宾客吃完水果后，上香巾，按宾客人数将香巾放在小垫碟中每人一碟，放在宾客左侧。宴会席面服务基本结束，当主人请宾客到休息室休息时，服务员应立即上前为客人拉椅，再去拉开休息室的门请宾客到休息室就座。

7. 斟酒

西餐宴会用酒较多,几乎是吃一道菜喝一种酒,而且喝什么酒用什么杯。大致有以下几种情况:

(1) 吃冷盆或海味杯等开胃品时,喝鸡尾酒,用鸡尾酒杯;或喝掺苏打水的威士忌,用威士忌酒杯;或喝白兰地,用白兰地杯。均以盛 3/4 杯为宜。

(2) 喝汤时,喝舍利酒(即樱桃甜酒),用舍利杯(一种直口下尖的高脚杯)。

(3) 吃鱼、海鲜、鸡、鸡蛋时,喝干白葡萄酒或玫瑰酒,用白酒杯(即立口的普通酒杯),这两种酒饮前应放入冰箱 2—4 小时,冰镇至 12—10℃,酒杯也需冰镇。斟酒时应将瓶身擦干,用餐巾包好后再斟,以防酒水滴到客人身上。以斟 3/4 杯为宜。

(4) 吃牛排、烤肉时,喝干红葡萄酒,用红酒杯。斟酒时,尽量避免摇晃,以斟 1/2 到 2/3 杯为宜。

(5) 吃甜点时,喝钵酒,用钵酒杯(形状同红酒杯,但略小)。

(6) 饭后喝烈性酒或白兰地,用利口杯或白兰地杯。

附:烈性酒服务的工作程序与标准(表 6-5)。

表 6-5 烈性酒服务的工作程序与标准

序号	程序	标准
1	准备酒杯及用具	① 根据客人所点的烈性酒品种,准备好相应的酒杯及搅棒。 ② 服务用托盘、酒杯须洁净、无破损、无水迹,搅棒须洁净、完好
2	准备烈酒	① 客人在点混合烈性酒时,服务员须根据客人的要求在酒杯中添加冰块。 ② 根据客人选择烈性酒的品种,须正确使用装饰物,如客人有特殊要求,则按客人要求服务。 ③ 烈性酒须由调酒员在吧台内用量酒器将酒杯倒入杯中。 ④ 附加饮料倒入调酒杯时,须由服务员在客人面前服务。 ⑤ 服务混合烈性酒时,服务员须将搅棒提前放入杯中
3	服务烈酒	① 服务员须使用托盘,按先宾后主、女士优先的原则从客人的右侧为客人服务烈性酒。 ② 在服务混合烈性酒时,须根据客人的喜好添加附加饮料

(7) 吃各种菜时,都可以喝香槟酒,喝时用香槟酒杯。饮香槟酒前,应将其冷冻至 6—4℃,使酒内二氧化碳气体多发泡。开瓶时,应用左手以 45°斜拿瓶颈,大拇指紧压瓶塞,另用右手扭开铅丝,剥去锡箔,将瓶扭转一周,使瓶内气压将瓶塞弹出来,将瓶保持 45°角,稍停数秒。斟酒时,应先斟至 3/4 杯。在隆重的宴会上,香槟酒同时打开,"砰砰"之声连成一片,会增强宴会的欢乐气氛。

附:香槟酒服务的工作程序与标准(表 6-6)。

表6-6 香槟酒服务的工作程序与标准

序号	程序	标准
1	准备工作	① 准备好冰桶,冰桶须洁净、无杂物,在冰桶内添加适量冰块。 ② 准备一条洁净的口布。 ③ 将香槟酒从酒吧取出,擦拭洁净,并放置于冰桶内冰冻。 ④ 将酒连同冰桶和冰桶架一起放于客人桌旁不影响正常服务的位置处
2	香槟酒的展示	① 将香槟酒从冰桶内抽出,走到主人座位的右侧,向客人展示香槟酒。 ② 左手持口布,右手持香槟酒,将酒瓶底部放在条状口布的中间部位,再将条状口布两端拉起至酒瓶商标以上部位,并使商标全部露出。 ③ 右手持用口布包好的酒,用左手四个指尖轻托住酒瓶底部,送至主人面前,请主人看酒的商标,并询问主人是否可以开启
3	香槟酒的开启	① 得到主人允许后,用酒刀将瓶口处的锡纸割开去除,左手握住瓶颈,同时用拇指压住瓶塞,右手将捆扎瓶塞的铁丝拧开、取下。 ② 用洁净口布包住瓶塞的顶部,左手依旧握住瓶颈,右手握住瓶塞,双手同时反方向转动并缓慢地上提瓶塞,直至瓶内气体将瓶塞完全顶出。 ③ 开瓶时动作不宜过猛,以免发出过大的声音而影响客人
4	香槟酒的服务	① 用洁净的口布将瓶身上的水迹擦拭掉,将酒瓶用口布包住。 ② 须用右手拇指抠住瓶底,其余四指分开,托瓶身。 ③ 向主人杯中注入杯量1/5的酒,并四指并拢、手心向上用手示意、告知客人:"请您品尝。" ④ 待主人品完认可后,服务员须征求意见,是否可以立即斟酒
5	斟酒服务	① 斟酒时服务员右手持瓶,从客人右侧按先宾后主、女士优先的原则顺时针方向进行。 ② 斟倒的酒量为杯量的2/3。 ③ 倒酒时,酒的商标须始终面向客人;且瓶口不准粘贴杯口,以免有碍卫生及发出声响。 ④ 为所有的客人斟完酒后,将酒瓶放回冰桶内冰冻
6	香槟酒的添加	① 随时为客人添加香槟酒。 ② 当整瓶酒将要倒完时,须询问主人是否再加一瓶;如主人不再加酒,即观察客人,待其喝完酒后,立即将空杯撤掉。 ③ 如主人同意再添加一瓶,服务程序与标准同上

四、宴会结束的服务

（一）宴会结束的送客服务

1. 结账

宴会接近尾声时,清点所用的饮料,如收费标准不含饮料费用,要立即开出所耗用的饮料订单,交收银员算出总账单。宴会结束时,宴请的主人或助手负责结账,一般不签单,而收取现金、支票或用信用卡支付。

2. 送宾离席

当宾客起身离座时,应为其拉椅,服务员要送宾客至宴会包厢门口。

3. 送客

取递衣帽,热情送客。

(二)宴会休息室服务及结束工作

(1)用餐完毕,服务员热情引导宾客到休息室休息,就座后,服务员开始上咖啡,上咖啡的方法是:将咖啡倒好,垫上垫碟,放好咖啡匙,将咖啡放在托盘内托送,另一服务员跟送糖、奶。

(2)上咖啡后,服务员接着托上各种餐后酒品(如白兰地、蜜酒)以及巧克力糖和雪茄烟。注意雪茄烟不要上给女宾。

(3)服务员稍等一刻为宾客续斟一次咖啡和酒品。最后撤掉咖啡具,再让一次饮料,表示宴会至此结束。宾客可自由退席。宾客离开餐厅时,服务员应站在出口的一侧,热情欢送宾客,并表示欢迎宾客下次光临。

(4)宾客离开后,服务员应及时检查台面及地毯上有无宾客遗留的物品,有无燃着的烟头等。然后收拾餐厅和休息室,按顺序收拾餐桌、整理宴会厅及休息室,关好门窗、关掉所有电灯。

综合应用

(一)基础知识部分

准备工作、迎宾服务、餐前鸡尾酒服务及西餐宴会服务的程序和注意事项。

(二)操作技能部分

在教师的指导下,将学生分成若干组,一部分学生扮演宾客;另一部分学生扮演服务人员,营造一个用餐的氛围,进行宴会服务的模拟操作训练。

模块四 餐后服务

学习目标

最终目标:

宴会结束工作的程序和规范。

促成目标:

掌握西餐宴会撤台、清场工作的程序和注意事项。

 学习任务

西餐宴会撤台、清场工作的程序和注意事项。

任务：餐后服务

【知识导入】

一、收拾台面

（一）撤台要求

（1）宴会撤台必须在所有客人均离开餐厅后才能进行。

（2）收撤餐具要轻拿轻放，不得损坏餐具，尽量不要发生碰撞声响。

（3）收撤餐具要为下道工序创造条件，叠碗时大碗在下，小碗在上。

（4）收撤时，要把剩有汤或菜的餐具集中起来放置。

（二）撤台

（1）按摆台规范要求对齐餐椅。

（2）将桌面上的花瓶、调味瓶和台号牌收到托盘上，暂放于服务桌。

（3）用托盘开始撤桌上的餐具，并送至洗碟机房清洗。收撤的顺序是：毛巾—餐具—玻璃器皿—银器—钢器—瓷器。

（4）桌面清理完毕，立即更换台布。

（5）用干净抹布把花瓶、调味瓶和台号牌擦干净后按摆台规范摆上桌面。

二、清理场地

（一）减少灯光

当营业结束，客人离开后，服务员开始着手厅面的清场工作。关掉大部分的照明灯，只留适当的灯光供清场用。

（二）撤器皿、收布草

（1）先清理桌面，再撤走服务桌上所有的器皿，送至洗碟机房清洗。

（2）把布草分类点数送备餐间（干净与脏的要分开）。

（3）清洁。清洁四周护墙及地面，用吸尘机吸地毯上的灰尘。

（4）了解下餐宴会情况，在下班前准备下一餐宴会的餐桌摆台。

（5）小结。宴会结束后，领班应记录宴会的完成情况。管理人员主动征求来宾或陪同人员的意见，认真总结，发扬成绩，克服缺点，不断提高服务质量和服务水平。

三、检查餐厅

（一）检查各种电器

电灯、电热炉是否安全符合标准，导线有无破损，是否存在短路隐患，电源插头是

否牢固,电器附近是否有易燃易爆和腐蚀性物品。

（二）检查地毯

餐厅各处地毯保持清洁无异物,无破损;衔接处平整无开胶现象,有无明火。

（三）检查桌椅、门

桌椅应平稳无晃动,面料完好无损,无污迹,无异物;服务门能正常使用,开关无噪声。

（四）关闭水阀、切断电源

关闭餐厅所有的水阀并切断所有电源。

（五）除员工出入口外,锁好所有门窗

由当值负责人做完最后的安全隐患复查后,填写班后安全检查表,落实厅面各项安全隐患工作,最后锁好员工出入口门,方可离岗。

综合应用

（一）基础知识部分

西餐宴会撤台、清场工作的程序和注意事项。

（二）操作技能部分

西餐宴会撤台、清场工作的练习。

模块五　冷餐会服务

学习目标

最终目标：

冷餐会服务的程序和服务的规范。

促成目标：

1. 冷餐会服务的程序和规范。
2. 冷餐会服务的正确操作。

1. 冷餐会餐前准备、迎宾服务的程序和规范。
2. 冷餐会的酒水服务,餐中、餐后服务操作要求和注意事项。

任务：冷餐会服务

【知识导入】

冷餐会的概念

冷餐会又称自助餐会，是西方国家较为流行的一种宴会形式，目前，在我国也得到广泛的应用。冷餐酒会适合于会议用餐、团队用餐和各种大型活动，一般有设座式和立式两种就餐形式，立式就餐可以在有限的空间里容纳更多的客人。冷餐酒会客人采取自助形式就餐，其原则是：客人自我服务、气氛活跃、不必拘泥。

冷餐酒会从其进餐形式可分为两种：一种是立式冷餐酒会。所有来宾站立着用餐，但在宴会厅周围备有座椅供客人休息。一种是坐式冷餐酒会。所有来宾坐着用餐，与正式宴会相同。

冷餐酒会的特点：菜肴种类丰盛，选择余地大；不受时间限制，随来随吃；客人自我服务，服务人员只提供简单的服务，节省劳力，降低服务成本；进餐速度较快，餐位周转率高；用餐标准一般固定，价格便宜，经济实惠；主要适用于大型活动、团队接待、会议等。

一、冷餐会餐前准备

（一）餐厅布置原则

1. 个性鲜明，突出主题

自助餐厅的布置应有独特的个性，并能以鲜明的形象给顾客留下深刻的印象。可以以节日或宴请活动目的为主题，如举办方要求的主题，如结合当地举办的文体及展览活动的创意主题。可以通过装饰材料、灯光、餐具、音乐来烘托主题氛围，服务员的服装最好应与主题相吻合。

2. 方便客人和服务，合理分区

（1）餐桌与餐台相应分区。

（2）餐台相应分设：为保证客人迅速顺利取菜，一般设一个中心食品陈列桌和几个分散的食品陈列桌，特色菜通常单独设台（图6-7）。

（3）留出合理的空间：根据食品种类和客人的数量，留出合理的空间，避免拥挤，通常一个人所需的空间距离为30 cm。

3. 餐厅布置考虑的因素

冷餐会餐厅（图6-8）的布置是一门艺术。布置时必须考虑以下因素。

（1）就餐的人数。

（2）每位收费。

（3）开餐的准确时间。

（4）自助食物台的位置。

（5）食物的排列和客人就餐区域的划定。

图 6-7　冷餐会餐台　　　　　　　图 6-8　冷餐会餐厅

（6）食物供应数量。

（7）餐桌的数目及其大小和形状。

（8）台布的类型和颜色。

（9）灯光和音乐。

（10）恰当而有吸引力的装饰。

（二）餐台设计及摆设

1．台面整洁美观，布局合理

根据场地和就餐人数设计餐台形状。餐台形状一般有：长方形、圆形、椭圆形、半圆形、梯形等，以长方形为主。

2．餐台装饰

餐台应铺台布、围桌裙；餐台中央一般用鲜花，雕刻、烛台、水果、冰雕等饰物装饰、点缀、填补空白，增强效果。

3．菜肴陈列

（1）冷菜一般在宾客入席前15分钟摆放；由于冷餐会一般规模较大，同一种冷菜一般要上几盘；摆放时可分组放置；餐台食品的拼砌要讲究艺术性，对客人有吸引力。

（2）最靠近客人取自助餐餐具处的首先是色拉、调味品、冷盘、熏鱼、奶酪；其次是热主菜；再次是烤制食品及烤熟的主菜；然后是主食；最后是水果与点心。开胃品、饮料、甜点可放在其他桌子上；汤汁、调味品等应摆在相关菜肴的旁边。布置菜肴时应注意使用火锅和加热炉，以保持菜肴的适宜温度，或使用冰块保护其冷度。

（3）摆放好所用的各类餐具，餐具摆放整齐，基本要备的有餐盆、筷、羹匙、小汤碗、水果刀、叉，每盆菜点旁还应放上调羹供公用。

（4）摆放好取餐用的服务叉勺，摆放好各类调料。

（5）点燃蜡烛：如需蜡烛，要在冷餐会开始前5分钟点燃。

（6）冷餐酒会必须设置吧台，并安排专门的酒水员服务。备好各类酒水、酒杯和服务用具。

4. 摆台

（1）站式冷餐酒会需在宴会厅内摆放鸡尾酒桌，方便客人放用过的餐盘酒杯等，同时摆放烟灰缸、牙签筒、餐巾纸等，并摆放鲜花装饰。

（2）立式冷餐酒会餐桌摆台通常按照西餐零点摆台方式，主要摆放主餐刀、主餐叉、汤勺、面包盘、黄油刀、餐巾、椒盐瓶、烟灰缸、牙签筒等。

5. 摆设签到台

签到台一般摆在宴会厅入口处一侧，应根据主办单位要求备好签到簿，名片托盘等。

6. 检查

检查餐台菜品是否摆放齐全，是否整齐美观，菜品温度是否合适。各类取餐餐具是否齐全，酱料调料是否齐全，饮料是否备齐等。检查宴会厅设施设备、环境卫生、空调温度，检查桌椅是否干净、整齐、完好无损，检查摆台是否规范，检查背景音乐，检查个人仪容仪表是否标准，等等。

二、冷餐会服务

（一）服务员的工作任务

（1）像主人般地服务客人。

（2）保证菜肴及餐具的供应。

（3）切分烤肉并供给客人。

（4）检查器具保温性能，以保持菜肴应有的温度。

（5）当客人不慎把地毯或台布弄脏时，应及时擦拭或清扫。

（6）及时收走客人用过的餐酒具，保持用餐环境清洁卫生。

（二）餐中服务

1. 迎宾服务

宾客到达餐厅时，迎宾员应主动、礼貌的问候客人，"中午/晚上好！先生/女士。"应面带微笑并注意目光接触；为客人提供存衣服务；引领客人到签到台签到进入宴会厅；拉椅请客人入座，并给客人送上茶水、递香巾。

2. 酒水服务

冷餐会进行中，值台服务员为客人送上各类酒水供客人选择，服务员要勤斟酒水。随时清理中心餐台台面，使菜台保持整洁，随时将宾客用过的餐具撤掉，如果有冰激凌或咖啡，应在冷餐会要结束前 15 分钟送上。然后根据每桌人数送上小毛巾。

3. 餐桌服务

（1）整理菜点。可以把剩余的同样菜点重新拼合，使之显得整齐、美观。待客人吃过冷热菜后，撤去剩余的大吃盘，换上水果盘，还要随时注意餐具用量，适时增添。

立式冷餐酒会服务：服务员用托盘托送酒水饮料，及时为客人服务，及时收客人用过的餐盘、餐具，空碟、饮料杯要及时撤走，撤碟、杯要从客人左边撤取。客人取一轮食品后，要增补食品，整理好餐台盘里凌乱的食品，保持它的美观，并要注意热菜的保温。

坐式冷餐酒会服务：为客人斟倒酒水饮料，及时撤收客人用过的餐盘，及时更换烟灰缸，补充相应餐具等。

（2）取菜服务。要掌握菜点名称及风味特点，做到不错取，不漏取，同时不能破坏菜台的拼摆造型。

4. 结账服务

宾客就餐完毕，值台服务员送上茶水、毛巾，并根据宾客要求结账。菜点的金额无论食用多少，均按人头收取（儿童可酌情减少），外加宾客所点的饮料费。

5. 送客服务

冷餐酒会结束，及时为客人取所存衣物，热情道别。

（三）自助餐台服务

安排专门员工负责自助餐台，及时清理整理自助餐台面；通知厨房补充菜品；清理服务用具，补充餐盘，补充调料；及时补充自助餐台包括的饮料，随时为客人介绍菜品；随时做好菜品的保温工作等。

（四）脏物清扫

当客人把菜肴掉落在服务台上时，服务人员应立刻在不妨碍客人的前提下，将掉下来的菜肴扫尽空盘中，而后用湿布轻轻地擦拭污迹，再用干净的餐巾盖在污点上面。假如客人把菜肴掉落在桌前的地毯上时，服务员应立即迅速清扫。

（五）餐后服务

1. 清理餐厅

冷餐酒会结束，宾客离开后，要迅速检查现场有无客人遗留物品，发现遗留物品要及时送还客人或主办单位。

整理菜台和桌面。将自助餐台剩余菜品撤至厨房处理，清理自助餐台；桌面餐具等要按布件、酒具、小餐具、大餐具等顺序清理、洗刷、消毒分类整理保管。清扫地面，桌椅归位，搞好室内卫生。

2. 公共区域

（1）公共区域的卫生由当班经理、领班安排公共区域服务员进行清洁。

（2）地面、墙壁、装饰物及镜子等须洁净，无灰尘、无污迹、无杂物等。

（3）清洁完毕后，由餐厅当班经理、领班检查、验收。

3. 餐厅区域

（1）餐厅区域的卫生由餐厅服务员清扫。保持沙发、桌椅、门、窗、玻璃、地面等洁净，无灰尘、无污物、无杂物。

（2）各用具表面须保持洁净、无污迹。展示台和备餐台表面须保持洁净，无灰尘、无杂物。清洁自助餐台及餐台上的器具，且器具须洁净、无水迹、无污迹、无油迹。

（3）服务台内外须保持洁净，无灰尘、无污迹、无杂物；柜内用具须摆放整齐、规范。吧台内的卫生由酒水员清洁，并保持其洁净、无杂物。

（4）酒水展示柜内须洁净、无灰尘、无污迹、无杂物；所陈列的各种酒水须洁净，且摆放整齐、规范。

三、自助餐的各服务环节注意问题

（一）预定

自助餐的预定洽谈比较重要，并应签订合同或预订确认书，并应注意以下几方面。

1. 确定场地

自助餐可在室内或室外举行，场地的选择要考虑接待的人数、规格、提供的菜肴酒水、当地的气候情况。室外举行的自助餐应至少提前一周确认。

2. 确认酒水的提供

事先确认酒水提供与否、由哪方提供、酒水品种及收费方式。

3. 确认结账方式

自助餐的结账通常有两种方式。

一种是餐厅规定每客位价，即每位来就餐的客人只需付固定的餐费即可，不需对菜品和饮品另外付费，但这种费用有时不包含服务费。目前在我国此种方式多运用于星级饭店内的自助餐服务。

另一种是根据客人自选物品累计结账，客人自由选择食品饮料后，用托盘端到收银台付款，然后再到餐桌旁进食。此方式在中西式快餐店内较常见。

（二）餐间服务

1. 餐台服务

（1）餐台服务员应及时为客人递送餐盘等餐具，并为客人提供介绍菜点的服务。

（2）及时整理餐台，补充食品、餐用具：及时整理菜台，添加菜肴，当陈列盘内 1/3 已空时，应进行补充或换上一盘满的，保证食物丰富性，使菜台始终保持丰盛、整洁、美观，保持足够数量的餐盘及各种服务用具等。

（3）随时清理餐台上的汤汁和菜肴，及时更换公用的勺、叉，保证美观。

（4）提供菜台食品服务：在主餐台通常设一名厨师照顾餐台，向客人介绍、推荐和分送食品，分切大块烤肉等，及时对设备设施的使用情况进行检查，保证正常使用，保持菜肴温度。

（5）及时沟通信息：餐台服务人员要及时与厨房联系，对于客人喜欢的菜点应提前通知厨房制作，及时添加。

2. 酒水服务

（1）酒水台服务：提供鸡尾酒的自助餐（图6-9），通常单独设立酒水台，并安排调酒师现场为客人调制酒水，一般情况下，一名调酒师可负责100名客人。

（2）提供酒水服务：站立式自助餐通常由酒水服务员用托盘巡回为客人提

图6-9 酒瓶和酒杯

供新的酒水,并撤去用过的酒杯,注意不得将干净的酒杯和用过的酒杯同时放一个托盘内。一般情况下,一名酒水服务员可负责 40—45 名客人。

对 VIP 客人,落座后询问客人所需饮料、酒品并提供斟倒和添加服务,客人用完甜点后,服务人员应询问客人是否需要咖啡或茶,并按要求及时提供。

3. 巡台服务

由宾客根据自己的品味前往餐台,用空盘子挑选菜点,拿回餐桌食用。并可根据自己的食量,多次添加。当客人离座取菜时,值台服务员要及时收去用过的脏餐具。按规定撤换烟灰缸。一般情况下,一名服务员可以负责 25—30 名客人。

照顾特殊客人:征得同意后,为 VIP 和行动不便的客人取食品。

4. 疏导客人,撤换补充菜点

菜台前面一般配 1—2 名服务员,主要负责递送餐具、引导客人迅速取菜。当菜台上的菜点剩下 1/3 左右时,将菜盘撤下,从厨房重新添菜陈列,保持菜台菜点丰盛,满足客人需要。同时,要保持台面清洁,当客人取菜发生碰翻或泼溅等意外时,及时清理台面。

(三)收尾工作

1. 告别客人

客人用餐结束后,服务员要主动告别客人,欢迎下次光临。如果客人较多,客流量大,要及时翻台,保持台面整洁,待自助餐结束后再清理台面。

2. 结束工作注意事项

(1) 对于可回收利用的食品要整理好,撤回厨房予以妥善保存,以备再次使用。

(2) 清理餐台时手法要迅速卫生,不可将汤汁洒在台面上。同时,注意熄灭保温锅的火源。

(3) 妥善保管自助餐台的装饰品。

(4) 室外自助餐应在现场清点完所用物品后,按规定装车运回,放于指定位置。

附:自助餐宴会的服务程序与标准(表 6-7)。

表 6-7 自助餐宴会的服务程序与标准

序号	程 序	标 准
1	准备工作	① 开餐前半小时自助餐台的食品须上齐并加热。 ② 根据厨房提供的菜单,将打印的菜牌摆放在相应的位置上。 ③ 领位员站在领位台迎接客人,服务员须站在餐桌旁面向门口迎接客人
2	迎接客人	客人进入餐厅后,服务员须主动与客人打招呼,向客人问好,并依据先宾后主、女士优先的原则,为客人搬开座椅,待客人坐下后,从右侧为客人铺好口布
3	服务饮料	① 服务员为客人铺好口布后,须主动地走到客人餐桌前,询问、确认客人需要饮用的饮料或酒水品种。 ② 客人点完饮料后,须从客人的右侧为客人提供饮料、酒水服务,所有的饮料、酒水,服务员须在 10 分钟内斟倒完毕

(续表)

序号	程序	标准
4	开餐服务	① 服务员须及时为客人撤掉空盘和空杯。 ② 服务员须及时为客人更换烟缸（烟缸内的烟头不准超过2个）。 ③ 服务员须及时备足区域所需用品，及时撤走离开客人用过的餐具，保持桌面的清洁、干净、无污迹，以方便客人继续用餐。 ④ 客人吃甜食时，须将主刀、主叉、汤勺、面包刀、面包盘等餐具撤下，并摆放甜品叉、甜品勺。 ⑤ 保持餐台的整洁，随时添加各种餐具和食品
5	服务咖啡和茶	① 客人开始吃甜食时，服务员须为客人服务咖啡和茶。 ② 服务咖啡和茶时，须先将糖盅、奶盅准备好，摆放在餐桌上。 ③ 询问客人用咖啡还是茶，然后准备新鲜的热咖啡和茶为客人服务
6	送客	客人就餐完毕离开时，服务员须主动为客人将椅子搬开，并依据先宾后主、女士优先的原则，站在桌旁礼貌地目送客人离开

综合应用

（一）基础知识部分

冷餐酒会开餐准备工作、迎宾服务、餐前鸡尾酒服务的程序。

（二）操作技能部分

按照不同等级规格和餐厅特色，进行冷餐会服务的模拟操作训练掌握服务操作要求和注意事项。

案例一

自助餐上的香蕉

有一位美国客人入住某饭店，他个性孤僻，不喜言笑，单身。在饭店住了一周，几乎从不开口，不跟人打招呼，更难得让人看到一丝微笑。楼层服务员觉得这位客人极难伺候，任凭他们如何笑脸相待，主动招呼，所得到的总是一张铁板的脸，天天如此。

每天早上，他爱去自助餐厅吃早饭。当他吃完自己挑选的食品之后，便开始在台上寻找什么东西，他没吭一声，掉转头便走出餐厅。第二天小梅又壮起胆询问他，还是一张冷峻的脸，小梅窘得双颊发红。当这位美国客人正欲步出餐厅时，小梅又一次笑容满面地问他是否需要帮助，也许是小梅的诚意感动了他，他终于吐出"香蕉"一词，这下小梅明白了。第三天早上，那位沉默寡言的客人同平时一样又来到自助餐厅，左侧一盘黄澄澄的香蕉吸引了他的注意力，绷紧的脸第一次有了一丝微笑，站在一旁的小梅也喜上眉梢。又一次领悟到"精诚所至，金石为开"的道理。

在接下来的几天里，饭店每天早餐都特地为他准备了香蕉。

几个月后,这位客人又来到该饭店。第二天一早他步入自助餐厅,迎面就是引人注目的一大盘香蕉。这位"金口难开"的客人看到小梅,第一次主动询问是不是特意为他准备的香蕉。小梅嫣然一笑,告诉他昨晚总台员已经给餐厅带来了入住本店的信息。

"太感谢你们了",美国客人几个月第一次向酒店表示了发自内心的感谢。

1. 小梅等人是用什么方法使美国客人开启了他紧闭的嘴,"熔化"了他铁铸的脸呢?

2. 你从这则案例中得到哪些启示呢?

案例二

当客人的房卡不能签单时

一天晚上,熟客邓某夫妇在4楼厅房消费,邓太太拿着房卡来到咖啡厅,由于咖啡厅没有其所要的纸杯装咖啡,而邓太太又想买好后拿回4楼,于是服务员就告诉她雪糕屋有纸杯装咖啡出售。而当邓太太来到雪糕屋时发现雪糕屋不能用房卡签单,只能付现金,可她没带现金,只能白跑一次。后来邓太太投诉咖啡厅服务员对她不够重视,认为服务员当时应该告诉她雪糕屋不能签单。

1. 如果你是这位咖啡厅服务员,你将如何为这位熟客邓太太提供服务?

2. 请你指出这位咖啡厅服务人员在工作中出现的失误。

第七章 酒水服务

【导入语】

  对于客人来说,酒水的重要程度不亚于菜肴。酒水服务一般与菜肴服务配合完成,酒水服务风格取决于餐饮服务企业的食品风味和酒水的类型。酒水服务要令酒水为菜肴增色,从而增添客人的就餐乐趣。要做到这一点,服务员就必须熟悉酒水知识,掌握各种酒的常规的服务方式。

项目目标与要求

最终目标:

  西餐酒水根据配餐方式和饮用方式,可分为餐前酒、佐餐酒、甜食酒和餐后酒四大类。通过学习训练做到熟悉各种酒的基本知识和常规的服务方式,同时掌握西餐咖啡的服务工作。

促成目标:

1. 熟悉西餐酒水知识。
2. 能正确地进行西餐餐酒的服务准备工作。
3. 熟练地完成西餐餐酒的服务工作。
4. 熟练地完成西餐咖啡的服务工作。

项目载体

范　　例	西餐餐酒服务
学生学习载体	酒水单;各种酒具;酒水

项目服务流程图

讲解——操作程序和操作规范——动作练习——注意事项

项目学习任务书

项目模块（16学时）	学 习 任 务	备 注
西餐餐酒 （学时4）	1. 了解西餐餐前酒、佐餐酒、甜食酒及餐后酒的种类。 2. 主要酒品的特性和饮用方法	
酒水服务 （学时8）	1. 了解西餐餐前酒、餐后酒、鸡尾酒及佐餐酒服务知识。 2. 掌握西餐餐前酒和餐后酒服务、鸡尾酒会服务、酒吧服务	
咖啡服务 （学时4）	1. 咖啡的品种、特点及世界名品咖啡。 2. 咖啡的服务程序及服务方法	

模块一　西　餐　餐　酒

 学习目标

最终目标：
掌握西餐主要酒品的特性和饮用方法。
促成目标：
了解西餐餐前酒、佐餐酒、甜食酒及餐后酒的种类和特性。

 学习任务

1. 了解西餐餐前酒、佐餐酒、甜食酒及餐后酒的种类。
2. 主要酒品的特性和饮用方法。

任务：西餐餐酒

【知识导入】

西餐的特点是令人在用餐的同时，享受一种优雅、浪漫和温馨。酒是一种能够营造浪漫氛围的特殊饮品，所以酒在西餐中有着特殊的地位，不仅种类多，而且各有各的配菜,各有各的喝法。一般来讲,吃西餐时,每道不同的菜肴要配不同的酒水(图7-1),吃一道菜便要换上一种新的酒水。根据配餐方式和饮用方式,西餐酒水(图7-2至图 7-5)可分为餐前酒、佐餐酒、甜食酒和餐后酒四大类,它们各自又拥有许多具体种类。

一、餐前酒

餐前酒(aperitif)也称开胃酒。顾名思义,它适合于在餐前饮用。开胃酒是指以葡萄酒和某些蒸馏酒为主要原料的配制酒。因为开胃酒在制作过程中将多种对人体有益的植物或香料与原酒进行浸泡或调配,使得它拥有了与其他酒所不能比拟的功效,可以刺激食欲的酒都可以称为餐前

图7-1 美酒配佳肴

酒或开胃酒,一般为甜酒。香槟酒、鸡尾酒和味美思是常见的餐前酒。

特性:它的最大特点是气味芳香,刺激食欲,还有滋养、强壮、健胃等功效。

餐前酒可以分为味美思酒(Vermouth)、比特酒(Bitter)和茴香酒(anises)。

(一)味美思型

它以葡萄酒为基酒,加入植物及药材(如:苦艾、龙胆草、白芷、紫菀、肉桂、豆蔻、鲜橙皮)等浸制而成。最为著名的是法国和意大利的味美思。

味美思按含糖量可分为干、半干、甜三种,按色泽有红、白之分,干味美思通常为无色透明或浅黄色,甜味美思呈红色或玫瑰红色,甜味美思的糖分为12%—16%,其名声大于干味美思。

(二)苦艾型

又称比特酒、必打士。它从古药酒演变而来,具有滋补、助消化和兴奋的功效。该类酒以葡萄酒或某些蒸馏酒或食用酒精为酒基,加入芳香植物和药材配制而成。其酒精含量为18%—49%,具有一定的苦涩味和药味。因为所用的药材主要为带苦味的草本和植物的根茎与表皮,如阿尔卑斯草、龙胆皮、苦桔皮、柠檬皮等。

(三)茴香型

茴香酒实际上是由茴香油与蒸馏酒或食用酒精配制而成,茴香油中含有较多的苦艾素。浓度为45%的酒精可溶解茴香油,茴香油通常从八角茴香或青茴香中提取,八角茴香油多用作配制开胃酒,而青茴香油则多用于配制利口酒,因茴香油中含有苦艾素,故曾有一些国家几经禁止,目前世界上著名的茴香酒,有含或不含苦艾素之分。

茴香酒以法国的最为著名,它有无色和染色之分,色泽因品种而异,通常具有明亮的光泽,具有浓郁的茴香气味,口味浓重且刺激性强,以蒸馏酒或食用酒精为基酒,加入大茴香、白芷根、苦扁桃、柠檬皮、胡荽等做作而成。

二、佐餐酒

佐餐酒(table wine)是在进餐时饮的酒,常用葡萄酒。佐餐酒或低度葡萄酒是一种发酵的葡萄汁,其酒精含量有了一定程度的降低。而且,佐餐酒不起泡。

根据美国的标准,佐餐酒的酒精含量不高于14％;在欧洲,低度葡萄酒的酒精含量是容量的8.5％—14％。从法律上讲,如果葡萄酒的酒精含量不高于14％、不含有气泡,那么它就是一种佐餐酒或低度酒。

佐餐酒,通常只是红、白葡萄酒(图7-2)和香槟,伴随正餐喝。因为葡萄酒的口感相当丰富,所以搭配的食物种类相当广泛。

图7-2 红、白葡萄酒

特性:葡萄酒中的酸和涩有开胃健脾之功效,能帮助我们吸收食物的营养。比如白葡萄酒中就有人体每天都需要的八种氨基酸。

佐餐饮用的酒不必拘泥形式与程序,佐餐酒应是陪衬用餐的绿叶,只要能自在舒适地享受餐食,不喧宾夺主,和着美酒与美食的餐局,即使只饮一种酒,亦为人间一大乐事。一般所知的常识即红酒配红肉(牛肉、羊肉、猪肉等味道较重的食物),白酒配白肉(鸡肉、鸭肉、海鲜或风味较淡的料理),因为美酒与餐肴的口味不能相去太远,否则显不出各自具有的特色。而饮用酒宜从轻淡较涩的酒入深到丰厚浓郁的酒,这样就可享受用餐的圆畅与乐趣无穷。

三、甜食酒

甜食酒(dessert wine),又称餐后甜酒(liqueur),是佐助西餐的最后一道食物餐后甜点时饮用的酒品。通常以葡萄酒作为酒基,加入食用酒精或白兰地以增加酒精含量,故又称为强化葡萄酒,口味较甜。常见的有波特酒、雪莉酒、玛德拉酒等。

特性:促进食物消化,健胃功能,餐后配咖啡或奶油冰激凌口味盛好。

(一)波特酒

波特酒(Porto)是葡萄牙产的强化葡萄酒,用葡萄酒和白兰地兑和而成。根据葡萄牙政府的政策,如果酿酒商想在自己的产品上写"波特"的名称,必须有三个条件:

① 用斗罗河上游的奥特·斗罗(Alto Douro)地域所种植的葡萄酿造。为了提高产品的酒度,所用来兑和的白兰地也必须使用这个地区的葡萄酿造;② 必须在斗罗河口的维拉·诺瓦·盖亚酒库(Vila Nova de Gaia)内陈化和贮存,并从对岸的波特港口运出;③ 产品的酒度在16.5°以上。如不符合三个条件中的任何一条,即使是在葡萄牙出产的葡萄酒,都不能冠以"波特酒"。

(二)雪莉酒

雪莉酒(Sherry)是最普通的强化葡萄酒,产于西班牙加的斯省,因此雪莉酒被称为西班牙的国宝。名品有潘马丁(Pemartin)、布里斯托(Bristol)等。菲奴类雪莉酒可以在喝汤时饮用,也可以用作开胃酒,奥鲁罗索类雪莉酒是最好的餐后甜酒。喝雪莉酒前一般需要冰镇。

(三)玛德拉

玛德拉酒(Madeira),出产于大西洋上的玛德拉岛。玛德拉葡萄酒多为棕红色,但也有干白葡萄酒。

四、餐后酒

餐后酒即利口酒(liqueurs),多以烈性酒为基酒,再掺入各种香料和糖分配制而成,主要是指餐后饮用的可帮助消化的酒类,如白兰地、利口酒等,因酒度较高而又被称为"烧酒"。餐后酒主要有利口酒、奶酒、薄荷酒、均度酒等。人头马、飘仙一号等是典型代表。飘仙一号实际上是朗姆酒加香料配制而成。其他如香蕉酒、杏仁酒、陈皮酒、咖啡甘露酒都是较常见的餐后酒。除此以外意大利的加里安诺被称为是融入了浪漫与英雄主义的配制酒,也属餐后酒。

图7-3 西餐餐酒(一)

图7-4 西餐餐酒(二)

特性:无色透明、质地纯净、醇香浓郁、味感丰富;有营养的功效,它可以帮助吸收和吸收此前吃下去的食物。

威士忌可以选择纯喝(straight),加冰(with ice)或加水加冰(with ice and

water)。白兰地一般则用掌心握着酒杯,希望借体温略微提高一点酒的温度,使酒香可以更容易溢出。换句话说,白兰地是不可以加冰的,法国人认为:白兰地加冰的罪过比杀人还严重。

餐后酒是餐后用酒的总称,但也并不是非要在餐后才饮用。只是由于是甜酒,会使味觉器官不灵敏,所以不适合餐前饮用,也正因此而适合餐后饮用。

下面介绍八大餐后酒。

(一)雪莉酒:如同摩尔人的宫殿令人难以捉摸

雪莉酒(Sherry),如同波特酒一样,是葡萄酒与烈性酒的混合品,不同的是,雪莉酒是在发酵过程结束时加入烈性酒,而不是像波特酒那样在发酵一半时加入烈性酒。

(二)波特酒:最美丽的离经叛道

其实,波特酒(Porto)开始酿造时和别的葡萄酒并没有什么两样。区别在于当酒刚刚部分发酵后,就要往里面倒入一大桶冰冷的白兰地,发酵过程就会马上停止,酒精浓度会很快从 6% 上升到 19%,发酵不再继续。

(三)朗姆酒:取自糖蜜的琼浆

朗姆酒(Rum)源自糖水,它可以取自新鲜的甘蔗水,但更多地则是取自熬过的糖浆或糖蜜。甜水都要先进行发酵,然后蒸馏,得到的朗姆酒味道或淡或浓,或介于两者之间。

(四)苏格兰威士忌:来自高地的一道美丽风景

在苏格兰,威士忌一般在销售之前至少在木桶里存放三年时间,只有这样的酒才能被称为"苏格兰威士忌"(Scotch whisky,或简称 Scotch)。世界上有很多种威士忌,但没有一种可以与 Scotch 相媲美。

(五)亚玛邑:被人满怀拥抱的感觉

亚玛邑(Armagnac)和干邑是法国最负盛名的两大白兰地品种。相比之下,干邑显得更加优雅精致,酒倒出后芳香飘溢,就像餐厅顶上悬挂的枝形吊灯,光芒四射;而亚玛邑则令人兴奋甚至发狂,有时被认为是法国乡间一种较为粗野的饮品。

图 7-5 西餐餐酒(三)

(六) 格拉帕

格拉帕 (Grappa) 是意大利人的白兰地。Grappa 当地语是果渣的意思，它的原料是当地一种叫做 Vinaccia 葡萄的果渣。意大利人非常钟情格拉帕，它是意大利的麦芽威士忌，是意大利的干邑，意大利的波本威士忌。

(七) 龙舌兰酒

浓缩的美洲之心在制造酒精饮料的原料中，你不可能找到比制造龙舌兰酒 (Tequila) 的原料龙舌兰心更特殊的东西了。蓝色的龙舌兰是百合花的一种，它生长在墨西哥干燥多尘的半沙漠地区，它坚硬的花心已经木质化，不可食用；经过一天半缓慢地熬制，才可以从中提炼出混浊的汁液，用来发酵酿酒，然后是蒸馏提纯。

(八) 干邑：世外桃源的赐予

干邑 (Cognac) 是法国产的白兰地。就像威士忌是由啤酒蒸馏得到的一样，白兰地则是从葡萄酒蒸馏得来的。哪里有葡萄酒，哪里就一定会有白兰地。然而，你绝不可能发现哪种白兰地在口味上堪与干邑争锋。

综合应用

(一) 基础知识部分

内容：讨论西餐餐酒的种类及其特性。

(二) 操作技能部分

进行市场调查，了解各大超市的主要西餐餐酒，并撰写调查报告。

小资料：西餐的酒文化

餐前酒：大约在餐前 30 分钟左右时饮用。餐前酒大多在客厅里饮用，主要目的是为了开胃，也是为了等待万一有事迟到的宾客，以免尴尬。喝餐前酒比较随意、可以坐着也可以走动。

先生们喝的餐前酒一般是马丁尼 (Martini)，而女士一般喝雪莉酒 (Sherry)，这是一种非常清淡的白葡萄酒。不太能喝酒的先生一般选择鸡尾酒。即使你是一位滴酒不沾的人你也应该点一杯矿泉水、可乐之类的饮品，千万不要手中空空如是，那是会令人尴尬的事，也会使你自己有失风度。

餐中酒：是在用餐过程中饮用，专门为主菜而配，有红酒和白酒之分，指的都是葡萄酒。

红酒是配"红肉"喝的，如：牛肉、羊肉、猪肉等属于红肉。红酒是不可以加冰喝的。餐桌上那个粗一些的酒杯是红酒杯。白酒是配"白肉"喝的，如海鲜、鱼肉、鸡肉等属于白肉。白酒要冰过喝 (图 7-6)。

图 7-6 白兰地酒杯烈酒杯

白酒杯的杯跟要比红酒杯高一些。

喝餐中酒之前还有试酒仪式。传说这个仪式源于中古时期一种可怕的习惯。那时如果要暗杀别人，最常用的方法就是在酒里下毒药。所以皇家贵族饮酒之前都要请家奴来试喝，等十多分钟以后看家奴没事才敢喝。演变至今试酒仪式不再是预防暗杀，而是一种增加用餐情调的优雅西餐礼仪。试酒者也改由主人亲自担当。

餐后酒：一般的餐后酒是白兰地，用一种杯身矮胖而杯脚短小的酒杯喝。喝餐后酒可以用手心温杯，这样杯中酒就更能散发出香醇的味道。也有先生女士喜欢在白兰地中加少许的糖或咖啡，但不能加牛奶。

酒杯的使用有一项通则：即是不论喝红酒或白酒，酒杯都必须使用透明的高脚杯。由于酒的颜色和喝酒、闻酒一样是品酒的一部分，一向作为评断酒的品质的重要标准，有色玻璃杯的使用，将影响到对酒本身颜色的判定。使用高脚杯的目的则在于让手有所把持，避免手直接接触杯肚而影响了酒的温度。用拇指、食指和中指并持杯颈，千万不要手握杯身，这样既可以充分欣赏酒的颜色，手掌散发的热量又不会影响酒的最佳饮用温度。

基本上，大部分类型的葡萄酒（红、白、桃红）都可以用郁金香型的杯子，杯颈长、杯碗圆、杯身向上收窄。但讲究的饮酒者不仅根据葡萄酒的种类选用不同酒杯，甚至同类的酒，由于产区、年份不同，酒杯也要有所区别。

红酒杯的类型主要有三种：波尔多酒杯、勃艮第酒杯和全用途的酒杯。对不愿因酒的种类不同而更换酒杯的人，全功能的酒杯是不错的选择。香槟杯或气泡酒的杯子通常是长形的，使用起来是既秀气又优雅，容量一般为 8 盎司（1 盎司＝2.841×10^{-2} L）左右，纤长的郁金香型也可以，这会令美丽的气泡有更长的旅程，集结成束，翩然飘向杯顶。喝白兰地，用的则是短颈的杯子，杯口的收弧较大，杯子较宽。不是持颈而饮，而是掌心轻托杯碗，让体温加速酒的挥发。

模块二　酒　水　服　务

学习目标

最终目标：
掌握西餐主要酒品的服务方法。
促成目标：
1. 了解西餐餐酒服务知识。
2. 掌握西餐餐酒及鸡尾酒会服务、酒吧服务。

学习任务

1. 了解西餐餐前酒、餐后酒、鸡尾酒及佐餐酒服务知识。
2. 掌握西餐餐前酒和餐后酒服务、鸡尾酒会服务、酒吧服务。

任务：酒水服务

【知识导入】

在正式的西餐宴会里，酒水是主角，不仅它最贵，而且它与菜肴的搭配也十分严格。一般来讲，吃西餐时，每道不同的菜肴要配不同的酒水，吃一道菜便要换上一种新的酒水。西餐宴会中所上的酒水，一共可以分为餐前酒、佐餐酒、餐后酒等三种。它们各自又拥有许多具体种类。

一、餐前酒与餐后酒服务

（一）餐前酒服务

1. 准备工作

（1）根据客人的订单准备好吸管、搅棒、杯垫。

（2）将盛放酒的酒杯（图7-7）放于托盘右侧，盛有配酒的特制玻璃樽放杯左侧。

2. 服务标准

（1）服务酒水时，在客人右侧用右手进行，按顺时针方向服务，女士优先，先宾后主。

（2）倒配酒时须询问客人所需配酒的用量。

图7-7 各种酒杯

图7-8 酒和酒杯

(2) 倒配酒时须询问客人所需配酒的用量。

(3) 给客人倒完配酒后,须用搅棒把开胃酒调均匀,然后把配酒放于一旁,示意客人开胃酒已调好(图7-8)。

(4) 再次为客人服务开胃酒时,须准备新的酒杯和配酒。

开胃酒开瓶后可以长时间地保存,但是由于其酒液比较黏稠,每次倒完酒后,会有酒液残留在瓶口,如果不及时擦去,就会粘住瓶盖,既妨碍服务员斟酒操作,又显得不卫生。

开胃酒的饮用方法:第一种方法是净饮,也就是单纯地喝,不加入任何其他东西;第二种是加入冰块喝,起到稀释和冰镇的作用;第三种是调制成鸡尾酒或混合饮品饮用。

(二)餐后酒服务

1. 准备工作

(1) 检查酒车上酒和酒杯是否齐备。

(2) 将酒和酒杯从车上取下,清洁车辆,在车的各层铺垫上干净的餐巾。

(3) 清洁酒杯和酒瓶的表面、瓶口和瓶盖,确保无尘迹、无指印。

(4) 将酒瓶分类整齐摆放在酒车的第一层上,酒杯朝向一致;将酒杯放在酒车第二层上。

(5) 将加热白兰地酒用的酒精炉放在酒车的第三层上。

(6) 将酒车推至餐厅明显的位置。

2. 服务标准

(1) 酒水员必须熟悉酒车上各种酒的名称、产地、酿造和饮用方法。

(2) 当服务员为客人上完咖啡和茶后,酒水员将酒车轻推至客人桌前,酒标朝向客人建议客人品尝甜酒。

(3) 积极向客人推销:

① 对于不了解甜酒的客人,向他们讲解有关知识,推销名牌酒。

② 给客人留有选择的余地,根据客人的国籍,给予相应的建议。

③ 尽量推销价格高的名酒,然后是普通的酒类;向男士推销时,选择较烈的酒类,向女士建议柔和酒。

④ 斟酒时用右手在客人的右侧服务。

⑤ 不同的酒类使用不同的酒杯。

餐后酒一般是一些餐后甜食酒,是酒吧中品种数量较多的酒类,通常可以达到几十种,甚至上百种。餐后甜酒口味甜蜜,酒精浓度低,颜色娇美,很受女士青睐。与开胃酒的饮用方法一样,有净饮、加冰块和调制成鸡尾酒或混合饮品饮用。

二、鸡尾酒会服务

(一)鸡尾酒的定义、分类

鸡尾酒是指两种或两种以上的酒和果汁、香料等混合而成的饮品(图7-9),多在饮用时临时调制。

简单来说,鸡尾酒大致可以分为两种。

1. 直接饮料(straight drinks)

使用单一材料,经过加工,以原味呈现。

2. 混合饮料(mix drinks)

混合多种材料调制,口味繁多,风格千变万化。

鸡尾酒尚可依其酒精成分、饮用时间、冷热口味,分成如下数类:

短饮料(short drinks)。需要在短时间内饮尽,酒量约60 ml,3—4口喝完,不加冰,10—20分钟内不变味。其酒精浓度较高,适合餐前饮用。

图7-9 鸡尾酒

长饮料(long drinks)。放30分钟也不会影响风味的鸡尾酒,加冰,用高脚杯,适合餐时或餐后饮用。

硬性饮料(alcohol drinks)。含酒精成分较高的鸡尾酒属之。

软性饮料(non-alcohol drinks)。不含酒精或只加少许酒的柠檬汁、柳橙汁等调制的饮料。

冷饮料(cold drinks)。温度控制在5—6℃之间的鸡尾酒。

热饮料(hot drinks)。温度控制在60—80℃之间,以Hot Whisky Today最具代表性。

此外,鸡尾酒的味道可分为5种,即:甘、辛、中甘、中辛、酸。饮酒的时段则分为:餐前、餐后、全天(all day)。

(二)鸡尾酒的基本组成部分

鸡尾酒是用基本成分(烈性酒)、添加成分(利口酒和其他辅料)、香料、添色剂及特别调味用品按一定分量配制而成的一种混合饮品。

图7-10 4种常用的鸡尾酒基酒

1. 鸡尾酒基酒——决定鸡尾酒的主味

鸡尾酒基酒(图7-10)主要以烈性酒为主,常用的有:金酒(杜松子酒)Gin、白兰地Brandy、伏特加Vodka、郎姆酒Rum、龙舌兰Tequila、威士忌Whisky、利口酒(甜酒)Liqueur。

另外一些中国名酒如茅台酒、五粮液酒等也被许多调酒师青睐,用于调制出一些具有中国特色的鸡尾酒。

2. 配料——搭配酒水,分量很少

香甜酒(Liqueur)、汽水(苏打汽水、姜汁汽水等)和其他(果汁、调料)是常用的配料。

3. 装饰

装饰是鸡尾酒的一个重要组成部分，一杯鸡尾酒给人印象的好坏，装饰会起很大的作用。鸡尾酒的装饰，花色种类繁多，大部分都是色彩艳丽、造型美观，使被装饰的酒更加妩媚艳丽，光彩照人。鸡尾酒会（cocktail party）的形式较为灵活，以供应酒水为主，略备菜肴和小吃，点心和少量的热菜。因站立饮食、来去自由、交流广泛而深受客人（特别是欧美客人）欢迎。只准备临时吧台、食台，在餐厅四周设小圆桌，桌上放置纸餐巾、烟灰缸、牙签等物品。

举办鸡尾酒会简单而实用，热闹、欢愉且又适用于不同场合。无论隆重、严肃或不拘礼节均可采用。它不需豪华设备，可以在任何时候举行，与会者不分高低贵贱，气氛热烈而不拘泥。从酒会主题来看，多是欢聚、庆祝、纪念、告别、开业典礼等。

（三）酒会前的准备工作

1. 宴会厅的设计

（1）搞好宴会厅的清洁卫生。

（2）按主办者的主办目的和要求设计布置酒会会标。并以盆景花草装饰宴会厅。

鸡尾酒会与冷餐酒会最主要的区别是不设餐台。

2. 酒吧台设计

鸡尾酒会临时设的酒吧台（简称吧台）由酒吧服务员负责在酒会前准备好。根据通知单上的"酒水需要"栏准备各种规定的酒水、冰块、调酒用具和足够数量的玻璃杯具等。

鸡尾酒会的吧台设计与冷餐酒会大致相同，其间的区别一是吧台数量，鸡尾酒会一般是每50位客人设置一个吧台；二是酒水数量，鸡尾酒会一般按每人每小时3.5杯左右的标准准备酒水数量（每杯220—280 ml）。

3. 摆放餐桌

在宴会厅内摆放数量适宜为小型餐桌（方桌或圆桌），应注意餐桌之间的距离要适宜，以便客人和服务人员行走。同时在宴会厅四周摆放少量座椅，以方便需要者使用。

4. 摆放小吃

在酒会开始前半小时左右在餐桌上摆放各种干果和小吃，将足够数量（一般是到席人数的三倍数量）的甜品盘、小叉、小勺放在食品台的一端或两端，中间陈列小吃、菜肴。高级鸡尾酒会还准备肉车为宾客切割牛柳、火腿等；同时摆上牙签筒（鸡尾酒会上客人用牙签取食）、餐巾纸、花瓶、烟灰缸等。

另外，致词台、签到台的准备和酒水的斟倒等与冷餐酒会相同。

（四）酒会中的服务

宴会厅主管根据酒会规模配备服务人员，一般以一人服务10至15位宾客的比例配员。专人负责托送酒水，照管和托送菜点及调配鸡尾酒，提供各种饮料。

鸡尾酒会服务过程中各岗位服务员(除餐台服务员)的工作与冷餐酒会基本相同。稍有不同的是鸡尾酒会是在开始后才陆续送上热菜热点,摆放在餐桌上由客人用牙签或点心叉取食(或由餐桌服务员巡回托送)。

鸡尾酒会开始后,每个岗位的服务人员都应尽自己所能为宾客提供尽善尽美的服务。

负责托送酒水的服务员,用托盘托送斟好酒水的杯子,自始至终在宾客中巡回,由宾客自己选择托盘上的酒水或另外点订鸡尾酒。一般酒水托盘中放一只口纸杯,每杯饮料附上口纸一张。服务员负责收回宾客放在小桌上的空杯子、空盘子,送至洗涤间并将小桌重新布置。

负责菜点的服务员要保证有足够数量的盘碟、勺、叉、帮助老年宾客取食,添加点心菜肴,必要时用托盘托送特色点心,负责回收小桌上的空盘、废牙签、脏口纸等,并将脏盘送往洗涤间。吧台服务员负责斟倒酒水和调配宾客所点鸡尾酒,在收费标准内保证供应。

(五)酒会的结束工作

(1)各岗位服务人员热情、礼貌地列队送客。

(2)收台检查。宾客结账离去后,服务员负责撤掉所有的物品。余下的酒品收回酒吧存放,脏餐具送洗涤间,干净餐具送工作间,撤下台布,收起桌裙。

3. 整理宴会厅,使其恢复至酒会前的原状,为下一餐做好准备。

(六)鸡尾酒会服务的注意事项

有些鸡尾酒会不是包价的,其收费方式有两种:一是记账,最后由主办单位一次付清;另一种是每位宾客点喝一杯,当时付一杯酒水的钱。管理人员在分工时,要向服务员讲明收费方式,如 cash bar 就是零杯卖酒,当场收费。

三、酒吧服务

"酒吧"一词来自于英文的"bar",原意是指一种出售酒的长条柜台,最初出现在路边小店、小客栈、小餐馆中,即在为客人提供基本的食物及住宿外,也提供使客人兴奋的额外休闲消费。随后,由于酒的独特魅力及酿酒业的发展,人们消费水平不断提高,这种"bar"便从客栈、餐馆中分离出来,成为专门销售酒水、供人休闲的地方,它可以附属经营,也可以独立经营。

(一)酒吧种类

根据不同形式和作用及其在酒店里的具体位置,旅游酒店的酒吧服务设施(图7-11)通常有立式酒吧、服务酒吧、鸡尾酒廊和宴会酒吧。

图7-11 酒吧

1. 立式酒吧

立式酒吧即最为常见的吧台酒吧,是最典型、最有代表性的酒吧设施。"立式"并非指宾客必须站立饮酒,也不是因服务员或调酒员皆站立服务而得名,它实际上只是一种传统的习惯称呼而已。在这种酒吧里,宾客或是坐在高凳上靠着吧台,或在酒吧间的桌椅、沙发上享受饮料服务,而调酒员则是站在吧台里边,面对宾客进行操作。立式酒吧服务员,在一般情况下单独地工作,因此,他不仅要负责酒类和饮料的调制、服务及收款等工作,而且还必须掌握整个酒吧的营业情况。

2. 服务酒吧

服务酒吧常见于酒店餐厅及较大型的社会餐馆的厨房中。我国诸多酒店餐厅中的酒柜实际上也是服务酒吧,因为宾客不直接在吧台上享用饮料,虽然他们有时从那里购买饮料,但通常是通过餐厅服务员开票并提供饮料服务。服务酒吧的服务员必须与餐厅服务员合作,按照餐厅服务员所持的点酒单,酒吧服务员对各种饮料进行最后点缀加工,如给鸡尾酒加上樱桃、柠檬或菠萝等等。在大多数酒店中,服务酒吧的服务员不负责酒类饮料的收款工作,这项工作通常都由餐厅收款员进行。

3. 鸡尾酒廊

较大型的酒店中都有鸡尾酒廊这一设施。鸡尾酒廊通常设于酒店门厅附近,或是门厅的延伸或利用门厅周围空间,一般设有墙壁将其与门厅隔断。鸡尾酒廊一般比立式酒吧宽敞,常有钢琴、竖琴或者小乐队为宾客演奏,有的还有小舞池,以供宾客随兴起舞。鸡尾酒廊还设有高级的桌椅、沙发,环境较立式酒吧优雅舒适,气氛较立式酒吧安静,节奏也较缓慢,宾客一般多逗留较长时间。鸡尾酒廊的营业过程与服务酒吧大致相同,即由酒廊招待员为宾客开票送酒。

如果酒廊规模不大,由招待员自行负责收款。但在较大的鸡尾酒廊中,一般多设有专门收款员,并有专门收拾酒杯、桌椅并负责原料补充的服务人员。

4. 宴会酒吧

宴会酒吧是酒店、餐馆为宴会业务专门设立的酒吧设施,其吧台可以是活动结构即能够随时拆卸移动,也可以是永久地固定安装在宴会场所。宴会酒吧的营业有多种形式,较常见的有以下几种:

(1) 现金酒吧。

如果采取现金酒吧的服务形式,参加宴会的客人取用酒水,须随取随付钱,宴会东道主不负责客人在酒吧取用酒水饮料的费用。现金酒吧多适用大型宴会。

(2) 赞助者酒吧。

赞助者酒吧服务形式适用于私人或公司举行的招待会,客人取用饮料水无需付钱,有时凭券取饮料,所有费用已由赞助者付讫。与赞助者酒吧相似的形式有"请饮酒吧"、"现金付讫酒吧。"

(3) 一次结账酒吧。

使用一次结账酒吧形式,客人在宴会或招待会上可随意取用饮料酒水,所有费用在宴会或招待会结束时由东道主向酒店结算。

宴会酒吧的业务特点是营业时间较短,宾客集中,营业量大,服务速度快。有的酒店要求宴会酒吧服务员每小时能服务 100 名宾客,因而宴会酒吧的服务员必须头脑清醒,工作有条理,具有对付大批宾客的能力。宴会酒吧由于上述特点,又要求服务员事前做好充分的准备工作,各种酒类、原料、配料、酒杯、冰块、工具等必须有充足的贮备,不至于营业中途缺这少那而影响服务。

5. 洋酒杯

不同名称的鸡尾酒和混合饮料要求用不同的酒杯盛放,已成为约定俗成且皆在酒谱中注明。以下是酒吧常用酒杯的几种类型。

传统上,白葡萄酒杯比红葡萄酒杯稍小。杯身较浅的白葡萄酒酒杯,习惯上只用来盛德国产葡萄酒,如莱茵白葡萄酒。另一种多用途葡萄酒杯,大小介于红、白葡萄酒酒杯之间,可用于盛红或白葡萄酒或盛放冰水。

酒吧酒杯种类繁多(图 7-12),各个酒吧又有自己的传统和选择,因此没有统一的规定,以上只是一些常见的酒杯类型。

(二)酒吧服务

有人把酒吧调酒员比作化学家,说他们能按照酒谱调制出丰富多彩、五光十色的饮料来。然而。一位称职的酒吧服务员的工作责任远非局限于调制饮料的范围。他首先是酒店管理者在酒吧中的代表,他提供的服务反映着整个酒店的风格和水平。

图 7-12 几种常用的洋酒杯

对服务员来说,酒吧是他工作的地方,就如工人的车间、教师的课堂一样,但对宾客来说,酒吧却是他们满足各种不同需求如社交、消遣、娱乐、休息甚至排愁解闷的场所。他们上酒吧并非仅仅为了喝上几杯饮料,而是因为他们需要酒吧所提供的这种独特的环境、气氛和服务。

因此,酒吧服务员除了必须具有高超熟练的专业技能外,还必须真心实意地热爱自己的工作,具有为宾客提供服务的强烈愿望以及善于跟各种环境、各种性格、各种心情的人打交道的本领。简言之,酒吧服务员必须掌握各种酒类饮料的服务知识,必须了解宾客的各种需求,同时还必须明白酒吧的经营目标。

酒吧服务员的具体工作可以分解成以下几个方面。

1. 准备工作

酒吧服务员上班或接班时,在正式开吧之前,有一系列的准备工作要完成。

(1)个人卫生及仪表仪容。

附:酒吧服务员仪表仪容检查的工作程序与标准(表 7-1)。

表 7-1 酒吧服务员仪表仪容检查的工作程序与标准

序号	程　序	标　准
1	制服、工作鞋	① 制服须完好、洁净、整齐，无褶皱、无破损，且纽扣须完好、无脱落现象；衬衫、衬衫领扣和袖口须完好、洁净、无破损，纽扣须完好、无脱落现象。 ② 名牌须佩戴在左胸前，且名牌须端正、完好、字迹清晰；严禁不佩戴名牌上岗。 ③ 工作时须穿着酒店配发的皮鞋，皮鞋须光亮、完好、无破损。 ④ 袜子须完好，无跳丝、无破损
2	头发、指甲	① 头发须干净、整齐，不留怪异发型。 ② 男员工不留长发，女员工长发须盘起，严禁染怪异彩发。 ③ 保持手和指甲洁净；严禁留长指甲、涂染指甲油
3	修饰	① 女员工须化淡妆和使用淡色口红。 ② 除婚戒外，员工不准佩戴其他首饰

（2）酒吧卫生及设备检查。

服务员进入酒吧，首先要检查酒吧间的照明、空调系统工作是否正常；室内温度是否符合标准，空气中有无不良气味；地面、墙壁、窗子、桌椅要打扫拭抹干净；接着应对前吧、后吧进行检查。吧台应当擦亮，所有镜子、玻璃应光洁无尘；每天早晨应用湿毛巾拭擦一遍酒瓶；检查酒杯是否都洁净无垢。操作台上酒瓶、酒杯及各种工具、用品是否齐全到位，冷藏设备工作是否正常。如使用饮料配出器，则应检查其压力是否符合标准或做适当校正。然后，水池内应注满清水，洗涤槽中准备好洗刷用具、消毒液，贮冰槽中加足新鲜冰块。

附1：酒吧清洁卫生的工作程序与标准（表7-2）。

表 7-2 酒吧清洁卫生的工作程序与标准

序号	程　序	标　准
1	营业前的卫生清洁	① 公共区域 　a. 公共区域的卫生由当班经理、领班安排公共区域服务员进行清洁。 　b. 地毯、墙壁、装饰物及壁灯等须洁净，无灰尘、无污迹、无杂物等。 　c. 清洁完毕后，由酒吧当班经理、领班检查、验收。 ② 酒吧区域 　a. 酒吧区域的卫生由服务员清扫。 　b. 保持沙发和桌椅表面洁净，无灰尘、无污迹、无杂物。 　c. 保持钢琴表面的洁净、光亮、无灰尘、无指印。 　d. 保持各种用具表面洁净、无灰尘、无污迹。 　e. 保持展示台和吧台表面无灰尘、无杂物。 　f. 酒水展示柜内所陈列的各种酒水须洁净，且摆放整齐、规范、艺术美观
2	营业结束后卫生清洁	由服务员负责清洁，标准同上

附2:酒吧设施设备检查的工作程序与标准(表7-3)。

表7-3 酒吧设施设备检查的工作程序与标准

序号	程序	标准
1	检查各种电器	① 电灯、制冰机等电器须安全,导线须完好、无破损、无短路隐患,电源插头须安全、完好、牢固,电器附近无易燃、易爆和腐蚀性物品。 ② 背景音乐及灯光开关须安全、完好、灵敏。 ③ 空调须正常工作。 ④ 咖啡机须安全、完好、正常工作,且表面洁净
2	地毯的检查	① 酒吧各处地毯须保持洁净,无起鼓、无破损。 ② 地毯的衔接处无开缝、无卷起现象
3	门的检查	① 门须完好、使用正常,且表面无脱漆、无开裂、无破损。 ② 开关时,须自如且无异声。 ③ 门把手、门锁须完好、使用正常
4	桌椅的检查	① 各桌椅、沙发须牢固、完好;无脱漆、无开裂、无破损。 ② 椅子、沙发表面须完好,无破损、无污迹
5	钢琴的检查	① 钢琴的附件及琴椅须完好,使用正常,且摆放到位。 ② 钢琴表面须完好、无开裂、无脱漆、无破损

附3:酒吧用具检查的工作程序与标准(表7-4)。

表7-4 酒吧用具检查的工作程序与标准

序号	程序	标准
1	检查抽屉内的餐具	① 垫布须洁净、平整,无污迹、无杂物、无破损。 ② 叉、勺须洁净、光亮、无水印、无指印,且分类整齐地摆放在抽屉里。 ③ 备用糖盅、奶盅须整齐地摆放在抽屉里,且糖盅、奶盅须洁净、无水迹、无破损、无污迹。 ④ 入口食品和用具与非入口食品、用具以及杂物须分开存放,严禁混放
2	检查边柜内的餐具	① 边柜内各层的垫布须洁净、平整,无污迹、无杂物、无破损。 ② 边柜内摆放的咖啡杯、咖啡碟须充足、光洁、无破损、无水迹、无咖啡渍。 ③ 边柜内摆放的茶壶须充足、光洁、无破损、无水迹、无茶锈、无咖啡渍。 ④ 入口食品和用具与非入口食品、用具以及杂物须分开存放,严禁混放

(3)原料准备。

检查各种酒类饮料是否都达到了标准库存量,如有不足,应立即开出领料单去酒店仓库或酒类贮藏室领取。然后检查并补足操作台的原料用酒、冷藏柜中的啤酒和白葡萄酒、贮藏柜中的各种不须冷藏的酒类以及酒吧纸巾、毛巾等原料物品。

接着便应当准备各种饮料配料和饰物,如打开樱桃和橄榄罐,切开柑橘、柠檬和青柠,摘好薄荷叶子,削好柠檬皮,准备好各种果汁、调料等。如果允许和必要的话,有些鸡尾酒如马丁尼、曼哈顿和酸味威士忌等可以预先调制。

附1：台面的清洁和摆放器具的工作程序与标准（表7-5）。

表7-5 台面的清洁和摆放器具的工作程序与标准

序号	程 序	标 准
1	台面的擦拭	① 擦拭台面时,服务员须先将清洁剂均匀地喷到台面上,用抹布仔细擦拭每一个污点,直至光洁。 ② 擦拭后,台面须光洁如镜、无污迹、无水迹、无茶迹、无咖啡迹
2	台面的摆放	① 台面擦拭完毕后,花瓶须摆放在台面的中央处。 ② 烟缸摆放在花瓶右侧,且烟缸上的店徽须面向客人。 ③ 特别推销用的宣传卡须放置于花瓶的左侧,且与烟缸并齐。 ④ 再次检查,台面的摆放须符合上述标准

附2：准备、布置蛋糕展示柜的工作程序与标准（表7-6）。

表7-6 准备、布置蛋糕展示柜的工作程序与标准

序号	程 序	标 准
1	清洁整理蛋糕展示柜	① 蛋糕展示柜须安全,导线须完好、无破损、无短路隐患,电源插头须安全、完好、牢固,电器附近无易燃、易爆和腐蚀性物品。 ② 清洁蛋糕柜内外,使之洁净、光亮、无异物、无异味。 ③ 接通电源,待展示柜内亮灯后,须再检查一遍
2	摆放垫盘	① 垫盘须分别均匀地摆放在展示柜内各层上,且垫盘的摆放须整齐、规范、艺术、美观。 ② 摆放的垫盘须洁净、无破损、无水迹、无污迹。 ③ 须将压花纸放置在垫盘上
3	准备用具	① 将适量洁净的甜食叉放在叠好的口布里,并将其摆放在边柜内。 ② 蛋糕铲须摆放在展示柜内一个洁净的盘上。 ③ 摆放蛋糕用的甜食盘须光洁、干燥、无破损
4	摆放价目牌	① 价目牌须保持洁净,字迹工整、清晰。 ② 价目牌须摆放在柜内食品前明显的位置上
5	摆放蛋糕	① 蛋糕须放置在展示柜内的垫盘上。 ② 各种蛋糕按颜色、口味和形状间隔摆放,且摆放艺术、美观。 ③ 蛋糕摆放好后,关紧展示柜门,以防冷气外流

（4）收款准备。

在开吧之前,酒吧服务员须准备足够的零钞备用金,认真点数并换成合适面值的零票。如果使用收银机,那么每个班次必须清点收银机中的钱款,核对收银机记录纸卷上的金额,做到交接清楚。有的酒店为了防止作弊,往往规定每张发票的价值,如要发现丢失发票,服务员须照价赔钱。因此,应检查发票流水号是否连贯无误。

2. 饮料调制

酒吧服务员在完成上述准备工作后,便可以正式开吧迎客。酒吧服务员应该谙熟相当数量的鸡尾酒和其他混合饮料的配制方法,这样才能做到胸有成竹,得心应手。但如果遇到宾客点要陌生的饮料,服务员应该查阅酒谱,不应胡乱配制。调制饮料的基本原则是:严格遵照酒谱要求,做到用料正确、用量精确、点缀装饰合理优美。

按照调制方法,混合饮料可分成三大类:

(1) 直接在酒杯中调制的饮料。

这类饮料通常使用高飞球杯、古典式杯、汤姆·柯林斯杯,皆为无柄的直身杯,而它们也往往就是饮料本身的名称。调制这类饮料,酒杯必须洁净无垢,先放入冰块。服务员必须养成良好的习惯,任何时候都不用酒杯直接取冰,冰块的用量不可超过酒容量的2/3。然后用量杯(量酒器)量取所需的基酒,倒入酒杯,接着注入适量配料,最后用搅棒轻轻搅拌,再按配方要求加以装饰点缀,便可端送给宾客。

图 7-13 调制好的鸡尾酒

附:

表 7-7 量酒器使用的工作程序与标准

序号	程 序	标 准
1	准备	在营业期间,量酒器须浸泡在洁净的水中
2	使用	① 倒各类烈性酒和甜酒时,须使用量酒器。 ② 倒酒时,须用手拿稳量酒器,以免酒洒出来。 ③ 使用量酒器倒酒时,须将酒倒满,以免分量不足。 ④ 量酒器使用完后须马上用清水冲洗洁净。 ⑤ 每天营业结束后,将量酒器冲洗洁净、擦干水后保存

(2) 调酒壶中调制的饮料。

第二种是在调酒壶(又名摇酒器)中调制的饮料,使用调酒壶的目的有三点:摇动调酒壶使各种原料充分混合;摇动过程中饮料与冰块充分接触使饮料温度降低;摇动过程中冰块融化,从而增加饮料成品的分量。这类饮料温度降低;摇动过程中冰块融化,从而增加饮料成品的分量。这类饮料的调制过程如下:先将冰块放入调酒壶,接着加入基酒,再加入各种配料,必须注意,有汽饮料如各种汽水不宜作此类混合饮料的配料,然后盖紧调酒壶,双手执壶用力摇动片刻。摇匀后,打开调酒壶用滤冰器滤去残冰,将饮料倒入鸡尾酒杯中加以装饰点缀,即为成品。如有客人要求这类饮料加冰饮用,事先准备冰饮杯如古曲式杯,并加入新鲜冰块,再将调制好的饮料倒入，并作装饰点缀即可。

（3）调酒杯中调制的饮料。

这类饮料的调制过程几乎与上述第二类完全相同，只不过由于这类饮料中通常由酿造酒如葡萄酒等酒作为基酒或配料，因而不适宜作大力摇动振荡，才使用调酒杯并用搅棒搅拌而成。大力摇动会破坏酿造酒，致使饮料走味、变质。

搅拌过程与摇动过程一样，会使冰块融化，增加饮料分量，冰块在搅动过程中，每10秒钟大致会产生1/2至3/4英两的水，这类饮料调制时应用碎冰或冰渣，而不宜使用冰块。有的饮料如薄荷冰饮、味美思冰饮，都应用刨冰搅拌调制，随后滤入酒杯。

以上是混合饮料的三种不同调制方法。虽然每一种饮料都应用各自特定的酒杯盛放，但总的来说，带柄的酒杯多用于盛放无冰的鸡尾酒或饮料，因为如用无柄酒杯盛放这类饮料，手的热量在持杯过程中会使饮料的冰气很快丧失殆尽。同时，不论是使用调酒壶或是调酒杯，每用一次，都应认真洗刷干净，特别是当使用鸡蛋、牛奶、奶油作为饮料配料时，如不洗刷干净，会使其他饮料沾上异味。

酒吧使用的各种基酒，应当有两类：一类是"吧台基酒"，即由酒吧选定的作为某一饮料基酒的酒；另一类是"供点基酒"，即那些供宾客根据各自爱好点要的基酒。吧台基酒一般是比较普通的酒，而供点基酒则多为名牌酒。例如，酒吧可选定一种普通琴酒作为调制鸡尾酒马丁尼的吧台基酒，在一般情况下，马丁尼都用这种普通琴酒调制。但酒吧又同时备有如"伦敦干琴酒"、"老波士顿先生琴酒"之类的酒供宾客点要，作为马丁尼的基酒，这便是"供点基酒"。两者在价格上当有一定的差别。

3. 操作要点

调制饮料的时候，有以下操作要点必须注意。

（1）酒杯降温。

为使鸡尾酒保持清新爽口的冰味，所用的酒杯须贮藏在冷藏柜中降温，如果冷藏柜容量不足，则可在调制前先把碎冰放进杯子或把杯子埋入碎冰使之降温。

（2）酒杯和杯口加霜。

加霜有两种形式，即酒杯加霜和杯口加霜。酒杯加霜指把酒杯较长时间地置于冷藏柜中或埋入碎冰内，取出时，由于冷凝作用，杯身上会出现一层霜雾，给人以极冷的感觉，适用于某些类型的鸡尾酒。

杯口加霜指杯口蘸糖粉或盐粉，先用柠檬片擦预先已作降温处理的酒杯的杯口，使之湿润，随后将杯口均匀地蘸上糖粉或盐粉。某些鸡尾酒要求酒杯杯口加霜。

（3）冰的使用。

不论是冰块、碎冰或是刨冰，都应当是新鲜、洁净、无异味。不论采用何种方法调制饮料，都应先将冰放入酒杯或调酒壶，随后再加入基酒。用直身酒杯如高飞球、古典式等酒杯盛放的鸡尾酒，一般多用大冰块，调酒壶及调酒杯可分别用冰块和碎冰，而用麦管吸饮料一般多用刨冰。

(4) 糖的使用。

调制时如需用糖,则应将糖先于基酒放入杯内,除非酒谱另有注明,一般都使用糖粉。有些酒吧中习惯用糖水代替糖粉,糖水可事先调妥冷藏,比如是 1 磅(lb,1 lb=453.592 g)砂糖调制 1 品脱(pt,1 pt=0.568 3 L)糖水。

(5) 搅拌。

饮料若采用无色透明的基酒以及有汽饮料加汤力水、干姜水、汽水或可口可乐作配料时,都应搅拌调制。搅拌动作应当轻、搅拌时间应恰到好处。搅拌时间太短,各种原料混合不匀,饮料不冷;但如果搅拌太久,则冰块过多融解,会冲淡饮料。

(6) 摇酒。

饮料若采用较难混合的果汁、奶油或鸡蛋等作配料时,通常得用调酒壶(图 7-14)配制。摇酒动作宜快捷、连贯,以使原料充分混合并降温,但应避免摇得太久致使冰块过多融解,饮料变得过分稀薄。一般情况下,当调酒壶外壳出现霜雾时即可停止。此外,如遇难以摇匀的配料,则应使用电动调酒器调制。

附:摇酒器使用的工作程序与标准(表 7-8)。

图 7-14　调酒壶

表 7-8　摇酒器使用的工作程序与标准

序号	程　　序	标　　　　准
1	准备	摇酒器须洁净,无剩余酒水或污物
2	使用	① 在制作鸡尾酒时,须在摇酒器内放三块冰。 ② 酒水员在摇酒前,须将盖盖紧,以免酒洒出来。 ③ 酒水员在摇酒时须用力,但不可摇时间过长,大约 12 下即可。 ④ 带汽的饮料不准使用摇酒器。 ⑤ 摇酒器如长时间不用,须保持干燥、无异味。 ⑥ 摇酒器用完后,须马上用清水冲洗洁净。 ⑦ 每天营业结束后,将摇酒器冲洗洁净、擦干水后保存

(7) 倒酒。

如果用调酒壶一次调制 2 份以上的饮料,在倒酒前应先把酒杯并排成一列,随后从头到尾往返倒入酒杯,使各个酒杯中先倒入 1/4 杯,然后至 1/2 杯,直至倒完,而不能先倒满一杯,再倒第二杯。这样,才能保证每杯饮料具有相同的酒度和味道。

(8) 多色饮料的配制。

多色饮料如各种普施咖啡的制作是利用各种酒(通常是香甜酒)有不同相对密度的特点,使一种酒漂浮于另一种上面,因此,首先必须严格遵照酒谱中原料倒入次序,不可颠倒错乱。配制时应先将各种酒用量酒器量妥,依次排好,然后将长匙柄插入酒杯,再把各种酒依次沿着匙柄缓缓倒入,也可用玻璃搅拌棒代替长匙,将酒沿棒徐徐倒入,这样,各种酒不会混合,成为一杯层次分明、色彩艳丽的多色饮料(图7-15)。

图 7-15 调制好的多色饮料

(9) 水果和果汁。

只要有可能,酒吧应尽量使用新鲜水果,如橙子、柠檬、菠萝、香蕉等。樱桃和橄榄通常有鸡尾酒专用的罐头制品。

橙片应选用无斑痕鲜橙,按纵长方向切成 0.6 cm 左右宽的橙片,丢弃边皮。

柠檬切片也应 0.6 cm 左右厚。先将柠檬纵向切成两半,随后横向切成小片,丢弃头尾两端小片。

青柠应切成楔形,而不是薄片。每个青柠一般可切 8 片,即先将青柠纵向切成两半,随后,切口朝下,切成楔形片子。

柠檬片的切法从柠檬顶端进刀,取 2 cm 左右宽,一直切到底部。

螺旋柠檬片的切法一如削苹果或梨,即从顶端开始,取 2 cm 左右宽,盘旋着一直切到底部。

番茄汁、菠萝汁、葡萄柚汁、柠檬汁、橙汁等是酒吧常用果汁,通常都有罐头成品,但橙汁和柠檬汁应尽量用新鲜水果当场榨取。

4. 服务须知。

酒吧服务员在整个服务过程中还须做到以下几点:

(1) 配料、调酒、倒酒应在宾客看到的情况下进行,目的是使宾客监督和欣赏服务技巧,同时也可使宾客放心,服务员使用的饮料原料用量正确无误,操作符合卫生要求。

附:保持台面清洁整齐的工作程序与标准(表 7-9)。

(2) 把调好的饮料端送给宾客以后,应立即退离吧台或离开,千万不要让宾客发觉你在听他们对话,除非宾客直接与你交谈,更不可随便插话。

(3) 认真对待、礼貌处理宾客对饮料服务的意见或投诉。酒吧跟其他任何服务一样,宾客永远是正确的,如果宾客对某种饮料不满意,应立即设法补救或重调。

附:征询客人意见的工作程序与标准(表 7-10)。

表 7-9 保持台面清洁整齐的工作程序与标准

序号	程序	标准
1	清理客人台面	① 服务员须随时巡视客人台面,将第一次未倒完的饮料罐或饮料瓶为客人倒完后及时撤走。 ② 如客人不再添加第二杯饮料,须将盛第一杯饮料的空杯撤掉。 ③ 服务员须及时撤换烟缸(烟缸内至多有 2 个烟蒂)。 ④ 清理客人在座的台面前,须用右手持一副服务用叉勺,随时捡起桌面上的食物残渣、空糖袋等废物,放入左手中的托盘内,以保持客人吧桌台面的清洁
2	客人将饮料或食品洒在桌上的处理	① 客人饮料或食品洒在桌上时,服务员须迅速走到客人旁边,用洁净的抹布将台面擦干,用服务叉、勺将掉在台面上的食品夹在托盘里撤走。 ② 服务员在处理客人洒在吧桌台面上的饮料、食品时,动作须干净、利索,不准将污物滴落在客人衣服上
3	迅速翻台	① 服务员在翻台时,须用托盘撤去桌面上所有的脏餐具。 ② 服务员须用洁净的抹布擦净桌面。 ③ 擦净桌面后,立即把花瓶、口纸杯、烟缸、火柴等摆放整齐,回归原位

表 7-10 征询客人意见的工作程序与标准

序号	程序	标准
1	准备工作	客人饮用完酒水、饮料即将结账前,酒吧经理、领班须准备好笔和客人意见登记本
2	征询客人意见	① 客人饮用完酒水、饮料后,经理、领班须以诚恳的态度征询客人意见、建议,了解客人对酒吧服务的满意程度,并做好相应记录。 ② 经理、领班将客人的意见和建议填写在餐饮部客人意见征询表上,然后统一汇总至餐饮部经理处
3	改进工作	当班经理、领班须针对客人就酒吧服务提出的意见和建议认真分析,并负责采取纠正、预防措施;针对客人就酒水、饮料质量提出的意见和建议及时反馈至有关部门,由其认真分析后,采取纠正、预防措施,力求酒吧服务及酒水、饮料质量日臻完善,以满足客人的需求

(4)任何时候都不准对宾客有不耐烦的语言、表情或动作,不要催促宾客点酒、饮酒。不能让宾客感到你在取笑他喝得太多或太少。如果宾客已经喝醉,应用文明礼貌的方式拒绝供应饮料。有时候,宾客或因身边带钱不多而喝得较少,但倘若你仍热情接待,他下一次光顾时,便会大大地花一笔。

(5)如果在上班时必须接电话,谈话应当轻声、简短。当有电话寻找宾客,即使宾客在场也不可告诉对方宾客在此(特殊情况例外),而应该回答请等一下,然后让宾客自己决定是否接听电话。

(6)为控制饮料成本,应用量酒器量取所需基酒。也可以取一小杯,在杯身上刻上一份至四份饮料所需基本酒量的记号,这比使用量酒器更加方便。

(7) 过去,酒杯洗涤后常用两块毛巾擦拭两遍,第一遍是擦干,第二遍擦亮。但事实上这种方法并不卫生。因此,酒杯应在三格洗涤槽内洗刷消毒,然后倒置在架空的橡胶架上让其自然干燥,避免手和毛巾接触酒杯内壁。

(8) 除了掌握饮料的标准配方和调制方法外,还应时时注意宾客的习惯和爱好,如有特殊要求,应照宾客的意见调制。

(9) 酒吧一般都免费供应一些咸味佐酒小点,如炸面条、咸饼干、花生米等,目的无非是刺激酒瘾,增加饮料销售量。因此,服务员应随时注意佐酒小点的消耗情况,以作及时补充。

(三) 酒吧服务的注意事项

(1) 每次斟酒后,酒瓶放回原处。
(2) 通知单上注明变质的酒、饮料、打碎的瓶子。
(3) 严格按配方调制鸡尾酒或饮品。
(4) 控制好各饮料的质量和用料数量。
(5) 对常来的宾客要记住其爱好。
(6) 遇到单个客人,可适当陪他聊天。
(7) 不可催宾客喝酒。
(8) 不要当着客人的面喝水,注意站姿。

附1:送客人离开酒吧的工作程序与标准(表7-11)。

表7-11 送客人离开酒吧的工作程序与标准

序号	程序	标准
1	送别客人	① 客人起身离开时,服务员须按先宾后主、女士优先的原则主动为客人搬开座椅,协助客人离开。 ② 服务员须主动、礼貌地向客人道谢,将客人送至酒吧门口,并欢迎客人再次光临。 ③ 任何一位服务员遇到客人离去时都须礼貌地向客人道别
2	整理台面	① 客人离开酒吧后,服务员须检查台面上、下有无客人遗忘的物品。 ② 整理台面时须用洁净的托盘将台面上客人用过的各种酒具和用具撤下。 ③ 重新摆台、调整座椅

附2:营业结束后的工作程序与标准(表7-12)。

表7-12 营业结束后的工作程序与标准

序号	程序	标准
1	清洗用具	酒水员须及时清洗客人用过的酒杯、搅棒、烟缸、茶具、摇酒器、量酒器,且所有清洗过的用具须洁净、无水迹、无水滴、无指印、无异味
2	收集、存放装饰物	所有未使用的装饰物须用保鲜纸包好放入冰箱内保存,以确保其卫生、新鲜

(续表)

序号	程序	标准
3	清理桌椅	撤走所有用过的用具,台面和座椅须保持洁净、无灰尘、无污物
4	清理水池	水池须洁净、无积水、无杂物
5	擦拭冰箱、制冰机	将冰箱、制冰机的门和侧面擦拭洁净,使之光亮、无污迹、无水迹
6	锁酒柜	营业结束后,酒水员须将所有酒水整齐地摆放在酒水柜内,并将其锁好
7	倒垃圾	将酒吧内的所有垃圾倒掉,保证垃圾桶干净、无污迹、无异味
8	清理酒吧地面	营业结束后,服务员须用吸尘器将地面吸净,确保地面洁净、无杂物、无污迹
9	统计营业额	酒水员从收银员处得到当天的营业额,并根据营业额填写每日营业报告,并将当天所售酒水进行核对
10	关闭电源	关闭酒吧的所有电源以确保安全
11	锁门	① 锁门前,服务员须再次检查酒吧的安全情况。 ② 锁好酒吧的门。 ③ 将钥匙交至规定部门统一保存,并在登记本上签字、确认

综合应用

(一) 基础知识部分

讨论西餐餐酒的种类及其特性。

(二) 操作技能部分

1. 分组练习餐前酒、餐后酒水服务情景表演。
2. 分组练习酒吧服务情景表演。

案例分析

一天,几位西装革履的客人来到一家商务饭店的西餐厅用餐,服务员小王为他们点了几道特色菜后询问客人用何种葡萄酒配菜。客人点了一瓶白葡萄酒。小王拿来酒后放在冰桶架中开始冰镇。几位客人谈笑风生,客人A还在向其他宾客介绍这家餐厅菜肴并说经常来这里,过了一会儿,小王将冰镇好的白葡萄酒斟至杯的2/3,客人A一看说:"怎么才倒2/3?"小王说:"你不懂吗? 白葡萄酒饮用是有讲究的,红葡萄酒要在室温下饮用,白葡萄酒冰镇才可以饮用。"客人A一听大发雷霆:"我一直在这儿用餐,从没这样,把你们经理叫来……"

请问:白葡萄酒和红葡萄酒的服务方式有何异同? 小王在服务中有哪些失误? 如果你是小王,你将怎么为客人提供服务?

模块三 咖啡服务

学习目标

最终目标：
掌握咖啡的服务技能。
促成目标：
1. 了解咖啡的基本知识及其品种特点。
2. 掌握咖啡的服务方法。

学习任务

1. 咖啡的品种、特点及世界名品咖啡。
2. 咖啡的服务程序及服务方法。

任务：咖啡服务

【知识导入】

了解咖啡。"咖啡"(coffee)一词源自埃塞俄比亚的一个名叫卡法(kaffa)的小镇，在希腊语中"Kaweh"的意思是"力量与热情"。咖啡树是属山椒科的常绿灌木，日常饮用的咖啡是用咖啡豆配合各种不同的烹煮器具制作出来的，而咖啡豆就是指咖啡树果实内之果仁，再用适当的烘焙方法烘焙而成。

有关咖啡起源的传说各式各样，话说咖啡这植物的起源可追溯至百万年以前，事实上它被发现的真正年代已不可考，仅相传咖啡是埃塞俄比亚高地一位名叫柯迪(Kaldi)的牧羊人，当他发觉他的羊儿在无意中吃了一种植物的果实后，变得神采非常活泼充满活力，从此发现了咖啡。所有的历史学家似乎都同意咖啡的诞生地为埃塞俄比亚的卡发(Kaffa)地区。现在世界上产量第一的是巴西，其次是哥伦比亚。我国云南、海南、广东、广西、福建等省区也有栽培。

什么是咖啡？咖啡是一种黑色的，有苦味的，喝后使人兴奋的饮料。咖啡、茶、可可并称为世界三大饮料。日常饮用的咖啡是用咖啡豆配合各种不同的烹煮器具制作出来的，而咖啡豆就是指咖啡树果实内之果仁，再用适当的烘焙方法烘焙而成。

咖啡的营养价值较高。它含有脂肪、蛋白质、咖啡因、糖分、碳水化合物、无机盐和多种维生素。咖啡具有醒脑、强心、健胃、除湿利尿的作用,能帮助人体收缩血管,使血压上升,帮助人体促进新陈代谢。但多喝咖啡,会妨碍人体对钙的吸收。

煮制咖啡

要煮一杯好咖啡(图 7-16),首先要挑选烘焙完美的咖啡豆,烘焙的学问姑且不论,但至少选择新鲜的咖啡豆确实是必要的,将咖啡豆放在嘴里咬开,看看是否香脆,出油的咖啡豆表示已经放久不够新鲜,新鲜的咖啡豆研磨好,冲煮时豆粉会像发面包般膨胀起来;如果是塌陷的也表示不够新鲜,香气自然不足。

图 7-16　上桌的咖啡

煮制咖啡的水温过高及时间秒数过长都易造成不良物质释放,煮咖啡温度为 93℃,时间为 40 秒,出咖啡前最好先温一下咖啡杯,这样有助于保留咖啡的品质和香气(图 7-18 至图 7-21)。

一、咖啡的品种及特点

(一)咖啡豆的种类

咖啡豆(图 7-17)的品种主要有阿拉伯、罗巴斯达两种。

图 7-17　咖啡豆

1. 阿拉伯种咖啡

阿拉伯品种,生长于海拔较高、雨量、阳光都较充沛的热带及亚热带之间海拔 1 000 m 以上的地区,占世界咖啡产量的 70%。一般来讲,咖啡树生长的地区海拔越高,所产咖啡的价值越大,因为海拔越高,气温越低,咖啡生长越是缓慢,由于果实成熟期长,在生长过程中,咖啡果会聚集更多的露珠,这种咖啡豆的特点是:颗粒小而饱满,味道清凉醇厚,芬芳馥郁,经加工后咖啡因含量较低,为 1%—1.7%,是咖啡专卖店、咖啡馆或超市最常用的上等咖啡产品。

2. 罗巴斯达种咖啡

罗巴斯达品种多生长在海拔较低的地区(海拔 600 m 左右),在恶劣的环境中存活率较高。其特点是:口味比较粗犷,苦味浓,但耐冲泡,咖啡的提取液是阿拉伯品种的 2 倍,所以适合制成速溶咖啡,咖啡因的含量较高,为 2%—4.5%。

全世界出口咖啡豆国家最多的是巴西,其次为哥伦比亚。这两个中南美洲的国家的咖啡产量占了全世界的一半以上,而且质量也很稳定。越南近年来发展非常迅

速,曾经成为世界第二大咖啡出口国。其余的国家和产区,例如印尼、埃塞俄比亚、危地马拉、牙买加、肯尼亚也是享负盛名的咖啡生产地。

(二)咖啡产品的种类

常见的咖啡产品一般有如下四种。

1. 咖啡豆

我国市场上销售的大多是经过焙烤的咖啡豆,需要专用设备研磨、冲泡过滤成咖啡;这种咖啡的色、香、味能达到最佳效果。高档咖啡馆和高星级酒店多有焙烤好的咖啡豆出售,其优点是保存期可至一年左右。

2. 咖啡粉

咖啡粉是指将咖啡研磨成粉状出售,饮用时只需冲泡过滤即可,但口味上比用咖啡豆现磨现煮制成的咖啡稍逊,多在超市出售,保质期半年左右。

3. 速溶咖啡

速溶咖啡指将咖啡的提取液加工成粒状,用开水直接冲泡就可以饮用。其优点是方便,但口味无法与上述两种咖啡相比。

4. 罐装咖啡

罐装咖啡即咖啡提取液加奶、糖的混合咖啡饮料。

(三)世界咖啡名品

1. 蓝山咖啡

蓝山有"咖啡之王"的美誉。取自于牙买加西部蓝山山脉 2 000 m 高度的咖啡豆,蓝山咖啡豆形状饱满,是一种柔顺、带甘、风味细腻的咖啡;纯蓝山咖啡口感调和、香味较淡,但喝起来却非常香醇精致;被评为具有贵族的品位,乃咖啡中之极品。

2. 曼特宁咖啡

曼特宁咖啡产于印尼,苏门答腊中最具代表性的咖啡;风味香、浓、苦,口味相当强,但柔顺不带酸,风味精致浓郁是印尼生产的咖啡中品质最好的一种咖啡。

3. 摩卡咖啡

摩卡咖啡产于埃塞俄比亚,目前以也门所生产的咖啡为最佳,润滑中甘性特佳、风味独特,含有巧克力的味道;被评为具有贵妇人的气质,是极具特色的一种纯品咖啡。

4. 巴西咖啡

巴西咖啡产于南美洲,这种咖啡浓度适中,口味高雅而特殊,是最好调配用豆,被誉为咖啡之中坚,单品饮用风味亦佳。

5. 意大利咖啡

本国不出产咖啡,它主要以拼配咖啡为主,讲究口感浓厚,浓郁香醇,适合于做 espresso 等口味偏重的咖啡,同样在做花式咖啡中享有美誉。因用独特的摩卡壶煮制,故而冲泡出的咖啡具有浓郁的香味及强烈的苦味,咖啡的表面并浮现一层薄薄的咖啡油,这层油正是意大利咖啡诱人香味的来源。

图 7-18 咖啡(一)

图 7-19 咖啡(二)

6. 哥伦比亚咖啡

产于哥伦比亚的哥伦比亚咖啡,以丰富独特的香气广受人们的青睐。哥伦比亚特级咖啡的香气浓郁而厚实,高均衡度,有时具有坚果味,令人回味无穷。不论是外观上、品质上,哥伦比亚特级都相当优良,就像女人隐约的娇媚,迷人且恰到好处,令人怀念。

7. 科纳咖啡(特级)

科纳咖啡(特级)是夏威夷西部火

图 7-20 咖啡(三)

山地区所栽培的咖啡,也是美国唯一生产的咖啡品种,夏威夷得天独厚的自然条件使得该地区每年都能生产出品质高贵、享誉世界的"夏威夷科纳咖啡"。口感较强,香味浓,风味特殊。品质相当稳定,是前往夏威夷的观光客必购土产之一。

8. 肯亚咖啡(特级)

肯亚种植的是高品质的阿拉比加种咖啡,咖啡豆几乎吸收了整个咖啡樱桃的精华,浓稠的香味,深受欧洲人的喜爱,尤其在英国,肯亚咖啡更超越了哥斯达黎加的咖啡,成为最受欢迎的咖啡之一。

9. 爪哇咖啡

产于印尼的爪哇岛的爪哇咖啡,苦味芳香而浓郁、甜香醇厚,口感细腻,均衡度好。

10. 瑞士综合咖啡

选择非洲肯亚咖啡与中美洲的哥斯达黎加咖啡,两者之间搭配起来营造出特殊的均衡度及圆润厚实的口感,就像似浓郁滑口的巧克力般,瑞士综合咖啡更因此得名;适合各款不同的萃取方式,经常作为各种不同的花式咖啡主要基底。

11. 特级综合咖啡

特殊香气犹如烟熏又似果香,口感均衡且圆润,微苦不具酸性,可使用于不同的

图 7-21 咖啡（四）

冲调工具，适合初接触咖啡者学习及饮用。

12. 炭烧咖啡

炭烧咖啡是一种重度烘焙的咖啡，味道焦、苦不带酸，苦味芳香浓厚，独特的炭烧香味迅速提升精力，咖啡豆有出油的现象，极适合用于蒸汽加压咖啡。

（四）鉴别咖啡

咖啡因品种不同、土壤、气候等生长环境不同而形成咖啡品质有较大差异，鉴别咖啡品质的方法大体有以下六种。

1. 从咖啡豆的形状看品质

鉴别方法：从咖啡豆的形状来看，阿拉伯种咖啡豆呈扁平椭圆形，罗巴斯达呈短短椭圆形。

2. 从等级划分看品质

（1）以大小划分等级。

国家：巴西、哥伦比亚、坦桑尼亚、肯尼亚、美国等。

标识：最顶级（AA）、高级（AB）、标准（C）。

（2）以海拔高度分级。

国家：墨西哥、危地马拉、洪都拉斯等。

标识：SHG—海拔 1 600 m 最高等级；

　　　HG—海拔 1 000 m 以上最优质；

　　　GHB—海拔 700—1 000 m 优质。

3. 从品牌名称看品质

咖啡品质优劣依次是：国名（较好）—国名、港口、地名（优质）—种植农场名（最优质）。

4. 标明原豆出产地

在出售咖啡产品包装上标明原豆出产地。

（1）混合咖啡，如冰咖啡、特调咖啡，包括一些风味咖啡，其咖啡豆均产自于两个以上的咖啡带国家。

（2）许多国家虽然也出口咖啡，但它只是加工生产，如意大利、法国、日本是咖啡加工大国，其出口包装上都要标注原豆出产地。

5. 烘焙程度

烘焙程度是由烘焙温度和烘焙时间决定的，烘焙时间越长，咖啡豆的颜色越深，按时间长短，烘焙是决定咖啡口味的最重要因素之一。因此烘焙是冲泡出好喝咖啡的重要程序。

6. 保存时限

鉴定咖啡新鲜度的方法分如下三个步骤：

(1) 闻。

新鲜的咖啡豆可清楚地闻到咖啡的香气,相反,若是香气微弱,或是已经开始出现油腻味(类似花生或是坚果类的放久会出现的味道),则表示不新鲜了。这样的咖啡豆,无论你花了再多心思去研磨、去煮,也不可能煮出一杯好咖啡来。

(2) 看。

将咖啡豆倒在手上摊开来看,确定咖啡豆的产地及品种,也确定一下咖啡豆烘焙得是否均匀。

(3) 剥。

新鲜的咖啡豆可以轻易地剥开,而且会有脆脆的声音和感觉。

要注意的是在鉴别咖啡品质时,上述鉴别方法必须综合运用,千万不可生搬硬套,因为每个国家出口咖啡包装上的标识都不是一样的,但肯定会包含其中 2—3 种方法。

二、咖啡的服务

(一) 准备工作

(1) 根据客人订单,服务员准备好相应数量的咖啡杯、咖啡碟、咖啡勺、长饮杯。

(2) 准备好制作咖啡的原料,如咖啡粉、咖啡豆、牛奶。

(二) 制作咖啡

(1) 服务员将咖啡豆或咖啡粉放入全自动咖啡机中。

(2) 将准备好的咖啡杯放置在咖啡机下面的出口处。

(3) 按动机器的操作按钮(咖啡制作好后,咖啡机会自动关闭)。

(4) 若是制作冰咖啡,将制作好的咖啡倒至长饮杯 2/3 处,再将三块冰添加到长饮杯中,使咖啡冷却。

(5) 若是制作卡布奇诺(一译卡波仙奴)咖啡,应先向瓷壶内倒入 1/3 牛奶,用热蒸汽管将牛奶加热直至起沫,再将牛奶沫放入制作好的咖啡杯中,最后将少量肉桂粉均匀地撒在咖啡杯中的牛奶沫上。

(三) 服务咖啡

(1) 在客人进入咖啡厅(图 7-22)入座点单咖啡后,即为客人上一杯白水,目的让客人清除口腔异味,使咖啡与味蕾最大限度地接触,品味到咖啡的香醇美味。

(2) 控制好冲泡咖啡的量,一般按杯子或壶的容量来定,水量过多或过少都会影响咖啡的口味特点。

(3) 掌握好温度。咖啡杯一定要先热水温杯,喝咖啡的温度一般要 80 ℃ 以上,所以冲泡咖啡要即泡即上。

(4) 将制作好的咖啡,装满白糖、黄糖、健康糖的糖盅和盛有鲜奶或淡奶的奶盅放在托盘中,托盘须洁净、无破损、无水迹、无污迹。

(5) 走到客人桌前,按照先宾后主、女士优先的原则,从客人右侧将咖啡依次摆放在客人面前,咖啡勺把须朝向右侧,将糖盅和奶盅放在桌台中央。

图 7-22 咖啡厅

（6）咖啡倒入咖啡杯中，约八分满，严禁将咖啡撒在咖啡碟上，同时四指并拢、手心朝上用手示意并请客人慢慢饮用。

（四）添加咖啡

（1）当客人咖啡杯中的咖啡仅剩 1/5 时，服务员须主动询问客人是否再制作、添加一杯咖啡。

（2）如客人需要，须迅速为客人制作、添加咖啡，标准同上。

（3）如客人不再添加咖啡，待饮用完后，将空咖啡杯及咖啡用具等及时撤掉。

（五）注意事项

（1）服务咖啡时，服务员不准用手触摸杯口。

（2）同一桌的客人使用的咖啡，须大小一致，配套使用。

（3）服务员须主动、及时征询客人，为客人制作咖啡，向其提供添加咖啡的服务。

附：咖啡用具准备的工作程序与标准（表 7-13）。

表 7-13 咖啡用具准备的工作程序与标准

序号	程 序	标 准
1	准备制作咖啡的用具	① 咖啡机须安全，导线须完好、无破损、无短路隐患，电源插头须安全、完好、牢固，电器附近无易燃、易爆和腐蚀性物品。 ② 在检查妥当后，方可接通咖啡机电源。 ③ 取适量的咖啡粉，放在垫有滤纸的器皿内，并插入咖啡机内
2	准备糖盅、奶盅	① 糖盅、奶盅须洁净、无破损。 ② 糖盅中须装满袋糖（白糖、黄糖、健康糖）并按从左至右的顺序摆放。 ③ 将糖盅、奶盅整齐地摆放在垫有洁净口布的长托盘上，并将长托盘放在边柜上

(续表)

序号	程 序	标 准
3	准备咖啡杯、咖啡碟、咖啡勺	① 咖啡杯、咖啡碟、咖啡勺须光亮、洁净、无破损、无水滴、无水迹、无污迹。 ② 将咖啡杯、咖啡碟、咖啡勺整齐地摆放在边柜内

小资料：冰咖啡、意大利浓缩咖啡、卡波仙奴咖啡制作

一、冰咖啡

(1) 冰咖啡须使用长饮杯；根据客人点单，准备好相应数量的长饮杯，且长饮杯须洁净、无水迹、无破损。

(2) 将制作好的咖啡倒至长饮杯的2/3处。

(3) 将三块冰块添加到长饮杯中，使咖啡冷却。

(4) 酒水员将制作、准备好的冰咖啡及咖啡器具摆放在吧台上。

二、意大利浓缩咖啡

(1) 准备好制作咖啡用的咖啡豆，咖啡豆须新鲜、无杂质、无异味。

(2) 将咖啡豆放入全自动咖啡机内。

(3) 服务员须根据客人订单，准备好相应数量的咖啡杯、咖啡碟、咖啡勺，并将咖啡杯放置在咖啡机下面的出水口处。

(4) 按动机器上的操作按钮（每一杯浓缩咖啡的全部制作过程为20秒钟）。

(5) 酒水员将制作、准备好的意大利浓缩咖啡及咖啡器具摆放在吧台上。

三、卡波仙奴咖啡

(1) 准备好制作咖啡用的咖啡豆，咖啡豆须新鲜、无杂质、无异味。

(2) 将咖啡豆放入全自动咖啡机内。

图 7－23　冰咖啡　　　　图 7－24　制作卡波仙奴咖啡

(3) 卡波仙奴咖啡使用的咖啡杯为普通的咖啡杯；服务员须根据客人订单准备好相应数量的咖啡杯、咖啡碟、咖啡勺，并将咖啡杯放置在咖啡机下面的出水口处。

(4) 按动机器上的按钮（每一杯卡波仙奴咖啡的全部制作过程为20秒钟）。

(5) 向瓷壶内倒入1/3牛奶，用热蒸汽管将牛奶加热直至起沫，将牛奶沫倒入已制作好的咖啡杯中（图7-24）。

(6) 将少量肉桂粉均匀地撒在咖啡杯中的牛奶沫上。

酒水员将制作、准备好的卡波仙奴咖啡及咖啡摆放在吧台上。

附：冰咖啡、意大利浓缩咖啡、卡波仙奴咖啡制作、服务的工作程序与标准（表7-14）。

表7-14 冰咖啡、意大利浓缩咖啡、卡波仙奴咖啡制作、服务的工作程序与标准

序号	程　　序	标　　准
1	冰咖啡、意大利浓缩咖啡、卡波仙奴咖啡制作	① 冰咖啡 　a. 冰咖啡须使用长饮杯；根据客人点单，准备好相应数量的长饮杯，且长饮杯须洁净、无水迹、无破损。 　b. 将制作好的咖啡倒至长饮杯的2/3处。 　c. 将三块冰块添加到长饮杯中，使咖啡冷却。 　d. 酒水员将制作、准备好的冰咖啡及咖啡器具摆放在吧台上。 ② 意大利浓缩咖啡 　a. 准备好制作咖啡用的咖啡豆，咖啡豆须新鲜、无杂质、无异味。 　b. 将咖啡豆放入全自动咖啡机内。 　c. 服务员须根据客人订单，准备好相应数量的咖啡杯、咖啡碟、咖啡勺，并将咖啡杯放置在咖啡机下面的出水口处。 　d. 按动机器上的操作按钮（每一杯浓缩咖啡的全部制作过程为20秒钟）。 　e. 酒水员将制作、准备好的意大利浓缩咖啡及咖啡器具摆放在吧台上。 ③ 卡波仙奴咖啡 　a. 准备好制作咖啡用的咖啡豆，咖啡豆须新鲜、无杂质、无异味。 　b. 将咖啡豆放入全自动咖啡机内。 　c. 卡波仙奴咖啡使用的咖啡杯为普通的咖啡杯；服务员须根据客人订单准备好相应数量的咖啡杯、咖啡碟、咖啡勺，并将咖啡杯放置在咖啡机下面的出水口处。 　d. 按动机器上的按钮（每一杯卡波仙奴咖啡的全部制作过程为20秒钟）。 　e. 向瓷壶内倒入1/3牛奶，用热蒸汽管将牛奶加热直至起沫，将牛奶沫倒入已制作好的咖啡杯中。 　f. 将少量肉桂粉均匀地撒在咖啡杯中的牛奶沫上。 　g. 酒水员将制作、准备好的卡波仙奴咖啡及咖啡摆放在吧台上
2	咖啡的服务	① 服务员将酒水员制作、准备好的咖啡及咖啡器具等依次摆放在服务托盘内，且托盘须洁净、无破损、无水迹、无污迹。 ② 服务咖啡时，服务员须按先宾后主、女士优先的原则，从客人右侧将咖啡杯、咖啡碟、咖啡勺等器具依次摆放在客人面前的台面上，且咖啡勺把须朝向右侧；四指并拢、手心向上用手示意并请客人慢慢饮用。 ③ 服务冰咖啡时，将装有冰咖啡的长饮杯放置在垫有压花纸的垫盘上，甜食盘右侧摆放吸管，糖水和淡奶放置在台面中央

(续表)

序号	程　序	标　　准
3	添加咖啡	① 当客人咖啡杯中的咖啡仅剩1/5时,服务员须主动询问客人是否再添加咖啡。 ② 如客人同意添加,须开具饮料单为客人制作,制作标准同第一项。 ③ 服务员在为客人服务第二杯咖啡时,须为客人撤换咖啡杯,再进行第二杯咖啡的服务,服务标准同第二项。 ④ 如客人不再添加咖啡,服务员应观察客人,待其用完咖啡后,将空咖啡杯及咖啡用具等及时撤掉
4	注意事项	① 服务咖啡时,服务员不准用手触摸杯口。 ② 同一桌的客人使用的咖啡,须大小一致,配套使用。 ③ 服务员须主动、及时征询客人,为客人制作咖啡,向其提供添加咖啡的服务

综合应用

（一）基础知识部分

西餐餐酒的种类及其特性。

（二）操作技能部分

1．练习用蒸馏法冲泡咖啡

必备用具：蒸馏咖啡机、带长把的咖啡滤斗、捣具、咖啡粉。

步骤：

（1）咖啡滤斗内放入咖啡粉（此咖啡粉研磨要细）。

（2）压紧咖啡粉。

（3）设置咖啡滤斗。

（4）开机冲泡。

（5）思考：

高温蒸汽及沸水冲泡的咖啡液,表面会浮有一层棕色泡沫,称为"虎皮",搅拌后也不会消失,表明冲泡成功（图7-25）；反之,水温不高蒸汽不够或咖啡粉压得太松,咖啡味淡而不香浓。

2．练习用咖啡机冲泡咖啡

必备用具：咖啡机、滤纸、咖啡粉。

步骤：

（1）正确折叠滤纸,放入咖啡机（图7-26）上部漏斗内。

（2）滤斗内加入咖啡粉。

（3）加水,开启电源（按人数,一般4—5分钟可完成）。

图7-25 有"虎皮"的咖啡

图7-26 咖啡机

（4）培养良好习惯。每次冲泡咖啡后勿忘清洗过滤网，养成好习惯。

小资料：

一、如何正确品尝咖啡

1. 选择恰当的时间喝咖啡

咖啡有醒脑、助消化的功能，所以早餐喝一杯咖啡有利于身心振奋，情绪乐观；再有餐后喝一杯咖啡还有利于消食，但要注意的是晚上喝淡一点咖啡或不喝咖啡，这样可避免失眠。

2. 咖啡伴侣不可少

有的人喝咖啡喜爱不加任何配料，但从健康养身来讲，喝咖啡最好搭配牛奶和糖，因为牛奶中钙质可补充咖啡中的不足，糖能增加咖啡的润滑口感，并降低咖啡的苦味。

3. 搭配美味甜点

精心制作的咖啡再搭配一些精致的美味甜点，努力营造完美的休闲气氛是咖啡文化的最高境界了。

4. 使用好杯子

有条件的话，选择上好的咖啡杯。用自己钟爱的咖啡杯，能把喝咖啡的感觉细致、完美地表达出来。

二、学习做一名咖啡评估师

咖啡评估，英文称"cup test"或"cupping"，咖啡评估师叫做"cupper"。

1. 准备物品

两种没开封的新鲜咖啡，一种已开封的咖啡、咖啡杯、空玻璃杯、小汤匙、痰盂、记录工具。

2. 评估步骤如下：

（1）在评估前必须刷牙（不可用牙膏）或用冷水漱口。

(2) 冲泡咖啡稍稍冷却。

(3) 用吸的方法饮入咖啡,在口腔唇齿中转动,充分感触咖啡,然后将咖啡吐入痰盂中。

(4) 开始进行味觉评估,写下对咖啡味道的感觉。

(5) 将评估结果做记录,如果感觉不是很准确,可以再品尝一两口。

评估注意事项:在评估过程中不可相互讨论,应该在评估过程全部结束后再相互交换意见。

三、评估记录标准

1. 感觉的丰富程度

感觉的丰富程度,术语称质感,是指浓度、密度、风味、味道及饱满程度。有的咖啡虽然味道清淡,但喝过后嘴中充满香气,味道浓郁,说明质感较强;而有的喝到嘴里没什么感觉,说明质感较弱。

质感程度可分为:弱(low)、一般(medium)、丰富(full)、浓重(heavy)。

2. 咖啡的三大味觉

咖啡的三大味觉是指酸味、甜味、苦味所占的比例。最好以百分比的形式加以记录。记录时应把真实的感觉表达出来,例如:有的咖啡可以直接品尝出甜味,有的是品尝不出但是能够感觉到,有的干脆不含甜味。

3. 感觉

喝咖啡的感觉可分为香味、风味和味道。在专业味觉术语中,香味和味道是比较复杂的一种感觉。一般来讲,原豆咖啡强调风味,速溶咖啡强调味道,风味的形容词语有酒味、巧克力味、烟味、香料味、花香味、果味、花生味、泥土味、黏稠、油质等;香味的形容词主要有丰富、浓郁、甘甜、顺滑、短暂等;味道的表达比较简单,有棒极了、好喝、不好喝、很不好喝等。

4. 余味

按程度分的词语有:很长、持久、短暂、非常短暂。

做完上述步骤,再把咖啡冲得浓一些,重新评估一次。然后将两次评估结果对比即可。

图书在版编目(CIP)数据

餐饮服务实训教程/张淑云主编. —上海：复旦大学出版社,2014.4（2021.12重印）
（复旦卓越·21世纪酒店管理系列）
ISBN 978-7-309-10337-3

Ⅰ.餐… Ⅱ.张… Ⅲ.饮食业-商业服务-高等学校-教材 Ⅳ.F719.3

中国版本图书馆 CIP 数据核字(2014)第 028195 号

餐饮服务实训教程
张淑云　主编
责任编辑/谢同君　罗　翔

复旦大学出版社有限公司出版发行
上海市国权路 579 号　邮编:200433
网址: fupnet@fudanpress.com　http://www.fudanpress.com
门市零售: 86-21-65102580　团体订购: 86-21-65104505
出版部电话: 86-21-65642845
上海新艺印刷有限公司

开本 787 × 1092　1/16　印张 17.5　字数 345 千
2021 年 12 月第 1 版第 3 次印刷
印数 5 201—6 300

ISBN 978-7-309-10337-3/F·2009
定价: 33.00 元

如有印装质量问题,请向复旦大学出版社有限公司出版部调换。
版权所有　侵权必究